JN316209

琵琶湖周辺の山を歩く

長宗清司

SUNRISE

琵琶湖周辺の山を歩く

はじめに

平成５年３月『琵琶湖周辺の山—うり坊の足跡—』を出版後、近江を中心に未開の尾根や里山に足を踏み入れて、昔ながらの風情が残る低山に挑んだ。

昔は、ふもとの住人が歩いたかすかに残る山道も、人が入らなくなった山は自然に還っている。獣が通るのか、一筋の獣道が尾根に続いている。山道は静かである。雑木林に入ると、分け入るクマザサの触れ合う音や、仲間に合図をおくるシカの声がキーンと聞こえてくる。

迷っているようで迷わない尾根道。荒れた谷に降りなければ危険はない。しかし、無理をすれば必ずしっぺ返しを食らう。自然をなめてはいけない。

日本百名山にも選ばれない、標高１０００《メートル》に満たない里山にはルートがない。だが先住の獣たちがなんとなく教えてくれる。「山が高ければ尊いとは限らない。早く長く歩くのがりっぱなわけでもない」。どこかを目標に、そこを目指し達成するだけでも登山の妙味はある。

私は歩く前に、まず、地図の上で情景を描き頭で歩く。地図上に綺麗な尾根を見つけては登山口はどこか、下山道をどこかと決め、それぞれ最寄りのバス停や鉄道の駅とを結びつける（世間では机上登山という）。

観光とは程遠い山ほど、自然がそのまま残っていて魅力たっぷりだ。ほんとうの山の雰囲気を味わいたかったら、断然、名もない里山歩きをお勧めする。たとえ標高５００メートルに満たない山でも、それなりに魅力があるからだ。

ＧＰＳの普及とともに登山する形態が変わり、転換期を迎えた今、この本は国土地理院発行の地形図とコンパスだけ使って探索した最後のガイドブックとなるであろう。今後はＧＰＳを駆使して、一つでもグッドルートに取り上げて歩いていただければ、開拓者としてこの上ない幸せである。

著　者

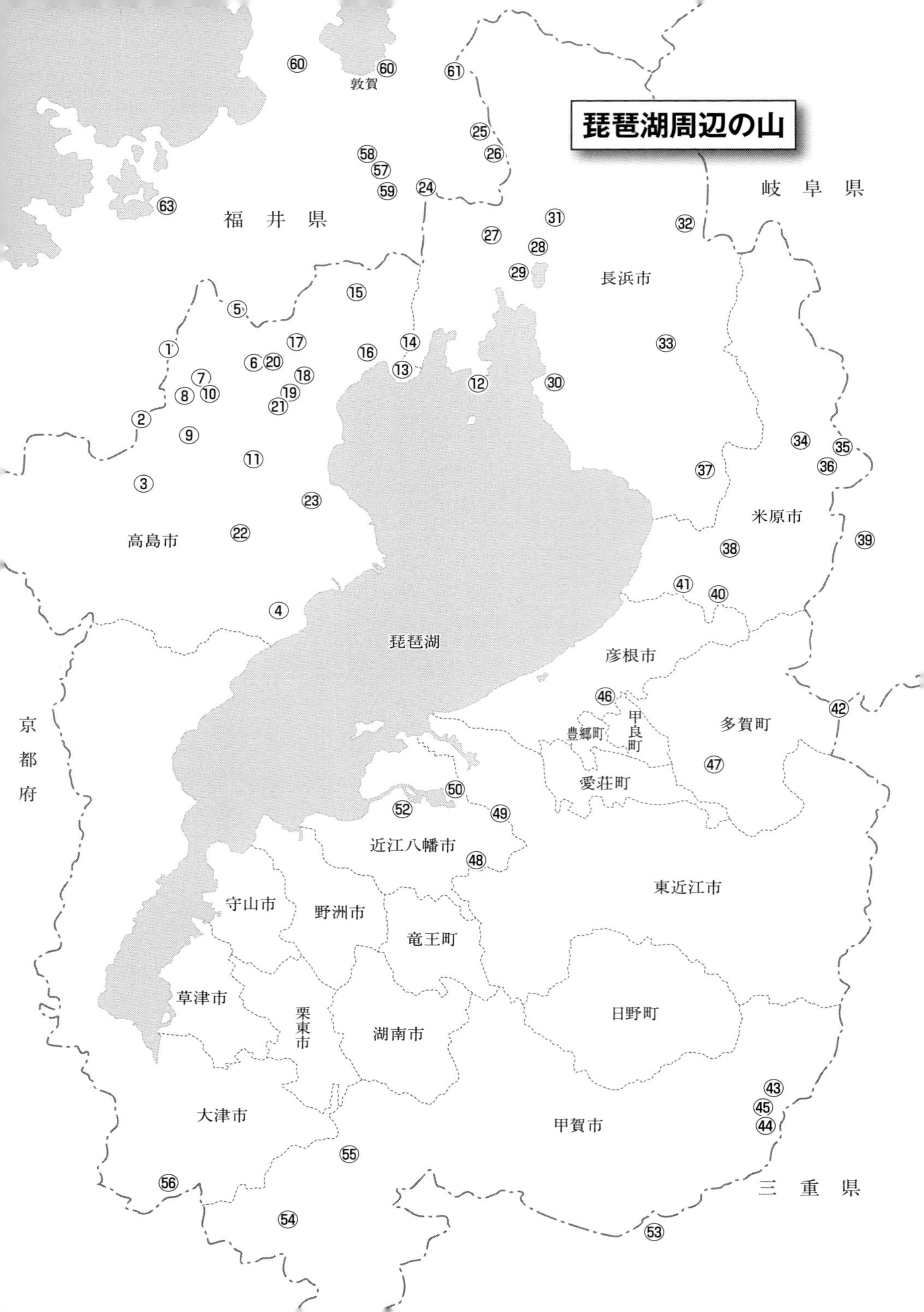
琵琶湖周辺の山
福井県
岐阜県
京都府
三重県
敦賀
長浜市
高島市
米原市
琵琶湖
彦根市
多賀町
豊郷町
甲良町
愛荘町
近江八幡市
東近江市
守山市
野洲市
竜王町
草津市
栗東市
湖南市
日野町
大津市
甲賀市

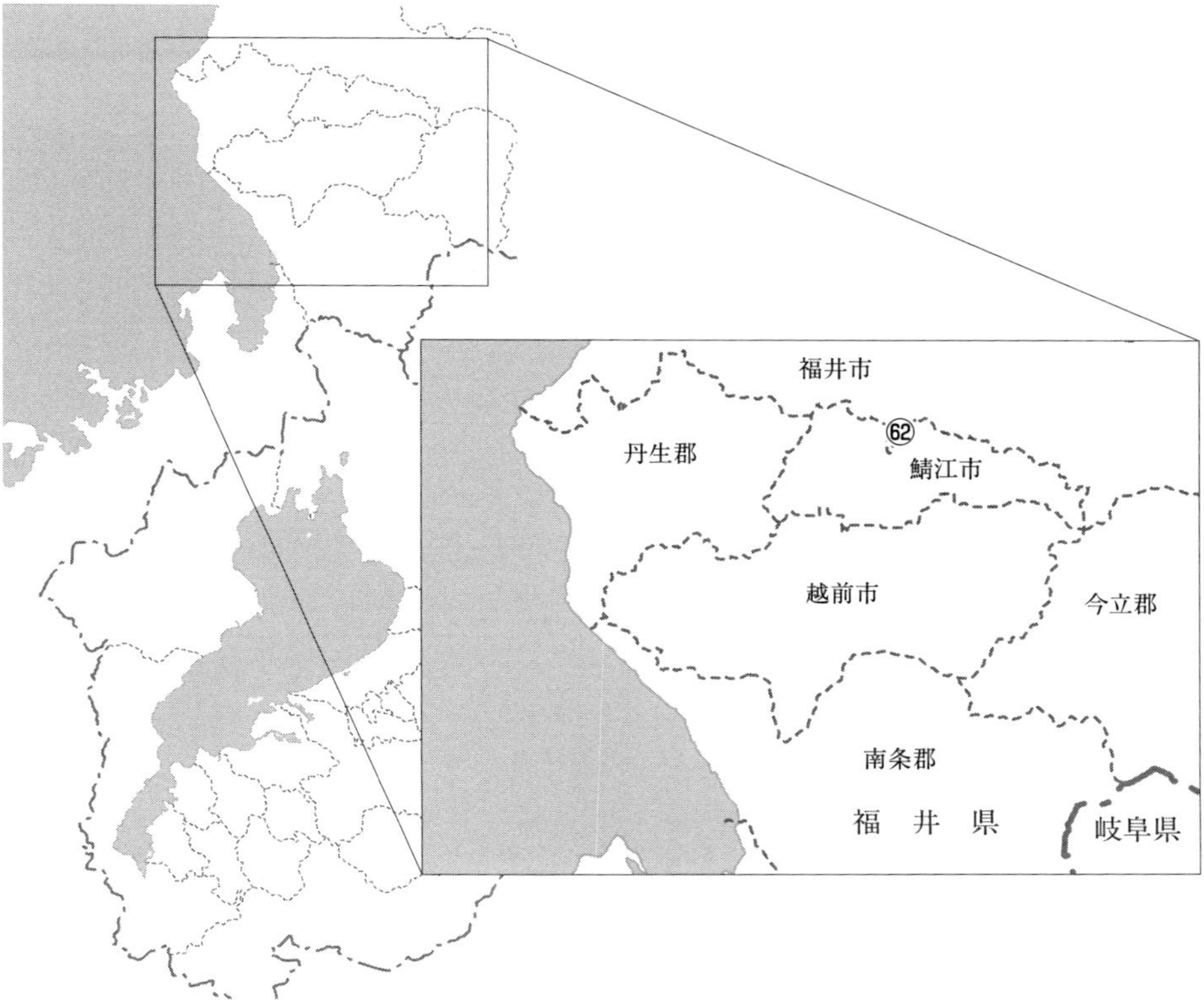

① 轆轤山
② 布袋岳
③ 行者山
④ 三尾山
⑤ 近江坂
⑥ 滝谷山
⑦ 湖北武奈ヶ嶽本峰
⑧ 湖北武奈ヶ嶽南稜
⑨ 二の谷山
⑩ 赤岩岳
⑪ 荒谷山
⑫ 朝日山
⑬ 東山
⑭ 万路越北尾根
⑮ 焼谷山
⑯ 山崎山
⑰ 原山峠
⑱ 笹ヶ峰
⑲ ビラデスト今津
⑳ 大明谷
㉑ 百瀬川上流
㉒ 阿弥陀山
㉓ 大師山
㉔ 深坂越
㉕ 椿坂峠
㉖ 倉坂峠
㉗ 天神山
㉘ 神明山
㉙ 余呉湖西尾根
㉚ 西野水道
㉛ 左弥山
㉜ 南洞山
㉝ 山田山
㉞ 弥高山
㉟ 相川山
㊱ 城山
㊲ 三島池
㊳ 臥竜丘陵
㊴ 松尾山
㊵ 鎌刃城跡
㊶ 太尾山城跡
㊷ 三国岳
㊸ 北岳
㊹ ベンケイ
㊺ 能登ヶ峰
㊻ 芹川ダム
㊼ 高取山
㊽ 長光寺山
㊾ 繖山
㊿ 安土山北尾根
51 白王山
52 鶴翼山
53 旗山
54 小川城山
55 堀切谷の山
56 大石山
57 追分
58 小河口
59 新疋田
60 三内山
61 池河内湿原
62 橋立山
63 三方五湖

入山についての注意事項など

この本の特徴は、既存の登山道を意識的に避け、新ルート開拓を目的に、自然の仕組みを知るために歩いた記録です。里山で、自然体験や、一般の健脚や中級クラスの、探索を好まれる人向きに取り上げたコースを紹介しています。

したがって、最初から初心者だけの集団や個人の入山は避けてください。必ず経験者や読図に強い人と同行してください。

クマザサや灌木が茂って「道がない」「谷道や踏み跡を探りにくい」のは、ほとんどが持主のある山だからです。

当然のことですが、

ゴミは持ち込まない。

植物採取はせず、草花を手折らない。

棲息する動物の生活を邪魔しない。

谷川の水を汚さない。など、マナーは充分守ってください。

万一、現在地がはっきりしない時は、間違えた地点に戻り、コンパス、地図、GPSを駆使して、冷静に判断し、落ちついて行動してください。

全コース、日帰りで行動できますが、午後2時以降は、深入りをやめて、帰る準備をしましょう。行動されるメンバーの人数、足並み、技術程度が違うので、記載したコースタイムはあくまで参考としてください。

あらかじめ決めたコースから外れたときには、谷を避け、尾根道を探って上部へ戻ってください。谷には、必ず大小の滝・枯滝があり危険です。転落、落石事故のほとんどが午後の下山時に起こっています。急傾斜面を下るのもできるだけ避けてください。

以上、楽しい有意義な山行きを…。

春から初夏

近江坂コースのブナ林

能登ヶ峰東ササの草原

赤石岳から武神嶽への登り

夏から初秋

突谷の頂の三角点

三方五湖（水月湖）

能登野の頭から三十三間山方向を望む

秋

インディアン平原から眺めるブナの群生

左弥山から余呉湖を眺める

水晶山から三方五湖（久々子湖）を望む

三尾山から乙女ヶ池

冬から初春

南洞山から横山岳が望める

岩籠山　残雪のインディアン平原南

笹ヶ峰雪景

北西部

轆轤山山頂

1 轆《ろく》轤《ろ》山

視界３６０度の草原

今津から小浜までの国道３０３号を、昔は九里半街道といった。沿線はまだ自然が残り四季折々の風情が楽しめる。海老《えび》坂の渓谷を抜けると保坂《ほうさか》に出る。以前は、ここから若狭へは水坂《みさか》峠を越え、山腹をぬって杉山集落に下った。今は、保坂からさらに道路が北にのび、角川《つのかわ》集落の南外れにある長い角川トンネルを抜けて杉山に出る。

この水坂越の尾根は分水嶺である。本州の大部分の分水嶺が府県境になっているのに、この分水嶺は、左右が共に高島市域に属していて、単一の市町村内に分水嶺が含まれるめずらしい例である。

轆轤山へは、さらに国道３０３号を西進し、もう一つ寒風トンネルを抜けて、北からの流れ、天《あ》増《ます》川沿いの集落から登る。滋賀と福井の県境尾根にある三十三間《さんじゅうさんげん》山の延長線上のこの山へは、最近「今津山上会」の努力によって、ササ藪《やぶ》で縦走できなかった尾根歩きが容易に通過可能となった。

以前は「大石谷《おおいしだに》山」と呼んだらしいが、最近は、昔、天増川沿いにあった六つの集落の一つの名をとって、「轆轤山」が正式名称となった。

ＪＲバス停天増川口で下車。とうとうと流れる天増川沿いを上流へ向かう。最初の橋を渡って左折して人家の裏側にある白山神社の境内に入る。

拝殿の背後から踏み跡程度の山道に入る。雪解け時期や雨後は道が途絶えているが、上部に向かって自由に登る。30分余りで伐採地に出る。ここは通称「大根《だいこん》山」といって、太平洋戦争時下、大根畑に開墾したという平地で、二段、三段と広くて見通しのよい台地だが、60年の歳月ですっかり雑木林に変身している。

ここからは、地図上の尾根を伝う。標高差１００メートルを二段階に下降したり、直角に曲折したり、直登を余儀なくされるヤセ尾根もあり、地図上では予測できない起伏など変化に富んでいる。この尾根は想像よりはるかに楽しいコースである。特に印象的なのは、伐採後同時期に植林された同種の落葉木が成長して林となり、視野いっぱいに林立している光景は見事である。

三十三間山からの本尾根はかまぼこ形で、左右の情景が木々の梢越しに見られ、右は天増川の谷越しに湖北武奈ヶ嶽《こほくぶながだけ》（武神嶽《ぶじんだけ》）の南西稜、杉山ルートが望めるようになる。前方の視野も開け、三重嶽《さんじょうだけ》への連峰稜線が美しい流れを見せて目に飛び込んでくる。

一度、丸い丘陵地で、左の谷が尾根際まで深く入り込み戸惑うが、見通しがきくので高みを忠実に追えば、やがて轆轤山の頂に着く。

３６０度見渡せる大展望台地。北西に三方五湖《みかたごこ》を望み、北から東へ三十三間山や三重嶽を含む近江坂、琵琶湖北部の山なみが幾重にも望める。南は二の谷山や福井県上中町の千石《せんごく》山・駒ヶ岳、そして福井県嶺南地域の山々が、はるか遠く青葉《あおば》山まで遠望できる大パノラマ。

三角点の標石は腰高の灌木に埋もれてわかりづらい。

帰路は、ササ原の尾根を北上し、三十三間山を真正面に見ながら登る。以前からある登山道との分岐点で振り返ると、轆轤山山頂を示す標木がポツンと草原に一本立っているのが遠くから確認できた。

この分岐点から下界へしっかりした登山道を下り、倉見《くらみ》集落の外れにある登山口の駐車場に着く。あとは地図をたよりにＪＲ小浜線十村《とむら》駅に向かう。

（平成16年3月27日歩く）

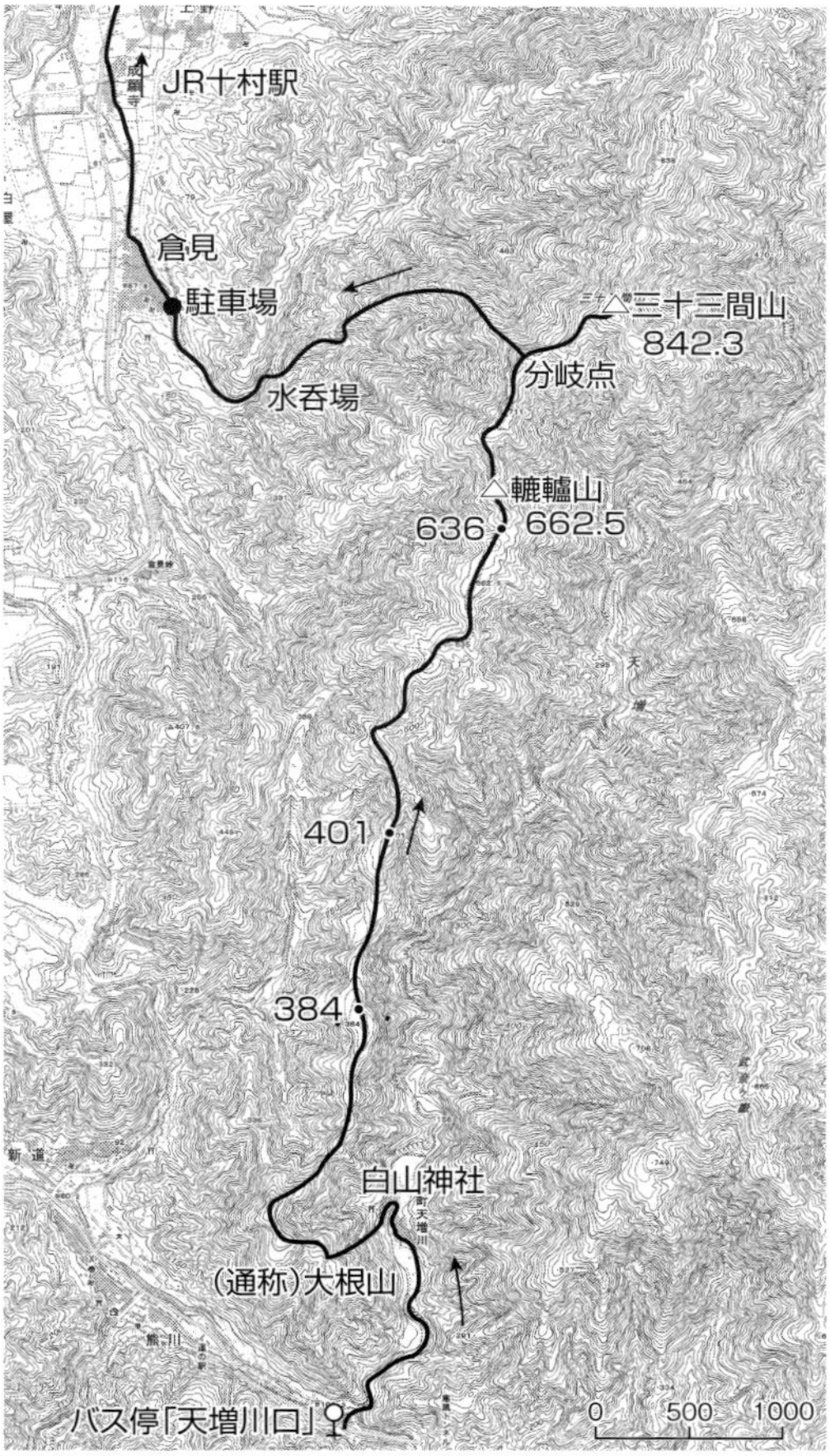

《コースタイム》
JR近江今津駅（バス35分）天増川口バス停（30分）天増川集落白山神社（40分）大根山（40分）384㍍（40分）401㍍（30分）636㍍（30分）轆轤山（30分）分岐点（40分）301㍍（30分）倉見登山口（40分）JR十村駅
〈地形図〉25000＝熊川・三方

楽しいブナ林の県境尾根

2　布袋《ほてい》岳から628メートル峰

ＪＲ湖西線近江今津駅からＪＲバス小浜行きに乗り、天増《あます》川口バス停で下車。

左後方の擁壁上に関西電力（以下「関電」）が金属製の梯子階段を新設。これに取り付き、やせ尾根から鉄塔下に出て布袋岳を目指す。

背後には熊川宿が細長く望める。コブを二つ越し、かまぼこ型の尾根を登り切ると、高島鉱産の採石場最上部に出る。展望がすばらしく一大パノラマだ。北方には、国道をまたいで湖北武奈ヶ嶽が堂々と腰をすえた格好でそびえている。

尾根が削られて、細々と馬の背状となり、西側の谷には木が一本もない。急勾配の斜面は一応芝付けしてあるが、横切るには大変危険だ。注意して次のピークに向かう。やがて県境尾根487にかかる。このあたりからは根曲がりブナを含む自然林が広がる。

昔は、ササ藪だったと思われる尾根も、今はシカの食害だろうか下草もなく、ゆるやかな斜面や鞍部からは先が見通せて歩きやすい。まだ葉の無い木々の間からは、周辺の山なみが遠望できる。落ち葉の積もった地面は、弾力さえ感じる快適な県境尾根である。

559・6メートルの三角点があるピークが布袋岳で、倒木もしくは伐開で広くなった台地で、標石は容易に見つかった。

落ち葉の尾根道は足に優しく、歩行距離も伸び、二つ目のピーク487を越えてしばらく高低差のない尾根が続く。登り切った小ピークや、疎林で展望のきく位置に立つと、三十三間山や百《ひゃく》里《り》ヶ岳が確認できる。

昔は、「小原峠」とか「河内越」と呼んだ鞍部を通過したが、このあたりは、東の椋川《むくがわ》集落から河内集落へ行き来したのであろう。今はその面影はなく、自然に還っている。

ヤセ尾根の続く453あたりで大きな岩塊に出くわした。有名な山の途中であれば、その形から何なりと名前を付けるだろうが、地元の人でも入らない県境尾根は、林業関係者以外はその存在を知らない。

今日のコースでいちばん高い562のピークを過ぎたあたりで主尾根の位置をコンパスで確認する。やがて、過日、雨のなかを林道終点から支尾根上へ導く白杭を数本、下見がてらに訪ねたさいに見つけた628メートルに着き、ほっとする。目的を達した安堵感で、林道終点地に踊るように降り立つ。

あとはなりゆきで、山の斜面を腹巻き、幾度か小谷をU字状にまたいで高度を下げ、明神谷道に出る。ついこの間まで、かすかに残っていた森林公園への近道、風情ある白石神社の小さな森、駒ヶ岳と明神谷の交

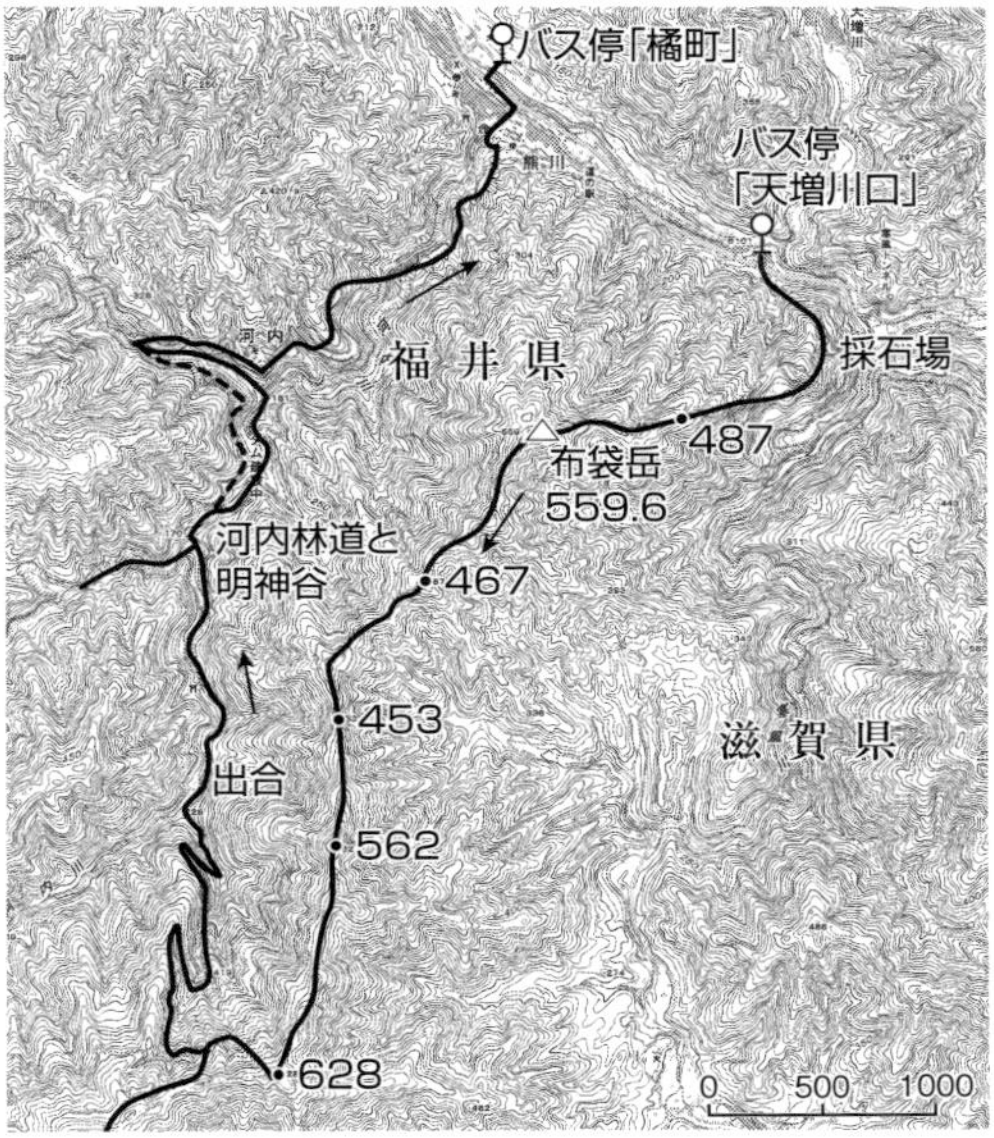

《コースタイム》
JR近江今津駅（バス23分）天増川口バス停（30分）採石場最上部（1時間）寒風山（1時間20分）P628（10分）林道終点（1時間15分）河内林道と明神谷との出合（45分）熊川宿（3分）橘町バス停（バス28分）近江今津駅〈地形図〉25000＝熊川・饗庭野

布袋岳から428へきれいな尾根道が続く

点にあった茶店風の宿「やまびこ」など、ダムができるために跡形もなくなり、熊川宿背後の山の裏側（南側）中腹に集落ごと全体が移転してしまった。その代わり、明神谷と河内林道の交点近くの向こう側に移転後の集落への取付道路が工事中だった。

明神谷との交点から川下に向かって歩くと、左手、高い位置に架かる赤い橋を確認してT字路を左折。この鉄橋の下を通り抜けて谷沿いに登り切ると道は二分する。今度は右折して腹巻き道をたどれば新河内集落に出る。

帰路は、反対へ集落を抜け、いちばん外れにある「リステルやまびこ」で汗を流すのもよい。遅くなれば宿泊も可能である。

最後は熊川宿の手前、河内川上流50メートルほどの所に出る。

（平成20年10月26日歩く）
（平成21年4月4日歩く）

静かなブナ林の尾根

3 行者山から駒ヶ岳へ

JR近江今津駅から、小浜行きのJRバスに乗車。若狭街道（国道303号）と国道367号が交差する保坂《ほうさか》バス停で下車。西へ、国道367号で保坂集落を南下して椋川道《むくがわ》を右折する。800㍍先左側に椋川サンテラス別荘地への入口があり、ここがスタート地点となる。

行者山山頂

横谷峠は切り通しとなり尾根に登り直す

登山口は、この別荘地最初の建物北脇からいきなりアカマツ林に入る（とくに標識なし）。二つの鉄塔下を越えて378に到着。ここから南西方向に416を通って副主尾根（今津町・朽木村境界）に至るまでは、ゆるやかな散歩道といってよいほど快適で起伏の少ないコースである。左側はスギの植林帯が続き、右側はほとんど自然のままだった。このあたり、季節によって足元にイワカガミが咲き、夏は、ツクツクボウシの鳴き声がうるさいほどだ。

副主尾根に出て、風にであう。蒸し暑い日はここでひと息入れられる。ミズナラ・コナラ、それにリョウブの木が目立つ尾根は少しずつ勾配を増

駒ヶ岳山頂から三十三間山を見る

して厳しくなるが、下草も無い落ち葉の道で心地よい。

やがて行者山への分岐点に出る。三角点標石へは少しの距離を往復する。

少し先を急いで536、532を通過し、横谷峠へいったん下る。道路整備のために切り通しになった峠は、10メートルくらい谷を這い登る格好で、再び尾根に取り付き、693の県境主尾根まで急登する。さらに、県境尾根を西へ進むあたりはシダが生い茂っていて意外に歩きよい。

登り着いた744は植林帯のピークだった。ここから少し下ると、あたり一面静寂の世界。凹部の池からは二重山稜が一つになり、小さな起伏を繰り返すなか、ブナの林が続く遊歩道。右へ下る明神谷への道標から北上する。少し平らな所に出て、登りつめた所に苔むした露岩があり、その上に駒ヶ岳三等三角点の標石が埋められている。

帰路は、少しバックして道を左へと下る。西側は切り払われて、はるか向こうには琵琶湖の北部、長浜あたりから伊吹山と金糞岳へと山なみが連なっている。小谷山と山本山の手前には箱館山が見え、建物が光っている。琵琶湖の北岸は弓状に見えた。少し下った所からはササの三十三間山と轆轤《ろくろ》山の尾根。その前には湖北武奈ヶ嶽・三《さん》重嶽《じょうだけ》も望め、ちらっと若狭湾が見えた。尾根上のキャンプ場は割愛し、旧河内集落への林道（本谷線）を下る。建物もない廃村はうら寂しい。明

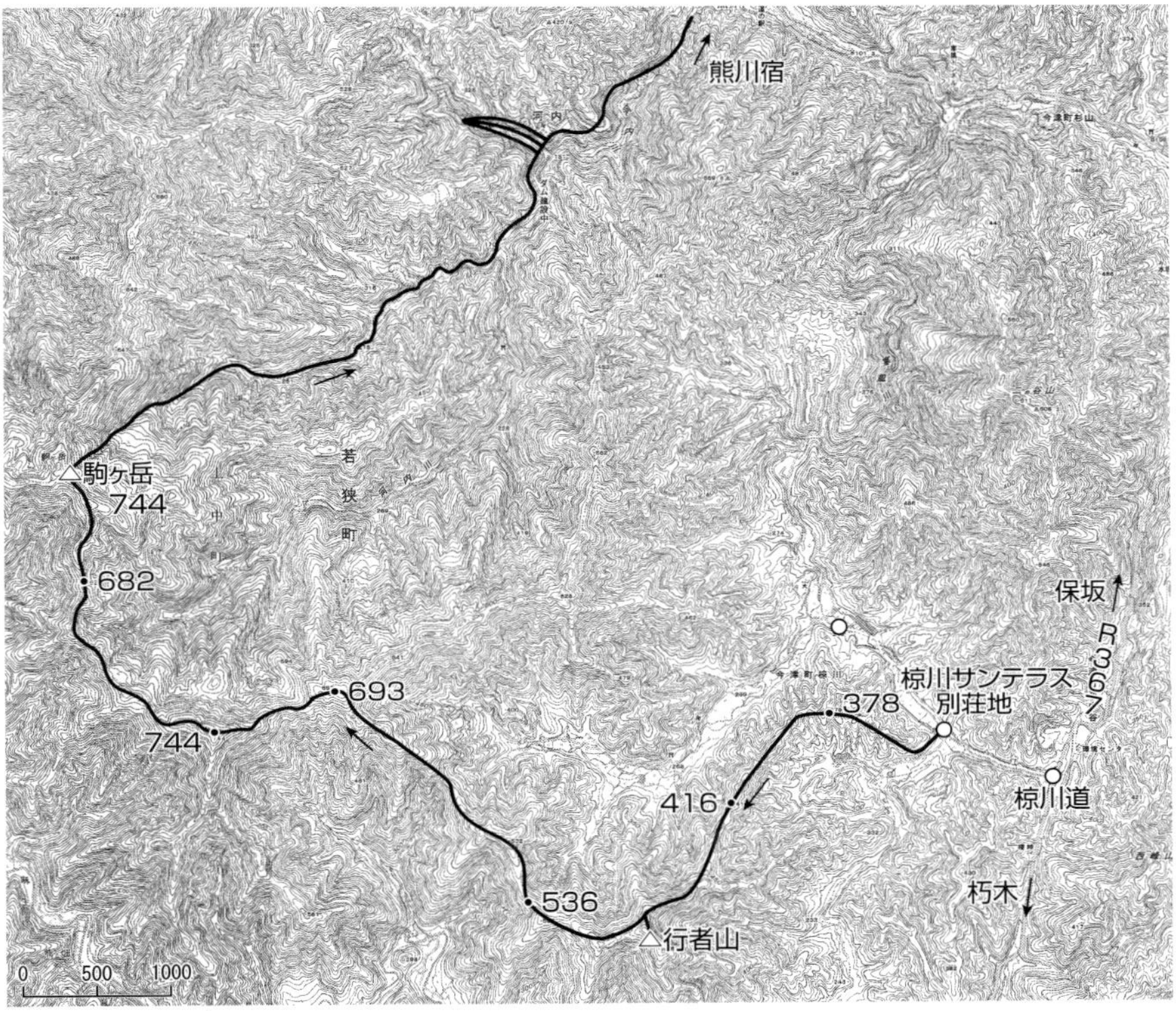

《コースタイム》

JR近江今津駅（バス20分）保坂バス停（10分）保坂集落（45分）椋川道（15分）椋川サンテラス別荘地入口（10分）登山口（15分）378（1時間）副主尾根（15分）行者山分岐点（40分）横谷峠（30分）693（15分）744（1時間）駒ヶ岳（40分）旧河内集落（20分）明神谷河内谷分岐点（40分）熊川宿（10分）バス停（バス28分）JR近江今津駅

〈地形図〉25000＝熊川・古屋・饗庭野

神谷と河内谷の分岐点にあった茶屋跡を通過。以前はダム工事にからむ造成工事でダンプも多かったが今は通らない。川筋を下って、熊川宿に出る。バス停は、宿場通りの中間あたりを北に抜けた国道にある。

（平成11年11月3日歩く）

（平成16年8月22日歩く）

＊バス停から登山口まで国道を1時間も歩くのはどうかと思われる方は、近江今津駅からタクシーがある。

＊車1台の場合は、横谷峠から北へ椋川集落へ下る。

万葉の里、勝野を見下ろす

4 三《み》尾《お》山

鵜川《うかわ》から勝野に通じる山越えの旧道（今は廃道に近い）沿いの奥深い山中にある三尾山は、JR湖西線近江高島駅の南にある山である。湖中に朱塗りの鳥居がある白鬚神社の裏山でもある。比叡山三千坊の一院、かつ高島七ヶ寺の中でも最有力の天台宗寺院だったといわれている。

嘉祥2年（849）の創建とされ、元亀2年（1571）織田信長による焼き討ちに遭い廃寺となった。昭和31〜33年および57年の現地踏査により、本堂跡の礎石・経蔵跡・僧房跡などの遺構が確認された。また本堂跡のすぐ横には鎌倉時代の石造宝塔の基礎と推定される残欠がある。僧房跡付近からは中世山城の郭や空堀の遺構が見つかり、戦国時代には打下《うちおろし》城と当寺とが併存していたことが判明している。

三尾山への道は標識がなく、わかりにくい。近江高島駅から南へ、左手に乙女ヶ池を見ながらJRの線路沿いの道を300㍍《メートル》ほど歩くと、道端に観光案内の看板がある。

三尾山へは、ここから右手の山裾に向かって農道を歩く。JRのガードをくぐり、林道に入る手前で畦道を100㍍《メートル》ほど南へ移動すると、関電の巡視路・見張《みはり》山登山口の小さな白いプレートが見つかる。

すぐ、二股道になる。三尾山へはどちらからでも行けるが、右の見張山への道を選ぶ。落ち葉がうず高く積もった山道は歩きよい。小谷をつめるようになって道があやしくなる。最後のつめで、一つ左の谷へ移動する。尾根の手前で鉄塔を確認。町境の杭が打たれた伐採帯（幅4メートルほど）の尾根を左の鉄塔下に向かう。足元はイワカガミの群生地。高圧線の鉄塔下に出てみると、北に高圧線が延びていて、樹木の伐採で勝野周辺の田園風景と萩の浜が美しく望めた。

三尾山から高島市勝野、萩の浜を望む

この地を基点にして、南へ二つ目のピークから少し湖寄りに下ると大岩があり、その岩の上が絶好の展望地だった。アカマツの枝越しにすばらしい琵琶湖の景観を眺めた。

右には北比良の山なみが数多く望め、視線を左下に移すと棚田が広がっている。さらに左には琵琶湖上に魞《えり》が美しい模様に見える。JRと国道、そして汀《みぎわ》の三本が美しい蛇行線となって、自然と人工物で織りなす色と形のハーモニーを奏でていた。

再び、鉄塔下に戻り、次の鉄塔に向かって北へ下る。伐採帯を過ぎて、山道にかかる地点と、あと2ヶ所展望のきく場所からは、萩の浜の汀が弓形に美しい放物線を描いている。遠く己高山、伊吹山と北尾根を背景に賤ヶ岳から山本山の山なみ。手前には箱館山・東山、葛籠尾崎と三段構えに見え、湖にはポツンと竹生島が視界に入る。右へ目をやると霊仙山と鍋尻山の特徴ある山容や鈴鹿の山なみがくっきり稜線を見せている。

そして、湖岸には荒神山。木之本や長浜・彦根の街が個々に白く塊のように見えた。眼下には、琵琶湖岸に寄り添うように乙女ヶ池が美しい水をたたえていた。

あとは、このまま急斜面の巡視路を下れば最初の分岐点に出るが、2ヶ所ばかり崩壊していて危険。できれば元へ引き返して下るか、途中から尾根をそのまま西進して、見張山に足を延ばすことをすすめる。その先は踏み跡程度の所もあるが、やがてはリトル比良の縦走コース道にあうので、時間と体力があれば充実した山行になるだろう。下山した音羽からは、JR近江高島駅まで歩いて20分ほどだが、バス便もある。

（平成12年12月2日歩く）

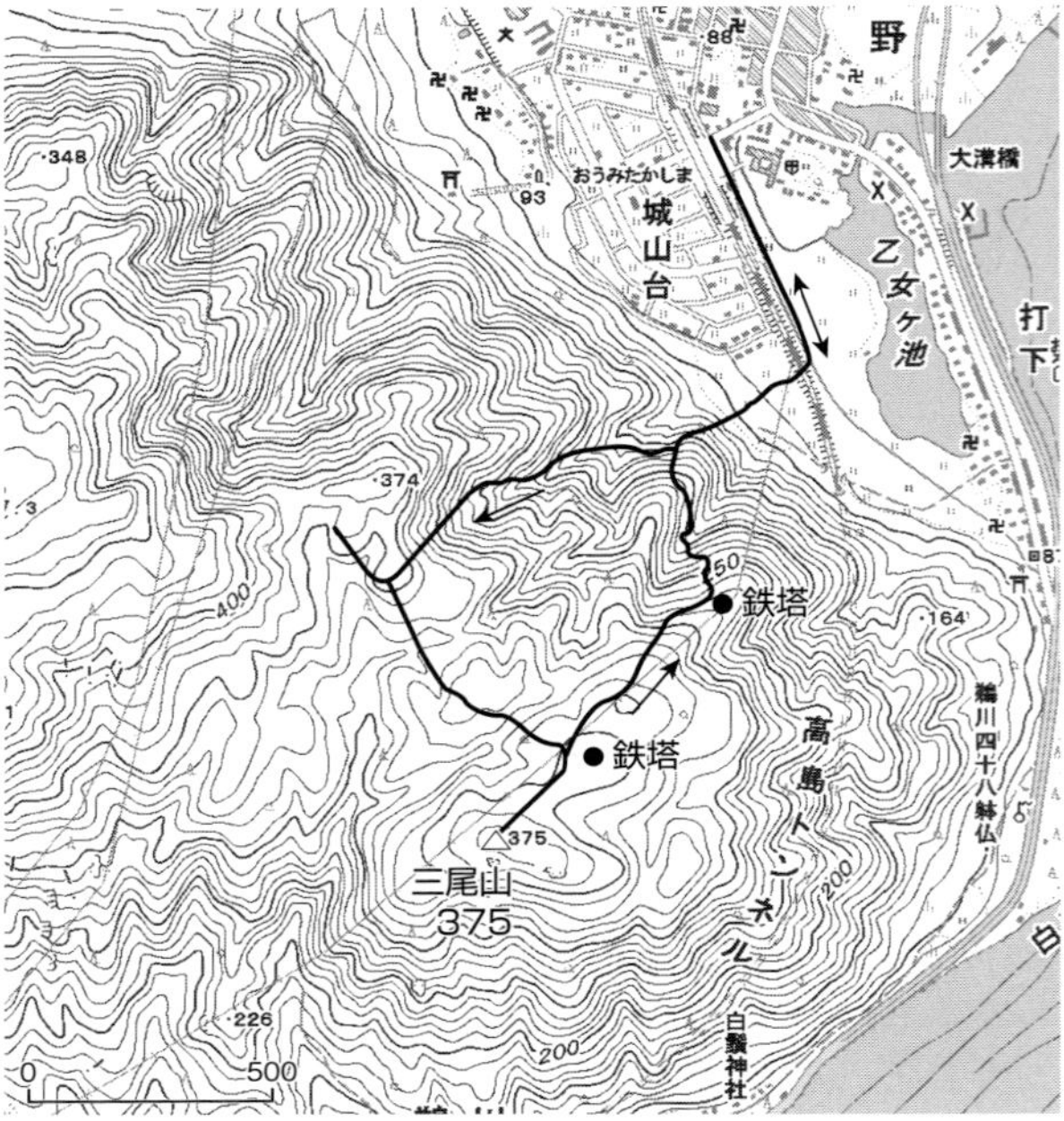

《コースタイム》

JR近江高島駅（10分）案内板（15分）見張山登山口（45分）町境尾根（10分）鉄塔（20分）三尾山（20分）鉄塔（次の鉄塔へ往復40分）鉄塔（10分）町境尾根（１時間）JR近江高島駅

〈見張山へ行くときは〉町境尾根（45分）見張山（１時間）リトル比良道（40分）音羽（バス８分）JR近江高島駅

〈地形図〉25000＝北小松・勝野

ブナとシャクナゲの古道

5 近江坂《おうみざか》（大御影山《おおみかげやま》）

その昔、福井県若狭町倉見の成願寺、能登野《のとの》の闇見《くらみ》神社と、滋賀県高島市今津町箱館山東麓の酒《さ》波寺《なみじ》との間を、お経を背負って隊列を組んで標高700～800メートルの山中を尾根伝いに人馬が往来したという古道「近江坂」は、三方五湖と琵琶湖を結ぶいくつもある交易路の一つで、うっそうとしたブナの樹林帯があり、三十三間山・三方五湖を遠望しながら歩く歴史ある道である。途中では、県境にあって人里からは見えないこの地域の最高峰、大御影山を通過する。花の季節にはクマザサの繁みに、カタクリ・シャクナゲ・イワカガミ・イワウチワ・ヤマアジサイの花が咲く。

山の道は、時代が古いほど今と違って尾根を伝っているのが普通だったから、ひょっとしてこの道を縄文人も歩いていたかも知れない。

最終地点には、家族旅行村「ビラデスト今津」森の交流館にある「森の湯」でひとあせ流して帰るのもよい。なお夕暮れて、日程に余裕のある人は、和室・洋室・ファミリーロッジなどに泊まるのをおすすめする。

出発は早朝がよい。JR湖西線近江今津駅からJRバス小浜駅行きに乗り、上中町へ。今度はJR小浜線に乗り換えて十村《とむら》駅下車。東へ国道まで歩く。

横渡集落の国道沿いにある闇見神社の裏に回り新道を横切る。獣除けをまたいで谷筋に入る。谷に入ってすぐ右の尾根に向かう踏み跡をたどる。これは関電の巡視路である。やがて、巡視路から

大御影山への途中のブナ林

尾根をたどる。道が現れたり伐採で塞がれたりするが、能登野の頭にある電波塔跡地を目指して尾根をぬうように忠実に登れば迷うことはない。途中、左側の谷越しに三方五湖が望める。

電波塔のあった広場に出ると、突然天増川《あます》沿いからの延長林道にであう。電波塔跡地を通過し、一度下りになるが、次の尾根にのると、しっかりした山道はおだやかになり、ブナの林床のなかを歩く。750㍍の三角点標石が無造作に山道上にある。やがて何度かの小さな起伏を越えて、大御影山に着く。三角点標石は道から少し離れた小台地にある。

林道の峠までの尾根道は高低差がなく、唯一伐採地が右にあり、360度の展望が楽しめる。箱舘山などの向こうに琵琶湖の水面が輝く。

秋は、リンドウが多く咲く粟柄と河内谷林道接点の峠からは中低木の自然林。尾根道は場所によっては、昔人馬が行き交った名残か、深く掘れ

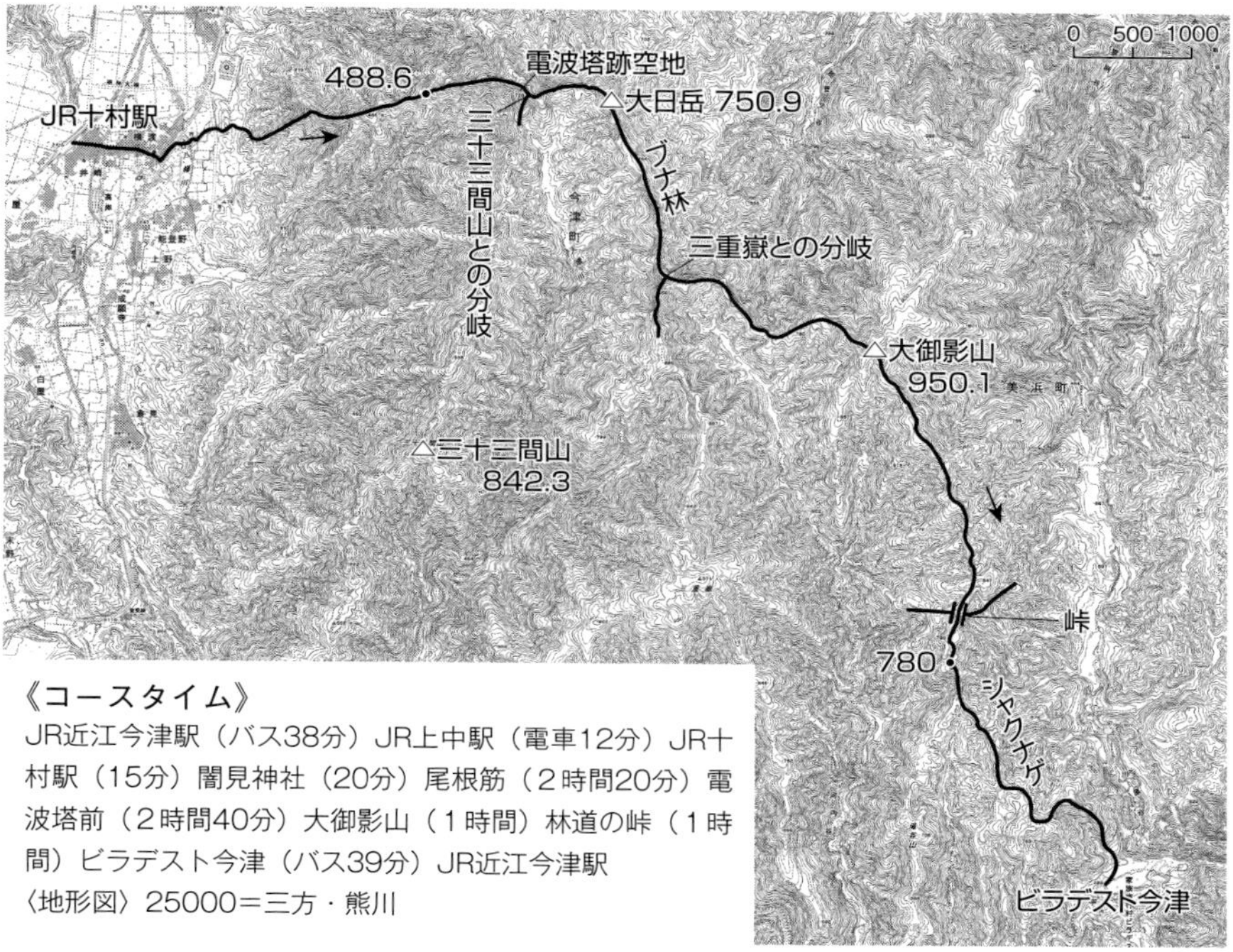

《コースタイム》
JR近江今津駅（バス38分）JR上中駅（電車12分）JR十村駅（15分）闇見神社（20分）尾根筋（２時間20分）電波塔前（２時間40分）大御影山（１時間）林道の峠（１時間）ビラデスト今津（バス39分）JR近江今津駅
〈地形図〉25000＝三方・熊川

込んでいるが明るい道で、意外に歩きやすい。

シャクナゲのトンネルがあり、初夏にモリアオガエルの卵塊がいくつも見られる小池もあり、山中でいろいろ楽しいものが見られる。

つづら折れに下って、小谷を渡ると杉林に入る。やがて、平池に出て、左へ登りつめて「ビラデスト今津」に出る。

（平成13年5月3日歩く）

シャクナゲとブナ林

6 滝《たき》谷《だに》山

滝谷山へは、JR近江今津駅から家族旅行村「ビラデスト今津」までタクシーに乗り、あとは徒歩で行くのが普通であるが、今回は距離をのばし、シャクナゲの群生地を3ヶ所訪ねるコースにした。

近江今津駅前から総合運動公園行きのバスは町内を巡るので、少し時間はかかるがワンコインバス（100円）。しかも箱館山山麓駅まで運んでくれるので便利だ。

箱館山は野坂《のさか》山地最南端の山で、雪質がよく、昭和10年（1935）にスキー場として開発された。

ゴンドラで山上に向かう。山上駅（見晴台駅）からは、三つあるハイキングコースのうち、一番西側のCコースを選んで歩く。このコースは、上りが少なく木陰が多い。人一人歩ける程度の細い道だがしっかりした山道は、やがて右に処女湖《しょじょ》の水面が見えかくれする。少し急な下り道の両側にはシャクナゲが群生している。

小さな鞍部から次のコブを越えて、処女湖堰堤《えんてい》に出たあと、林道酒波《さなみ》谷・河内谷線に降り立つ。処女湖は大正2年（1913）から10年がかりでつくられた灌漑《かんがい》用の人造湖である。

道はこのあと、林道を西の石田川ダムの方へ水の流れを右に見ながら歩く。右の谷との出合に東屋があり休憩できる。滝谷山への登り道は、ここのコクダリ谷の上流へ少し行き、左の急斜面につくられた天狗岩遊歩道に入り尾根に向かう。この木段道は想像以上に急なので、ゆっくり登る。主尾根の手前で右に入る標《しるし》があり、かすかだが新し

急な下り坂途中でのシャクナゲ

い踏み跡をたどると、尾根上に古い杣《そま》道がくっきりと残っている。右の高みへ向かう尾根道は小さな起伏の連続だがきびしくはない。三角点の標石は、本道から少し入り込む杉林の切り開かれたなかにある。

　やがて、河内谷に下る道との分岐に注意しながら刈り込まれたヤセ尾根をぬったあと、足下にはイワカガミが群生し、あたり一面ブナ林の明るい台地に出る。

　赤い布切れなどの目印を注意深く追って林のなかを抜けると、シャクナゲの群生地に出くわす。最後は、大きな湿地帯・ヌタ場などがあり、ひと息上ると近江坂のコースに行き当たる。

　近江坂は、福井県若狭町の能登野から滋賀県高島市今津町の赤坂山山麓の酒波寺まで二十数キロの尾根を結ぶコースである。

　昔、倉見の里にある成願寺の闇見《くらみ》神社にあった大般若経の経巻599巻を酒波寺に納めたといわれており、その時以来毎年この道を通って、相互が拝みに行く慣習ができたといわれている。

　滝谷山から近江坂コースに出たあたりもシャクナゲの群生地で、シーズンには花のトンネルとなる。

　平池に出ると、カキツバタの開花期で、湿原一帯は鮮やかな青紫の世界が広がる。

　コースの最終地点は、「ビラデスト今津」。高島市が自然体験交流施設として箱館山の隣、標高500メートルに家族旅行村をつくった。緑に囲まれた快適な山のプチホテルもあるので、一泊されることをおすすめする。日帰りの人は「森の交流館」の大浴場での入浴が可能だ。木もれ日の道にある小池には「琵琶湖周航の歌」の原曲にちなんだスイレン科のヒツジグサの小さな淡いクリーム色の花も咲く。様々な動植物とのふれあいを通じて生き生きした自然を体感できるのが「ビラデスト今津」だ。

平池、処女湖への散策遊歩道があり、箱館山へのコースと併せれば、ウォーキングで森林浴を充分に楽しめる。

（平成14年5月12日、6月16日歩く）

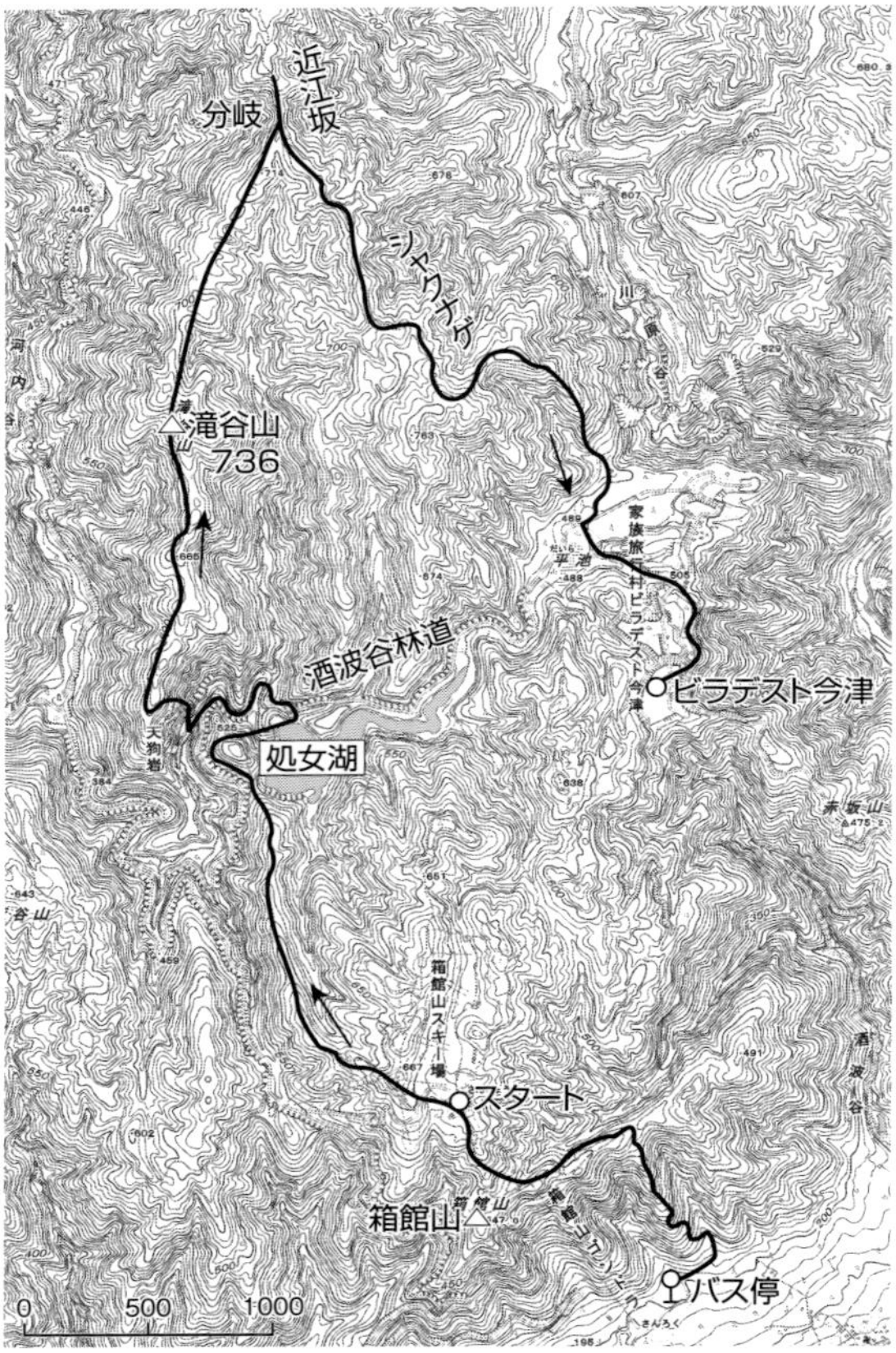

《コースタイム》
JR近江今津駅（バス21分）箱館山山麓駅（ゴンドラ５分）見晴台駅（１時間）処女湖畔（10分）林道酒波谷・河内谷線（15分）落合（10分）天狗岩遊歩道登り口（15分）滝谷山への近道（10分）尾根（40分）滝谷山三角点（10分）河内谷との分岐（１時間）近江坂コース（１時間）平池（５分）ビラデスト今津（タクシー20分）JR近江今津駅
〈地形図〉25000＝熊川・海津

奇形木のブナとダムにであう

7　湖北武奈ヶ嶽《こほくぶながだけ》（武神嶽《ぶじんだけ》）本峰

のない近江坂が箱館山の向こうにまで視野いっぱいに広がる大パノラマだ。

（平成15年5月5日歩く）

ワサ谷コース

ＪＲ近江今津駅からタクシーで石田川ダムまで乗り入れることにする。

ダムサイトで下車する頃には、山肌からガスは離れ、予定通りワサ谷からのコースを登ることにして上流に向かう。左の谷からの流れに沿って最初の堰堤まで幅広い土道を行く。登山口に新しい標識があり、スギの植林地帯に入るとよく踏まれた歩きよい作業道が続く。

北東に開けたスギの間からは「三重嶽」から

光明寺コース

登山口の角川《つのかわ》集落・光明寺の横手から尾根にとりつく場所が不明瞭だったが、「今津山上会」できっちりと登山道として整備されていた。

４５７までの標高差２００は厳しかったが、スギやヒノキの植林帯で吹き抜ける風に癒された。

以前探りまくった赤石岳の三角点には新しく標識が立った。石田川ダムへの道案内もある。やがて頂上を示す標木。周囲やこの先三重嶽《さんじょうだけ》への笹原も大きく刈り込んであり、頂上から少し北へ下った地点は展望台で、琵琶湖と小浜湾が左右に広がる。天増川の谷のむこうには三十三間山の尾根。延長上に、近江坂（能登野の頭）のパラボラアンテナからぐるっと時計回りに、ほとんど高低差

湖北武奈ヶ嶽（武神嶽）頂上

南に延びた長い尾根を前景に、二段三段「滝谷山、近江坂」の山なみが美しく左から右へ流れていた。スギの植林帯を過ぎると、やがて上り勾配はゆるくなって、あたりの植生も自然の針葉、広葉、落葉が入り混じるようになる。湖北武奈ヶ嶽（武神嶽）と三重嶽を結ぶ稜線尾根８０２に出た。このあたりは、冬には雪が相当積もり、日本海から吹く風も激しいのだろう、垂直に立つ木は一本も見当たらない。すべて曲がりくねっていて、本当は厳しい苛酷な自然環境に耐え忍んで生きているのだが、見る位置によっては面白おかしくサルが踊っているように見える。

空梅雨で炎暑の登山時、たった８００メートル台の山中でも、あの滝つぼに降り立って水しぶきを浴びているような涼しさを感じて、とてもうれしく、体がシャキッとした。快適に起伏のある主尾根を20分歩いたが、道の両側はベールに包まれて何も見えず。薄暗い雪折れの木々の根元には、少し遅咲きのイワカガミが群生していた。シカの危険を知らす声がする。起伏のある主尾根を30分ほど歩く。

突然視野が広がって、明るい展望のきく場所に出た。あいにく今日は琵琶湖も日本海もたった800《メートル》台の山中なのに霧の中だった。50《メートル》先の武神嶽山頂に着き昼食。午後は、まず寒風コースへの分岐点に、標識を取り付ける。うれしいことに今津小学校5年生が、学校の登山コースとして既に標識を立ち木にくくり付けていた。

同じ尾根通しの赤岩山三角点に向かって、少し下る。ここからは普段なら石田川ダムが望めるのだが今日はだめだ。株立ちの灌木がタコみたいにくねくねと枝を広げた台地に、一筋の登山道がうねうねと続くやや下る尾根は、やがていったん小鞍部に下って、再び上り切ったところに赤岩山三角点があった。

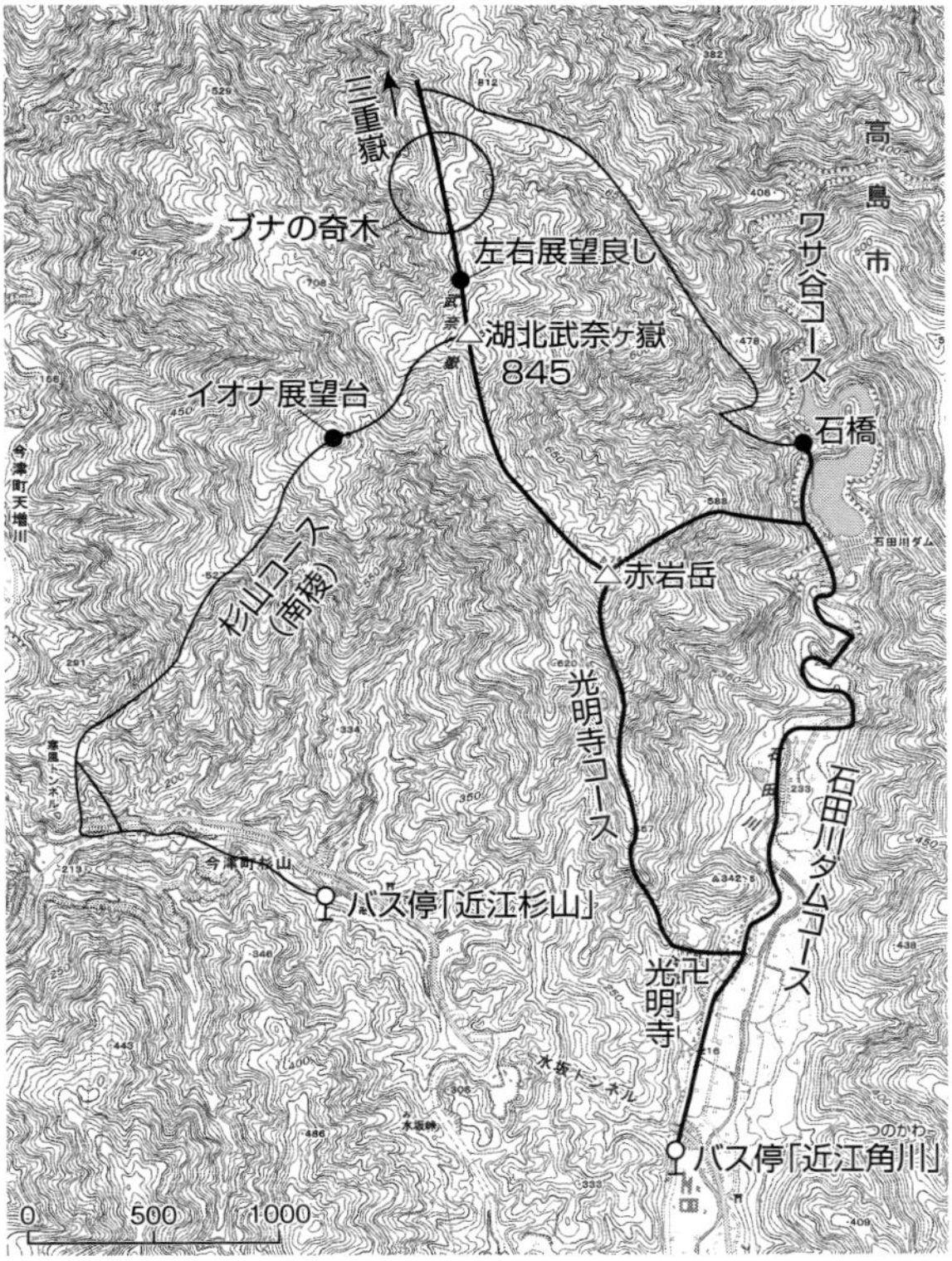

杉山コース

頂上（25分）シカの原（60分）イオナ展望台（60分）国道登山口（15分）近江杉山（バス30分）JR近江今津駅

〈地形図〉25000＝熊川

石田川ダムコース

今日はここから左折し

て石田川ダムへ戻ることにする。距離は短いが急な下りである。しばらく下って水場で一休みし、再び傾斜のきつい杣道を足元に気を配りながらゆっくりと下る。やがて、ダムサイトの広場から200メートル北の林道に降り立った。あとは、時間によってタクシーを呼ぶか、近江《おおみ》角川《つのかわ》のバス停まで約1時間、一本道を歩く。

（平成16年7月11日歩く）

杉山コース

ヒオオギのかわいいオレンジ色の花が点々と咲いていた。トリカブトがまた増えている。季節ごとに現れる花々、エビネを道の側で見つけた。「武神の池」は水かさが増えていて立派な池に成長していた。下りは、雨のあとなので少し気を配ったが、天気は好転して、＊イオナ展望台では琵琶湖と小浜湾、比良の武奈ヶ岳が確認できた。

杉山コース新設（平成14年10月6日作業①）
（平成15年3月16日作業②）
（平成15年6月15日作業③）
（平成15年8月31日作業④完成）
（平成15年11月3日お披露目歩く）

＊イオナ展望台＝今津《イマヅ》町・小浜《オバマ》市・武奈《ブナ》ヶ岳の頭文字から

8 湖《こ》北《ほく》武《ぶ》奈《な》ヶ《が》嶽《だけ》（武《ぶ》神《じん》嶽《だけ》）南稜

展望絶好、自然林の尾根

最初の鉄塔から水坂峠方向を望む

ＪＲバスが、近江今津駅前から出発して国道３０３号を小浜に向かう途中、石田川沿いに北上すると「追分」のバス停あたりから正面の奥にそびえるのが赤石岳と湖北武奈ヶ嶽（武神嶽）の稜線である。冬季白く輝く雪稜は、同県内の分水嶺である。

国道３０３号の水坂トンネルと寒風トンネルの間には、四つばかり南北にのびる尾根と深い谷がある。西へ下るほど勾配はゆるやかで、福井・滋賀の県境寒風トンネルの手前１００メートルの「芝ヶ谷」左岸の尾根筋に立つ鉄塔下に容易に着ける。この谷は国道３０３号の北側にあり、南側は砕石現場「高島鉱建事務所」である。

ＪＲバス「近江杉山」のバス停から進行方向へ

頂上から西南、シカの原手前

歩き、福井県側からは「天増口《あます》」のバス停から寒風トンネルを抜ける。ともに1キロ強の道程である。

いきなり谷の左側のスギ林を次の鉄塔下までカシの大木の繁る薄暗い尾根道をたどる。鉄塔②を通過し、鉄塔③の広場に立つと背後にどっしりと「二の谷山」が望める。すでにこのあたりで一大展望地の様相がうかがえる。

やがて、巡視路は左へ山腹を巻くが、登山道は目の前の尾根に取りつく。トリカブトが咲き、風が心地よく吹き抜ける尾根道は、標高５００メートルの手前約25メートルが急勾配となる。

ゆっくり登り切った所はススキ原で、ヤマボウシが周辺を彩る。灌木はヤマツツジの群生で、ヒオオギも咲く展望台だ。

景観はすばらしく、琵琶湖、比良の武奈ヶ岳、県境尾根、小浜湾が左から右へ望める。天気がよければ、青葉山の姿も見える。

これより頂上へは、８ヶ所同じように展望の広がる台地が断続的に現れて、疲れを忘れさせてくれる。

標高６００メートルあたりには、山中の融雪が窪地に溜まり池となって残っている。「武神ヶ池」と名付けることにした。

下枝が雪折れで地を這うようにのびている灌木帯を過ぎて、７２９メートル地点では、胸丈のなかの木越しに谷をへだてて湖北武奈ヶ嶽の本稜が左右に長々と望めた。比良の西南稜そっくりの景観である。

苔むした鞍部を過ぎると左に古い崩壊跡があり、ヤセ尾根がしばらく続く。

最後は、見事な草原に出る。運がよければ毛並の美しいシカの戯《たわむ》れる姿にであえるだろう。低木の草原には無数の獣道がある。頂上に向かう確かな獣道をぬうと、シノタケの密生地に入るが、足元はフラットでピークが近いことを知る。頂上を示す標木から10メートルの地点の主稜に出る。尾根は幅広く刈り込まれた登山道である。北の三重嶽《さんじょうだけ》への道を50メートル行けば、一大パノラマが楽しめる。

この山が、一部のスキーヤーにしか知られていなかった頃は、一般には三十三間山・箱館山、日本海に面した若狭の山々が有名だった。

最近は地元の有志により、町おこしの一環として便利な家族旅行村「ビラデスト今津」が誕生した。箱館山、平池の観光を足がかりにして、さらに周辺の山々が見直されつつある。東の近江坂（大御影山《おおみかげ》を含む尾根道）や滝谷山《たきだに》にも登山道が復活・開発された。

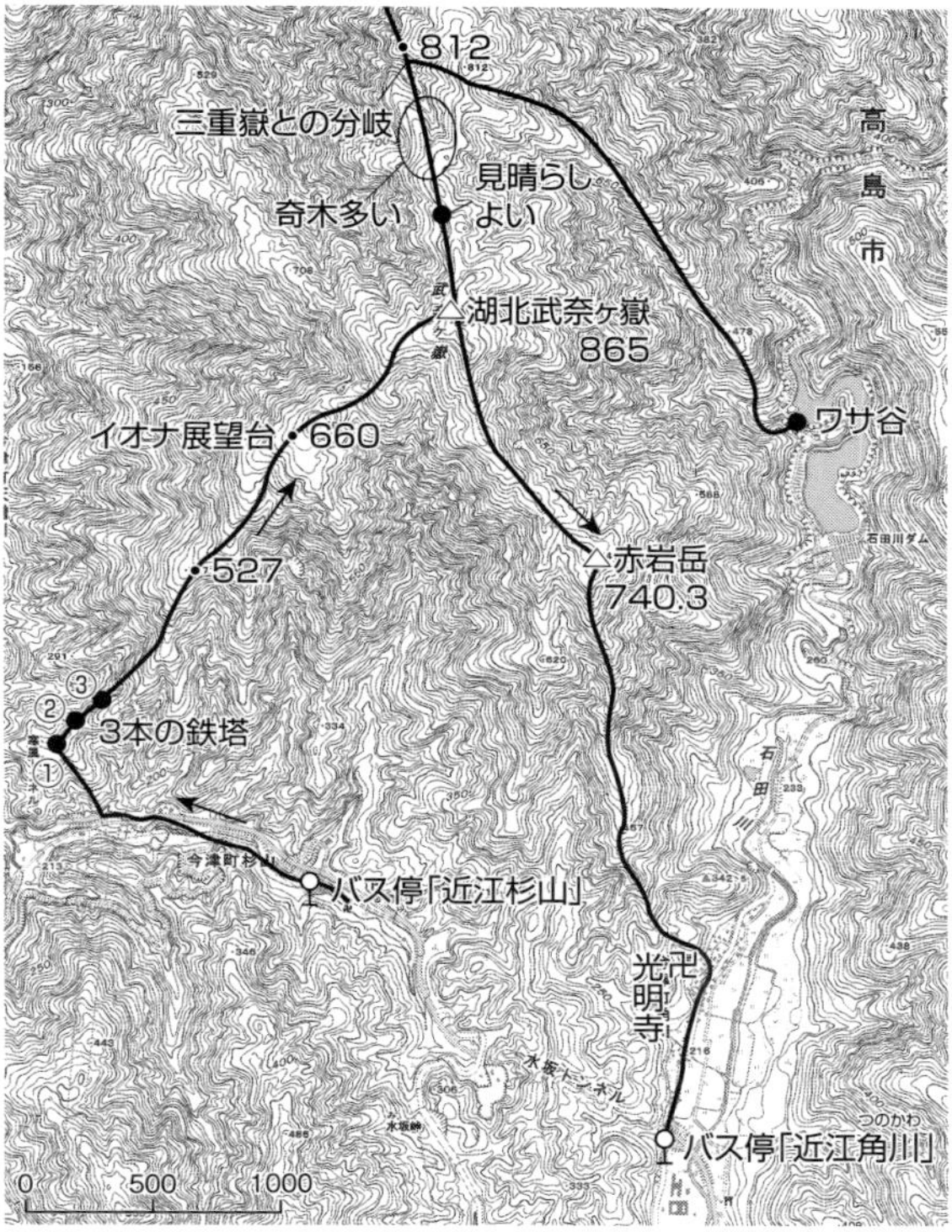

《コースタイム》

JR近江今津駅（バス40分）近江杉山（15分）芝ヶ谷登山口（20分）鉄塔①（15分）鉄塔③（45分）イオナ展望台（10分）ヒオウギ台（15分）武神ヶ池（10分）獣の遊び場（20分）やせ尾根（15分）展望草原（40分）武神嶽（湖北武奈ヶ嶽）山頂（20分）赤石岳三角点（1時間）光明寺（20分）角川バス停（バス35分）近江今津駅

〈地形図〉25000＝熊川

東の山々から木の間越しに見る湖北武奈ヶ嶽はやさしいが、若狭駒ヶ岳・三十三間山、そして南の二の谷山から見る湖北武奈ヶ嶽の姿は堂々として、古名を彷彿《ほうふつ》とさせる。同じ山脈の北にそびえる最高峰の三重嶽をしのぐ山である。

（平成19年6月17日歩く）

シャクナゲと湖北武奈ヶ嶽展望

9 二の谷山北稜

鉄塔下から、轆轤山から三十三間山の稜線を見る

　ＪＲ近江今津駅前から小浜行きのＪＲバスが、石田川沿いから角川《つのかわ》トンネルを抜けると左右に山が迫る。

右（北側）の山は湖北武奈ヶ嶽で、明治時代までは武神嶽と言った。平成17年、ようやく夢がかなって、所属する仲間と共に湖北武奈ヶ嶽の寒風コースを開発した。

「保坂《ほうさか》」バス停で下車し、Ｔ字路を西に分かれている国道３６７号へと歩く。さらに、朽木《くつき》に向かう国道と分かれて旧道へ直進し、水坂《みさか》峠に向かう。

　峠への道路の左眼下を流れる中の川の対岸には金比羅宮があり、寄進された灯籠は二つとも小浜の両替飛脚や住人の銘が彫られ、保坂の村人だけでなく、街道を利用した小浜の商人たちの信仰

関西電力の巡視路

も篤かったことがうかがえる。金比羅宮から約150メートル《メートル》上流には庚申塚があり、旅人や巡礼者がひと息ついた腰掛け石が今も残っている。

水坂峠へのゆるやかな上りが、いつの間にか下りにかかるあたり、擁壁《ようへき》が途切れた所から左側の杉林を登る。かすかな杣《そま》道の上部は明るい小さな鉄塔広場で、西側に国道が見下ろせる。

ここからは、確かめにくいほどのヤセ尾根になる。この分水嶺はやがて急峻な岩の小尾根になり、じりじり登る。途中、ひと息つける場所があり、季節によって梢越しに薄茶色の山肌に若みどりの一群や真っ白なシデコブシかタムシバの花が点在し、際立った美しい景観にであう。再び小尾根を登りつめて支尾根に立つ。このあたりはシャクナゲの咲くシーズンには深紅の花でにぎわう。

支尾根は小さな起伏が続き、ミズナラ・コナラの林で意外に歩きよい。恐らくシカなど獣《けもの》が毎日通る生活道だろう。

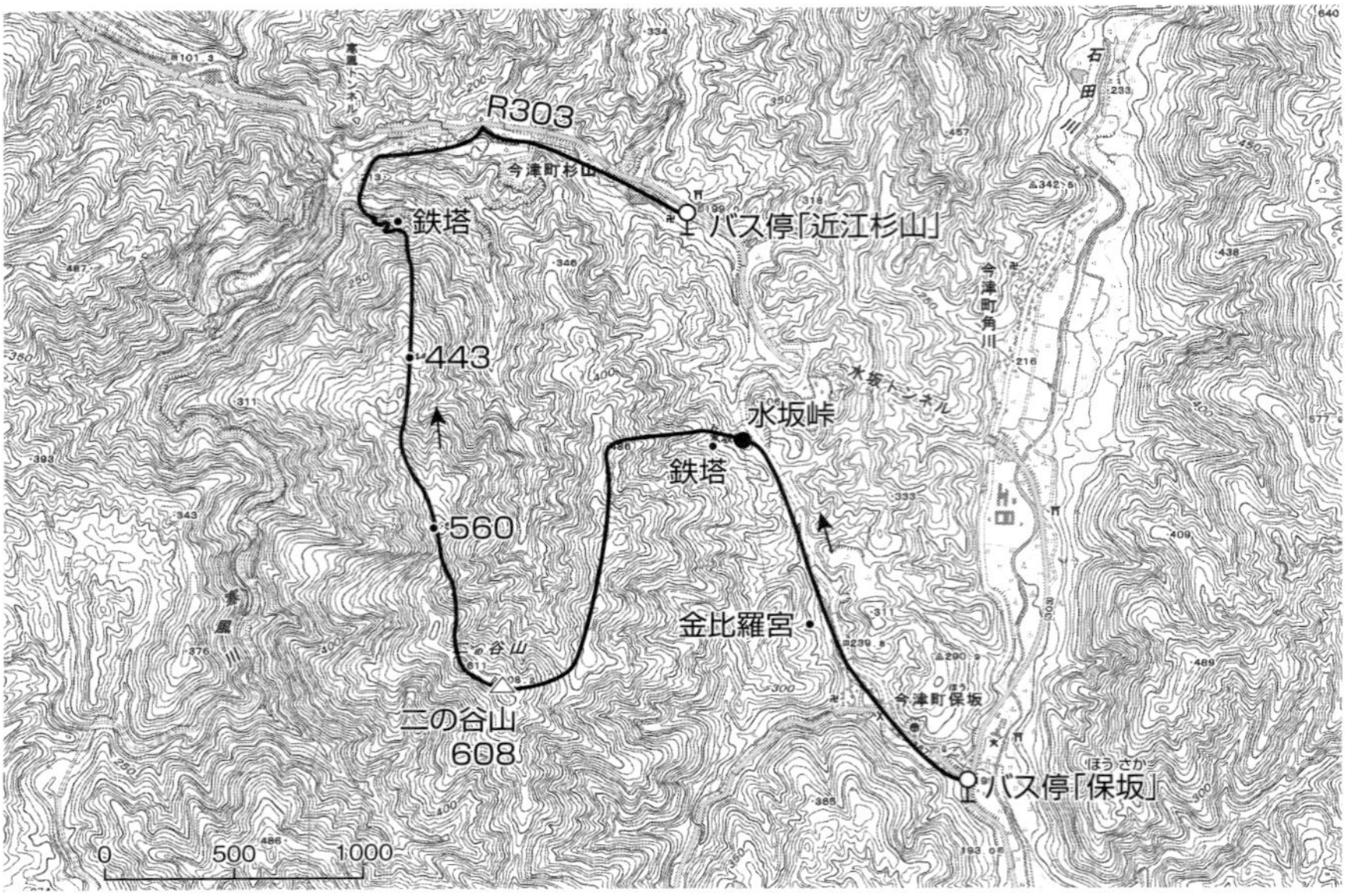

《コースタイム》

JR近江今津駅（バス20分）保坂（20分）水坂峠下（10分）鉄塔下（40分）486㍍（1時間10分）二の谷山（30分）560㍍（30分）鉄塔下（30分）最北の鉄塔下（25分）林道（25分）国道（15分）近江杉山バス停（25分）近江今津駅

〈地形図〉25000＝熊川・饗庭野

南東方向へ廻り込むあたりで、木々の間から陽光を浴びた琵琶湖の水面がにぶい銀色に光り、対岸の長浜市街あたりの水際まで望める。

時計回りで慎重に尾根をぬって主尾根に出る。最後は、剣ヶ峯にしては幅の広い斜面を登り切って、スギ林のなかに二等三角点「二の谷山」に着く。頂上付近は平凡な台地だが、北側（右）は崖状で谷は相当深く、点在するシャクナゲの枝先はうかがえても、根元の岩は見えない。この深谷をのぞくように右へ移動するあたりからは、樹間から赤岩岳と湖北武奈ヶ嶽との稜線が見え、その背後には、右に大《おお》御《み》影《かげ》山を含む近江坂が、左の肩には三十三間山がうかがえる。

やがて、杉林を抜けると鉄塔下に出

る。南には、意外に近く比良の武奈ヶ岳が望めるし、伐開された反対の北側には、大パノラマの湖北武奈ヶ嶽が堂々とそびえて、赤岩岳と尾根を連ねた稜線が美しく展開していた。

ここからは、関電の巡視路を歩く。両サイドが伐開されて明るく広々とした稜線上に続く巡視路からは、常に北側の湖北武奈ヶ嶽が望める展望台の連続で、想像していたよりもよい道だった。あと四つある鉄塔下からは、次第に雰囲気が変わり、五つ目の鉄塔から左下へ杉林に入る。10回ほどつづら折れする山道は樹木が直射日光を防いでくれていて涼しい。

寒風川沿いにある「杉谷・椋《むく》川林道」に降り立ち、S字形に山裾をめぐる。やがて寒風川と分かれ、落合から別の杉谷川の上流に向かう。谷底に下って橋を渡り、落石の多い林道を上り下りして、国道303号に出る。

右へ、国道を避けて杉山集落の中道を歩き、家並が途切れた、地蔵を祀る小川脇の石段を上がって、近江杉山のJRバス停に着く。

前半（平成15年10月11日歩く）
（平成16年7月25日歩く）
後半（平成16年12月25日歩く）
（平成17年4月17日歩く）

分水嶺のかくれ道

10 赤岩岳《あかいわだけ》から水坂《みさか》峠

ＪＲ湖西線近江今津駅前から小浜行きのＪＲバスに乗る。今津町内からやがてバスは石田川沿いにうねうねと走り、「落合」のバス停あたりに来ると、正面奥に形のよい山なみが見えてくる。赤岩岳から湖北武奈ヶ嶽の連峰である。

水坂トンネル手前の「近江角川《つのかわ》」で下車し、角川集落へ北上する。集落通過後、そのまま石田川左岸を徐々に登りつめると、石田川ダムサイト駐車場に着く。

出発は、このダム広場からさらに上流へ右岸に沿って１００メートル《メートル》ばかり行くと、獣道程度の登り口がある（簡単な目印だけなので注意）。

昔の作業道は、近江坂から分岐して三重嶽、さらに湖北武奈ヶ嶽の延長尾根にある赤岩岳へ延びているが、今回のコースは直登気味に最短距離を赤岩岳へ登る道なので、他のコースより厳しい。それだけに時間は稼げる。

最初はスギの植林帯のなかを歩く。やがて道が少し腹巻くようになって右の沢にであう。水場から少し登ると勾配は少しゆるやかになり、疎林帯を抜けると、角川集落光明寺裏山から武奈ヶ嶽を結ぶ縦走尾根上にある赤岩岳三角点標前に出る。

この赤岩岳からは、湖北武奈ヶ嶽に向かう途中、次の鞍部を越えた小ピークで逆Ｖ形に尾根の分岐点から南下（枝折れ）して、赤岩岳と一つ谷を挟んだ支尾根を急下降する。

実は、この尾根が日本海側と太平洋側の分水嶺である。全国の分水嶺はほぼ県境尾根の場合が多

追分－保坂付近から武神嶽本峰を望む

いが、ここは同県同市内の小さな支尾根が分水嶺というめずらしい場所である。

始めは、踏み跡があるか、なしか、のヤセ尾根で露岩が多く高木がなく、イバラに悩まされる小尾根だが、やがて灌木からコナラなどの中木群のなかを歩くようになり、下生えも少なくなる。

独標620㍍《メートル》からは忠実に尾根をぬう。どんどん下降して急に左折し、小峠状の鞍部に降り立つ。ここで目の前のピークに向かって上がらないと、とんでもない方向に出てしまうので注意する（読図が必要）。

ヤセ尾根の起伏を繰り返し、トンネル近くの下界の道路が見え隠れするあたり、右へ下ればいずれも旧水坂峠道に降りられる。

昔から、若狭から近江へはいくつかの峠越えの道があり、若狭の海で水揚げされた魚介類を近江や京まで運んだ。なかでもサバが主流を占めていたことから、後に「鯖《さば》街道」と呼ばれるようになった。昔は、人か、せいぜい荷車・馬で運んでいたので、それぞれ鯖街道と名乗ったが、いまは国道303号を上中町、熊川宿を通って（旧）水坂峠に出て、途中で右折して国道367号を朽木から安曇川沿いに峠越えするのが便利なので、このコースを「鯖街道」と呼んでいる。

水坂峠から昔の面影が残る集落を過ぎれば保坂《ほうさか》のバス停はすぐ近くである。

（平成16年7月25日、11月28日歩く）

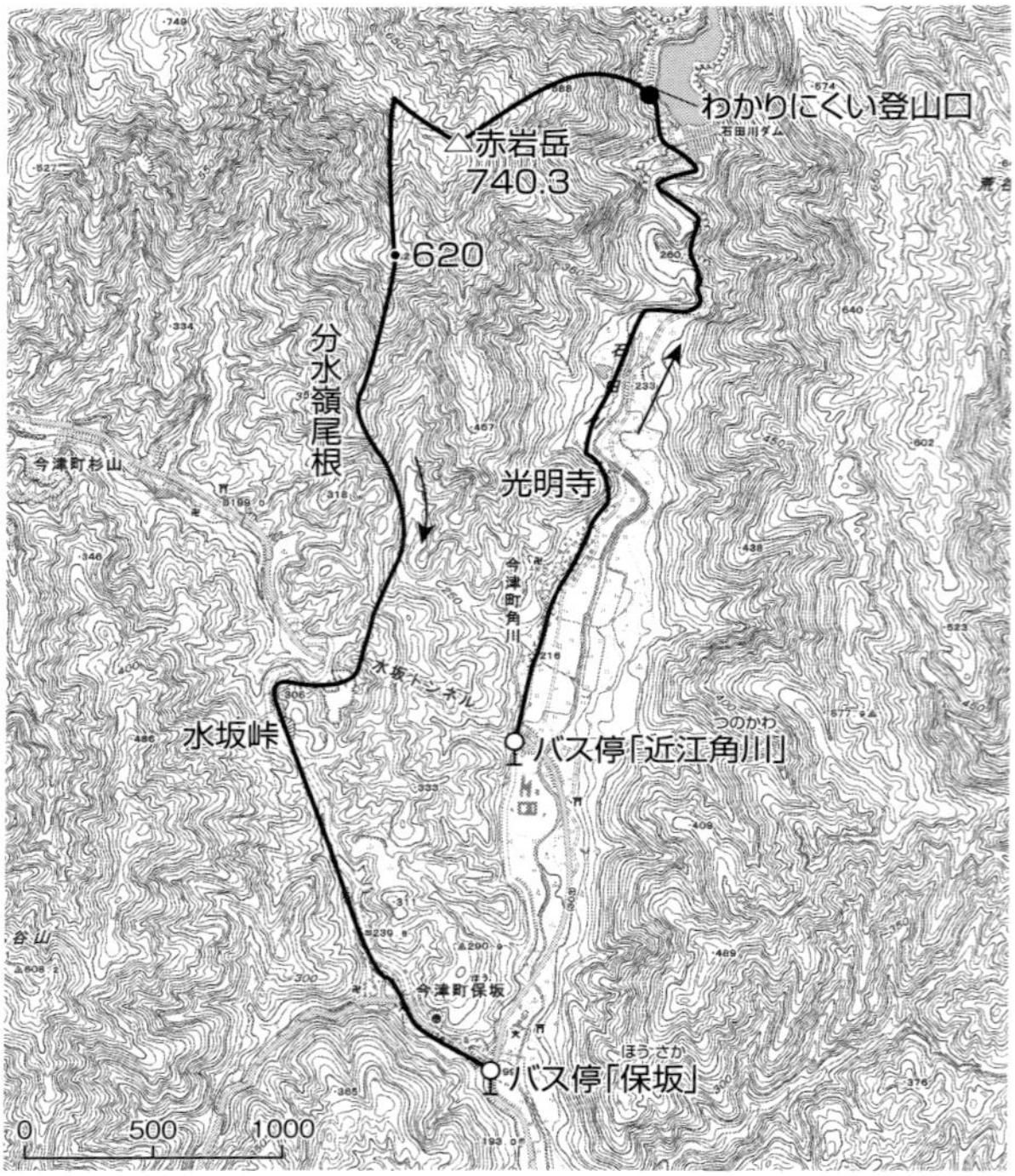

《コースタイム》
JR近江今津駅（バス30分）近江角川バス停（15分）角川集落（40分）石田川ダムサイト（5分）赤岩岳登山口（30分）水場（40分）赤岩岳（30分）分水嶺分岐点（1時間）620㍍独標（1時間）旧水坂峠（5分）水坂集落（10分）保坂バス停（バス25分）JR近江今津駅
〈地形図〉25000＝熊川・饗庭野

弓削神社あたりから大俵山を望む

石田川を挟んで対峙《たいじ》する山

11 荒谷《あらたに》山地（縄手《なわて》）と大俵《おおだわら》山

ＪＲ近江今津駅から小浜行きＪＲバスに乗り「保坂《ほうさか》」で下車し、石田川沿いに下流へ左岸を少し南下すると、雨谷橋から始まる林道海原雨谷線の谷筋に入る。

右の川を見ながら歩く。左は滝谷、釜谷、材木谷があり、林道の下をくぐって右の谷川に注ぐ。直谷には谷奥に向かって杣道《そまみち》がある。

この林道は、以前は峠の手前で途切れたままだったが、現在は峠を越えて梅原集落まで続き、峠の手前左側の谷の源頭には、持ち込まれた土砂を敷きならした広場がある。

峠の向こう側に廻ると谷で、道はＴ字状になり左右に分れる。正面には箱館山の南面が望める。右の道を尾根に上り切ると、右に遠く比良の最高峰武奈ヶ岳の頂が白銀に輝いていた。

今回は、峠を下る前に、左（北）に連なる荒谷山地の尾根上にある三角点を目指す。残土広場から尾根に取り付き、４１８㍍に向かう。人の入った気配が残る獣道には、シカ・イノシシ・サルの存在を確認する。標高５００㍍あたりからは木の間越しに自衛隊の饗庭野《あいばの》演習場や琵琶湖が見えはじめる。やがて林道に出て、しばらく平坦な道の延長上に広場があり、西側の草むらのなか縄手577・9メートルの三角点標石を見つける。

下山は、元の道を引き返して峠に戻る。梅原への下り林道は何の障害もない平凡な道で、ゆったりした気分で歩く。

荒谷山地

平地に下り、すぐ左手にある「弓削《ゆげ》神社」で一服する。

弓削神社から南下して日吉神社に向かう道は複雑かつ高低差があり、わかり難いので注意する。日吉神社から西へそのまま移動する。

獣除けのりっぱなフェンスを抜けて谷川を渡り、石田川沿いの山道を上流に向かって左岸を歩く。土道が突然舗装路に変わる地点で見下ろす左の国道303号に降り立ち、上ノ瀬橋を渡って、国道を横切り、吹田市立少年自然の家への道に入る。

右側は清流。左側の山際に擁壁《ようへき》が続く舗装路を100メートルほど南下して、二つ目の石段の地点で見上げると、急斜面に虎ロープが高みに向かって垂れ下がっているのを確認する。マイペースでこの急斜面を登り切ると、特徴のない板倉山の頂上に着く。

板倉山は歌枕としても知られ『江師集』に「足引の板倉山の峰までに積める刈り穂を見るがうれしき」とある。

この板倉山と次の大俵山の頂を結ぶ尾根道は、民有地と自衛隊用地の境界線で、将来はフェンスで仕切られるようで、一般人はフェンス沿いを歩くことになる。

頂上から少し下った所に幅10メートル奥行50メートルほど拓

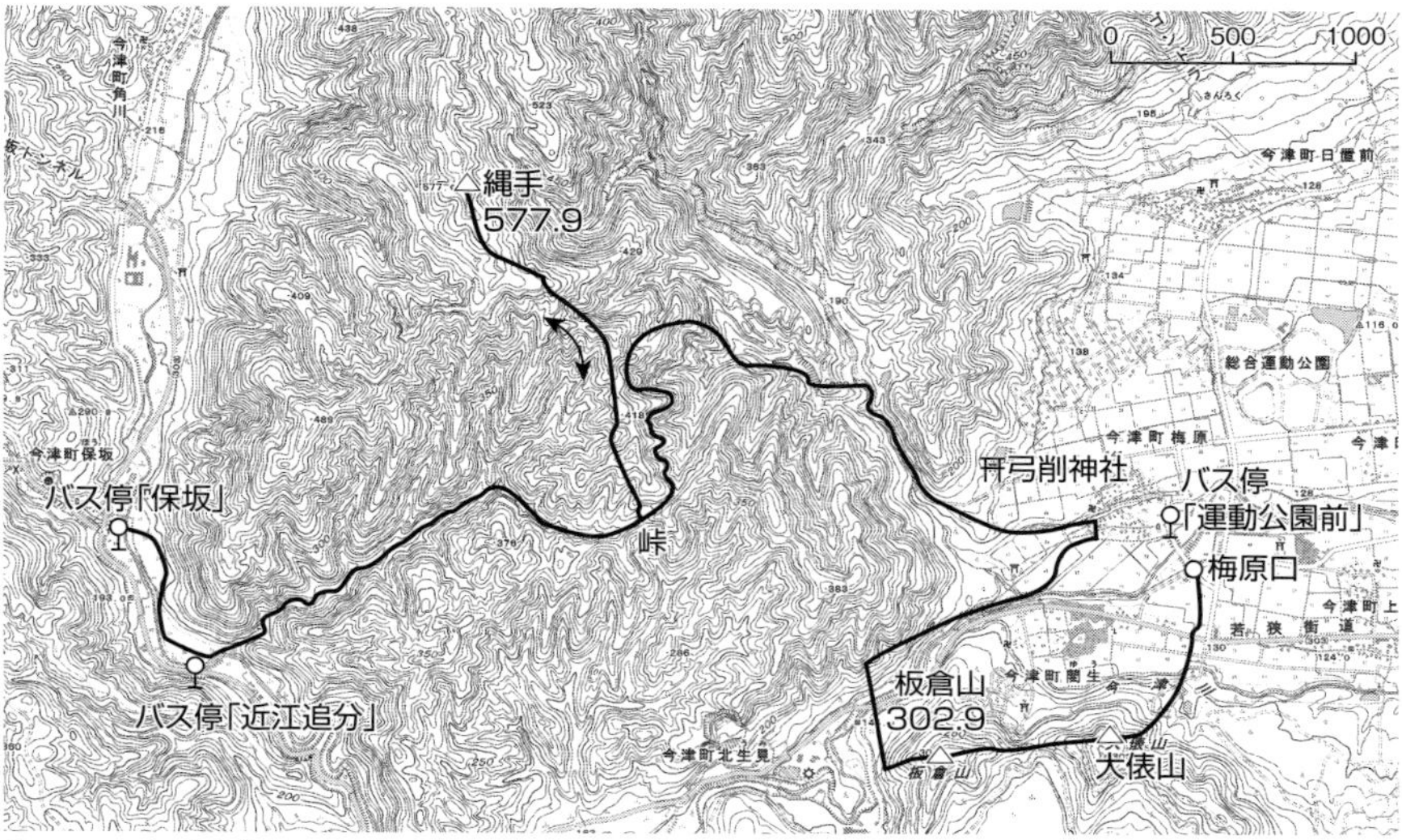

《コースタイム》

JR近江今津駅（バス20分）保坂（10分）雨谷橋（20分）直谷口（20分）峠（20分）618㍍（40分）縄手三角点（40分）峠（50分）弓削神社（10分）日吉神社（15分）上ノ瀬橋（５分）二つ目の石段（30分）板倉山（５分）アンテナ展望台（15分）切通し（30分）大俵山（15分）別荘地（15分）梅原口バス停（バス10分）JR近江今津駅〈地形図〉25000＝饗庭野・熊川

いた草地があり、テレビ用のアンテナが設置されている。北の端に立つと目前に円明寺と荒谷山、その奥には大御影《おおみかげ》山あたりが望める。さらに視野を右に向けると箱館《はこだて》山から、ずっと遠くに伊吹連峰が望める。

再び境界線を東進する。右側にはずっと自衛隊の施設（建物）や広場が木の間がくれにちらちら見える。次の山塊への鞍部は切通しになっていていったん道路に降りる。

登り返して大俵山の山頂に向かう。板倉山より勾配はゆるい。二つの大岩を過ぎて間もなく赤土の広場に出る。大俵山の三角点標石は、削り残した草付きの土饅頭の端にある。

再び境界線のフェンス際を急下降して、別荘地「やわらぎの里」に降り立ち、梅原口のバス停に急ぐ。

（平成14年11月14日歩く）
（平成19年2月12日歩く）
（平成19年3月1日歩く）

やめられない低山・やぶ山歩き

せめて地元の山ぐらいは精通《せいつう》したいと、500メートルにも満たない山でも登山の対象になると自負して行動しているのだが、標高の低い山でも山は山、尾根もあれば谷もある。歩きやすい残雪期に何度訪ねても目的の三角点標石が見つけられない山がある。

たどるべき道のない山中を自力でルートを開拓してゆく藪漕ぎは、地図を片手に自然と対話しながら、自然と一体化する行動でもある。

私が藪漕ぎするのは、ただやみくもに道なき道を突き進んでいるわけではない。昔から、生活のために使われた山道や峠が廃道と化すのが惜しいからである。せめて、縦走路と思える尾根道を探り出して復活し、知らない人にも利用してもらえるよう、その情報を提供するのがねらいである。

頂上へ登るだけなら、道がなくても根気よく藪を漕いで一番高みに登りつめればよい。むずかしいのは、尾根を追い谷を越えて地図上で探し出した鞍部を見つける場合だ。もちろん、ある地点までは地形図に導かれてうまくゆくが、谷のつめ近くなると小さな谷がいくつも現れる。しかし、もうその時点では山に近寄りすぎて、めざす尾根や鞍部は見えず、地図は役に立たない。あとは、勘を頼りに、これと定めた小谷を登りつめる。その結果、目的の鞍部に出られることもあるし、小さなピークに登ってしまうこともある。

下りの場合も同じ。始めは小谷を下る。滝が出てくれば巻かなければならない。尾根に逃れてやれやれと思ったら、この先が断崖になっていて動きがとれない。草付きのゆるやかな尾根を下れば、時間が倍以上かかる。

地形図では正確に表現できない微妙な地形の尾根や谷が、自分の想像した通りだったときはうれしい。古書で見つけた城山であったり、かくれた歴史深い山に当たれば穴場であり、自分の好い場となる。

ハイキングコースの隣に忘れられた存在の山がある。意外なことに、この山からの眺めのほうがすばらしいこともある。

近くで歩いたことのない山がある限り、馬齢は重ねても、低山歩きから足を洗えそうにない。

西部

12 竹生島《ちくぶしま》に一番近い 朝日山《あさひ》（葛籠尾崎《つづらおざき》）

朝日山の眼下に見える竹生島

琵琶湖の北部、湖面に浮かぶ竹生島に一番近い周辺の山が、葛籠尾半島先端の朝日山である。「奥びわ湖パークウェイ」が開通して久しいが、菅浦《すがうら》集落へ歩く人は少ない。唯一、この半島の湖岸だけが水際を歩くことができないだけに、半島上からの眺望はすばらしい。

ＪＲ木ノ本駅前から菅浦行きのバスに乗る。国道８号の賤ヶ岳隧道《しずがたけずいどう》を抜けると琵琶湖岸の山梨子《やまなし》である。さらに飯浦《はんのうら》から塩津《しおつ》へ藤ヶ崎トンネルを通過し、琵琶湖の最北端の塩津に出る。塩津神社は製塩の祖塩士翁が祭神で、地名も塩発祥の地に因んでいる。

塩津浜のバス停で下車後、西から南へ半島の山裾へと向かう。湖岸道「近江湖辺《おうみうみのべ》の道」は、月出《つきで》

ミカンの実が成る菅浦の湖畔

集落までのびている。湖面には、縄文時代からの漁法の「魞《えり》」が見える。この集落から先は、湖岸に道がなく、右側に見上げる尾根に向かってつづら折りの山道を上る。

琵琶湖最北地の、秘境と変化に富んだ遠望がひと目に楽しめる18・8キロの「奥びわ湖パークウェイ」は、背後に深い山の緑と目の前の碧い湖の雄大な景観が、今も静寂な自然美を保ち続けている。

月出展望台に出て、車道の脇を注意して歩く。つつじ平展望台をはじめ、道の左側に展望が広がる。琵琶湖の美しいエメラルド色の水が満々と目に入り、水際の曲線や斜面の樹木が美しい。やがて半島の山頂公園に着く。葛籠尾展望広場になっていて、琵琶湖北部の山々のパノラマが堪能できる。

車道から離れると常緑・落葉の樹林帯の道は高低差のない腹巻道で、最後は竹生島が間近に見える先端に着く。二重に遊歩道がある上の道に三角点朝日山の標石がある。

帰路は少し道を引き返し、道標に従って菅浦への遊歩道を下り湖岸に出る。

菅浦の里は、昭和41年（1966）の道路改修前は車は通れず、渡し舟で行き来した陸の孤島だった。

奈良時代、穀物以外の食料品を天皇に献上する小集団が住みつき、漁業と湖上輸送を業とした。集落の東西の両端には、外来者を監視した名残の「四足門《しそくもん》」が建っている。

須賀神社は、第47代淳仁天皇を祭神とし、拝殿の裏手には舟型御陵がある。参道の水屋からは、素足で参拝する習わしがあり、今も守られている。淳仁天皇は孝謙上皇、道鏡との政争に敗れ、近習と共に菅浦に隠れ、1年後に崩御された後、近習の子孫が、この地に定住し御陵を守り続け天皇一行が湖から上陸した所を葛籠尾崎と名付けたと伝えられている。

バス停近くには、国民宿舎「つづらお」があり、バス待ちにひと風呂浴びるのもよい。

JR湖西線永原駅までのバスがある。

（平成13年6月28日歩く）

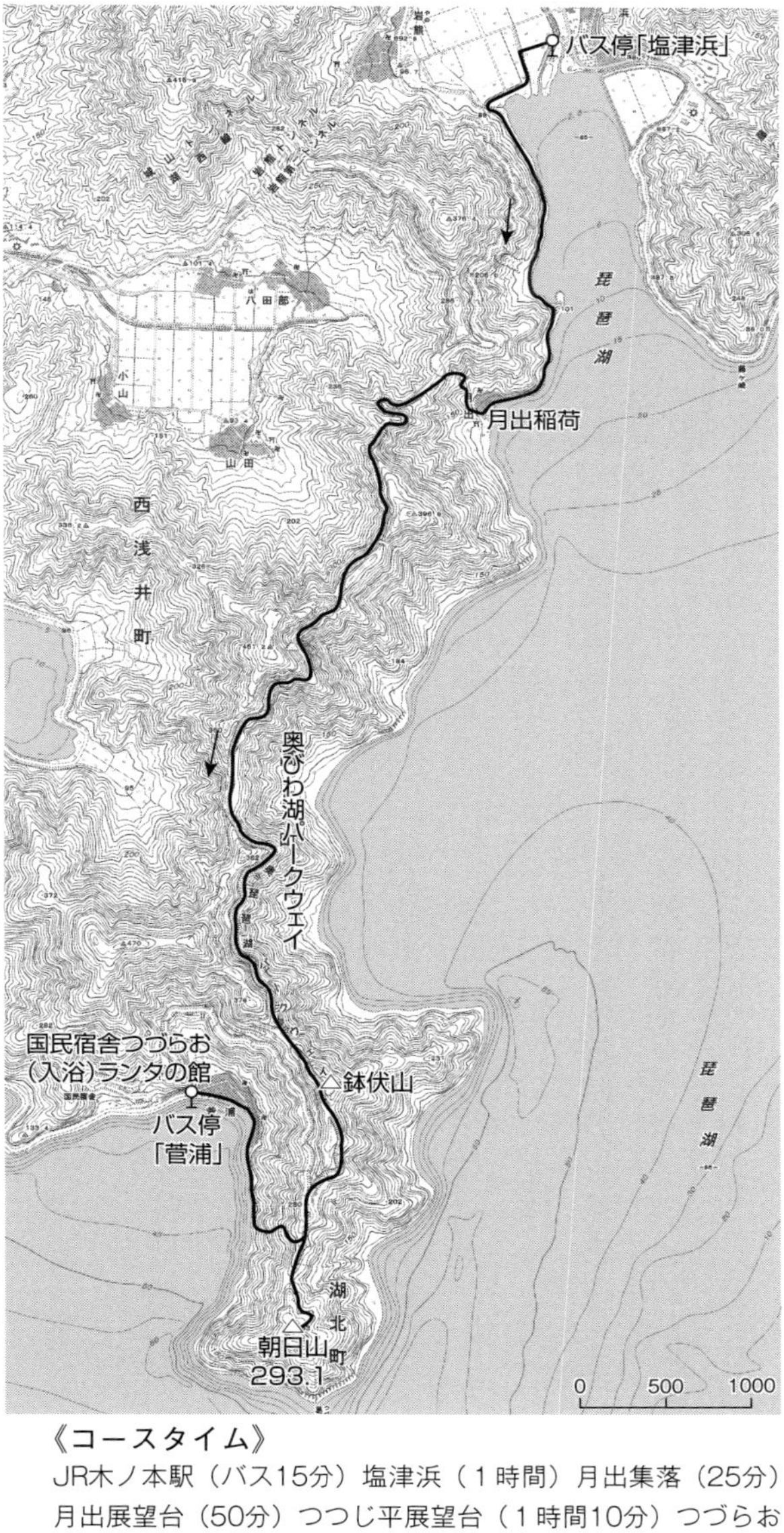

《コースタイム》
JR木ノ本駅（バス15分）塩津浜（１時間）月出集落（25分）月出展望台（50分）つつじ平展望台（１時間10分）つづらお崎展望台（30分）朝日山（50分）菅浦（バス14分）JR永原駅
〈地形図〉25000＝木之本・竹生島

13 東山（海津）

敗将の石仏とサクラ並木を結ぶ

尾根からの葛籠尾崎と奥に竹生島

　JR湖西線永原駅から西へ、はじめに黒山の石仏群のある集落に向かう。賤ヶ岳合戦の折、柴田勝家の輩下の武士たちが負け戦を予測し、家族をここに隠れ住まわせ、彼らが討死後、家族が菩提を弔ったといわれる石仏群は、集落の中ほどにひっそり静まっていた。

　万路越《ばんじごえ》の道は、19年前雪が多くて見つからず谷川沿いにあとは左の尾根へ急登したが、今回は雪もなく林道が峠の小さな地蔵堂まで続いていた。弘法大師が、このあたりの岩に卍を彫ったといわれる峠。南北に新林道が峠道を横切っていた。小《こ》荒路《あらじ》へ下る二人を見送って、いよいよ本峰尾根を行く。すぐに左側に緑色の高圧線鉄塔を確認しながら進む。

　雑木とヒノキやスギの植林帯。小さなコブ四つ上下移動をくりかえし、四等三角点の標石を見つけて、少し早く昼食をとる

　午後もきれいな尾根道を、左に時々琵琶湖の北

部の遠景を木の間越しに望みながら歩く。この季節、イバラには少々困ったが、下草もなく獣の踏み跡が楽な方へ導いてくれて、赤杭と、最近訪れた人の布片も、二等の東山594・8メートルの三角点へと誘う。

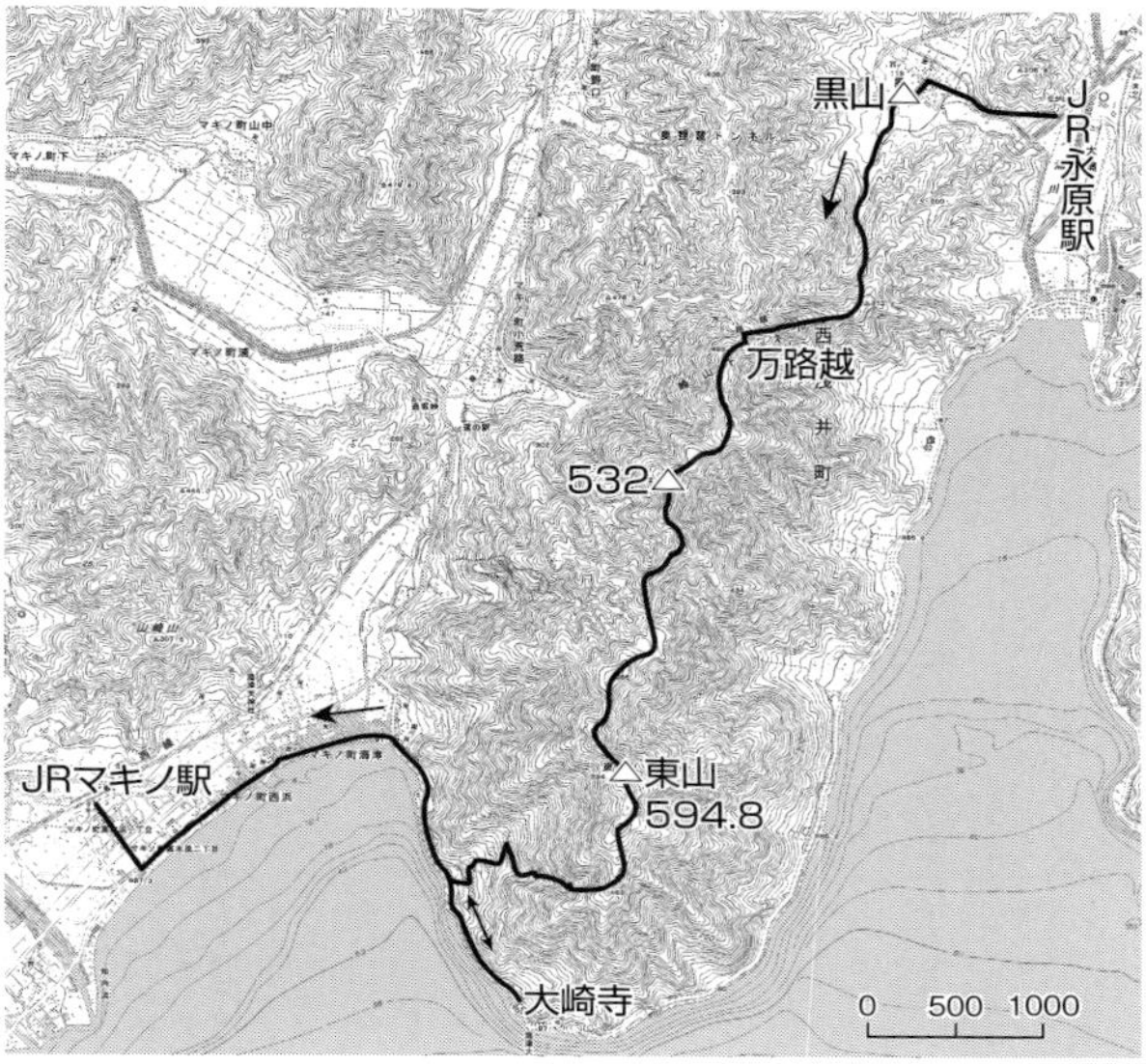

《コースタイム》
JR永原駅（25分）黒山集落（30分）万路越峠（20分）四等三角点（1時間）東山（30分）566反射板（30分）ホテル裏庭（25分）湖岸道路（30分）大崎寺（1時間）JRマキノ駅〈地形図〉25000＝海津・竹生島

途中の566にある反射板を探るのに少々時間を食う。最後の483からの道は当初の目標から大きく西に800メートル外れてリゾートホテルの裏庭に出た。

途中、植林のためのジグザグ道と赤い鳥居にであわなかったら、難儀しただろう。

帰路、JRマキノ駅までの湖岸道の並側は桜並木で、シーズン中は大勢の人でにぎわう。

琵琶湖八景の一つで湖西随一の名勝である。左手の青く澄みきった湖面には、天狗岩、義経のかくれ岩などの奇岩がある。

海津の浜は、古くから港町として北陸路につながる海上交通の要路としてもさかえた。

その名残が、西浜に至るまで高さ2～3メートルの波よけの石垣が続いて風情をとどめている。

（平成15年3月30日歩く）

万路越峠からは明るい尾根だが…

磁石が頼りの獣道

14 万路越《ばんじごえ》北尾根

待ち時間なしでマキノ高原行きのバスに乗ることができ、小荒路《こあらじ》集落を8時半すぎに通過。折から地域こぞっての清掃日。我々に声を掛ける人がいて「峠に林道がある」と、うれしい知らせ。

雨上りのせいで谷筋に入ると肌がひんやりと冷たい。

林道は、尾根と平行にあるが、あえて尾根筋の踏み跡を歩く。やがて、腹巻いてきた林道とドッキングして、一度鞍部に下ると、次の小ピークで林道は終点。いよいよ灌木帯に入る。奥琵琶トンネルの上部あたりはかすかに踏跡がヤセ尾根をぬっていた。

やがて片側（長浜市西浅井町）がスギの植林帯となり、針葉樹と、落葉樹の間を歩き、436あたりで現在地を確認。いよいよササ丈が高くなり、踏み跡も途切れ獣道を追う。

頭上に樹林のないところはササが背丈を超え

る。２度めの休憩がよかった。４６３・９の三角点標石は、引き返して探る。午後からは、獣道は消え境界杭も足の下。磁石が頼り。鉄塔下に出てホッとする。東山から竹生島が望める。二つめの鉄塔からはまったく足元はおろか前方もあやしい。倒木と切り株にも悩まされるが、笹がなくなると立木だけになるので歩きよい。

５７１・８四等三角点は自分でも不思議なほど勘が当たり、ピタリ。今日は冴えている。だが、５４５あたりからあやしくなる。左へ寄りすぎたのがアダになり、尾根が下りすぎる。おかしいと思ったがもう遅い。谷の源頭に出てしまった。右の尾根へ修正を試みるも結局は、一番深い谷に来てしまった。

最後は、地図にない林道に降り立ち、国道へ出たのが14時30分。本物の藪漕ぎに満足した面々、いつもより早く帰る。

（平成15年6月29日歩く）

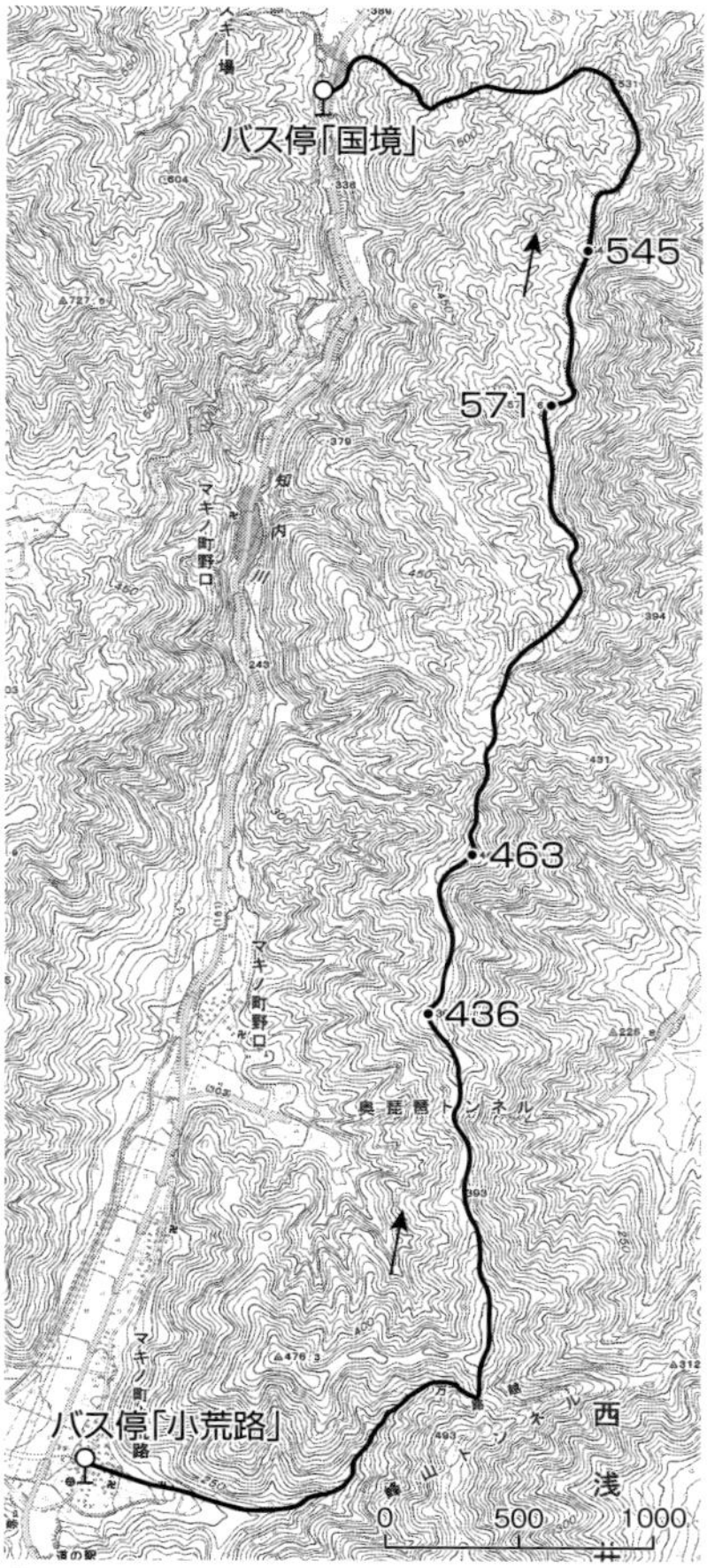

《コースタイム》
JRマキノ駅（湖国バス10分）小荒路バス停（45分）万路越峠（30分）436（45分）463.9（45分 ）571（45分 ）545（30分 ）国境バス停（湖国バス20分）JRマキノ駅
〈地形図〉25000＝海津・駄口

三角点探索が楽しい杉木立

15 焼谷山（前山）ほか

深雪で株立ちの木の多い尾根

朝、出掛けにはシビシビ降っていたが、幸いにも、比良山系を過ぎても雨の気配なく、予定通りJR湖西線マキノ駅から白谷へバスに乗る。白谷長寿苑別荘地の北外れから、関電の巡視路のつづら折れの道は、ほぼ自然に還っている。かすかに木段の杭が残っていた。

鉄塔へと急登するうち西側のマキノスキー場や、三国・赤坂への登山口にむかう黒河峠への林道が望めた。むろん琵琶湖も見た。

四つめの鉄塔から北へ200メートル、564・5（焼谷）の三等三角点は簡単に発見した。次いで、先ほどの鉄塔に戻り東向きの尾根を歩く。ルンルン気分で下草のない林間を522（山中）の三角点まで散策、大藪を覚悟していただけに拍子抜け。午前中は、うまく吊尾根を見つけてそつなく進行。これもこの季節だからである。

昼食後、次の三角点までは少し手こずった。尾根自体だだっ広く下手をすると両脇へ下りかねない。ずーっと右寄りが、最後だけは左に吊尾根になっていた。野口の三角点から90度折れ南下。ヒノキの暗い林の中に四等三角点479・8も簡単に見つける。今日は四つとも角が欠けていない標石。それでも人の入った気配やしるし、ポリ瓶が見つかる。獣道を歩く。

さあ最後の下りが大変。地図で見ても480から150まで一気に下るチリメン模様。尻スキーにちかい状態でゆっくり下る。小荒路《こあらじ》の知内川に架かる田尾橋のたもとで大休止。ツクシなどを摘む。

バスの便がなく追坂越《おっさかごえ》をして、清水《しょうず》の桜を高見から眺め、海津《かいづ》の浜で、桜並木を湖ごしに見物して西浜・高木浜経由でマキノ駅に着く。

（平成14年4月7日歩く）

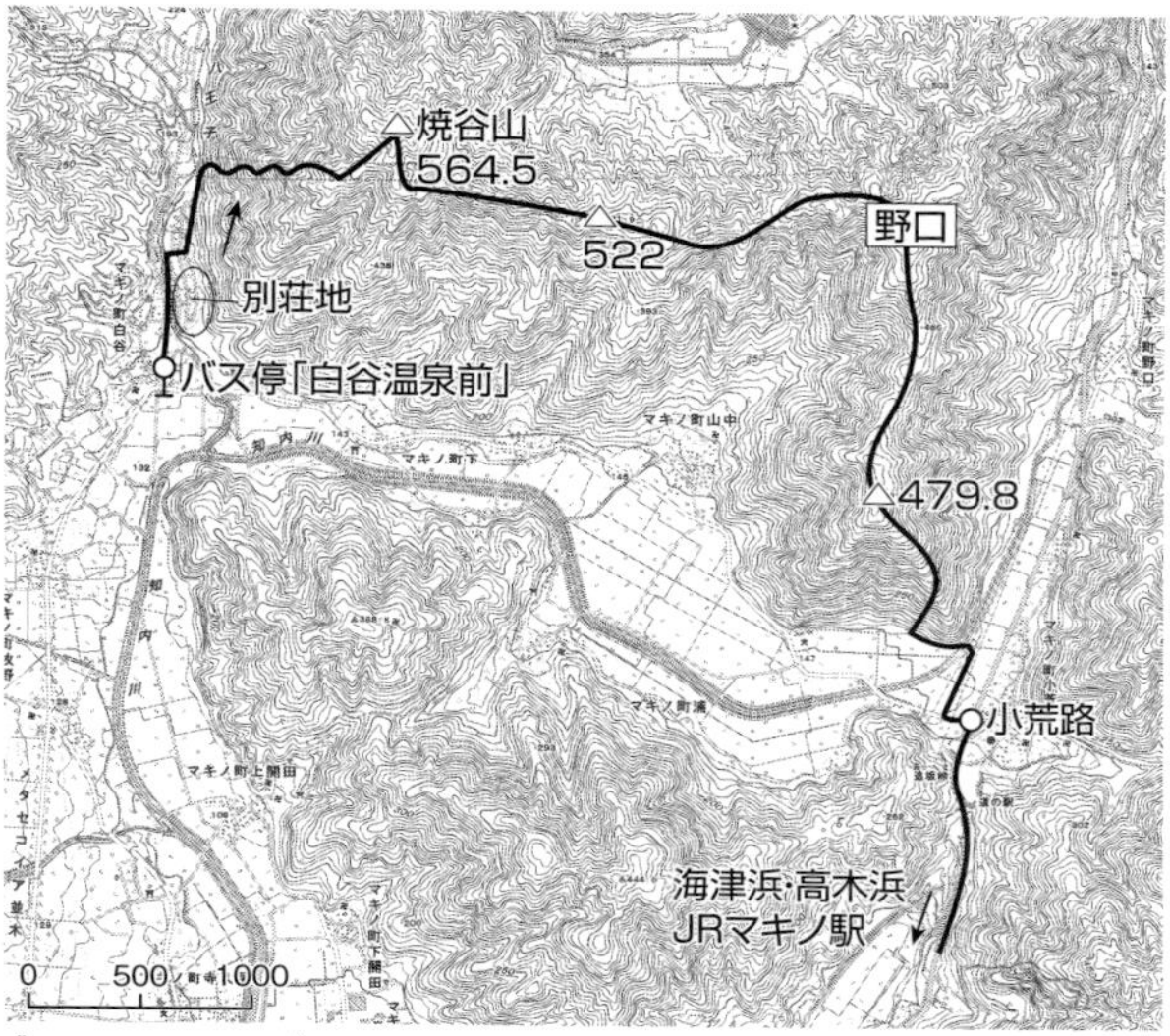

《コースタイム》
JRマキノ駅（湖国バス16分）白谷温泉前バス停（25分）別荘地はずれ（15分）鉄塔（30分）焼谷山（25分）522（25分）野口（25分）479.3（25分）小荒路バス停（湖国バス９分）JRマキノ駅
〈地形図〉25000＝海津

雪の里山を楽しむ

16 山《やま》崎《さき》山

JR湖西線車窓からの山崎山

ＪＲ湖西線マキノ駅のホームの目の前の山塊が山崎山である。あまりにも近いうえに標高も400㍍《メートル》前後の低山なので、山登りの対象外だった。ところが、積雪期に入ると意外に楽しい山塊であることがわかり挑戦する。

山崎山への登り口は、マキノ駅から高架下、線路沿いに約1㌔《キロ》北西にすすむと、トンネルの上部に獣除けの扉がある。海津天《かいづてん》神社の神域を示す金網沿いに行くと高圧線の鉄塔下に出る。

海津天神社は、学問の神様として祀られ、古くからこの地域一帯の守護神として、広く一般の人々からも深く信仰され、4月の「海津まつり」は、別名力士まつりと呼ばれ、力士の化粧回しに身をかざった若者に担がれる神輿《みこし》の巡幸が、勇壮な祭りである。

積雪期、海津の集落を眼下にし、前面に琵琶湖が広がる。春には、桜並木で有名な大崎寺への湖岸線が、東山の山裾をぬうように続いている。

このあとはスギ林に入るが、ひな段状に植林するための山道はかならずしも山頂に向かっているとは限らないので、高みに向かって適当に進むのがよい。高度を上げるにつれて雪が深くなる。

山腹上部から海津大崎を望む

山崎山（307・3メートル）の四等三角点標石は、一段高い土饅頭《まんじゅう》のような疎林帯で見つけた。

次の大谷山へは北方に向かう。雪がますます深くなる。シガラ組みのある伐開地に出て上部に立つと、先刻よりもさらに見晴らしがよく、琵琶湖が展望できる。

ここからの登りは、シノダケの混じる雑木林が続く。雪はすでに1メートルを超している。尾根を外さずさらに高みを目指す。

標高444メートルの頂点には、立木に小さな山名札がくくりつけてある（積雪時標石は不明瞭）。次のピークはだだっ広く、支尾根が西にのびているので注意する。このあたりのスギは手入れが行き届いていて、整然と植わるスギの幹と雪の白さが美しいコントラストを見せている。

縦走尾根へは、西向尾根の隣のヤセ尾根を見つけて、鞍部に向かう。昔は海津西浜、東浜と境界を分けていた鞍部（峠）に出て、東の集落（浦）

にある大荒比古《おおあらひこ》神社を訪れる。反対側の上開田には称念《しょうねん》寺薬師堂がある。

もう少し探索を楽しみたい人は、西の山塊、仲仙寺山へ足を踏み入れることをおすすめする。山頂下には、十一面千手観音の御堂があり、かつては大寺があったと推察される雰囲気が残る寺領地である。復路は参道を下る。

下山後バスの時刻や時間に余裕があれば、北東約1キロ強にある白谷温泉に立ち寄られるとよい。

この山塊を囲むように集落が点在し、巡回バスがこれらをぬうように運行されているので、万一の場合でも下山さえすればすぐに対応できる。民宿に泊まれば近くのマキノスキー場へ行くことも可能である。

（平成13年3月11日、9月1日歩く）

（平成25年2月28日歩く）

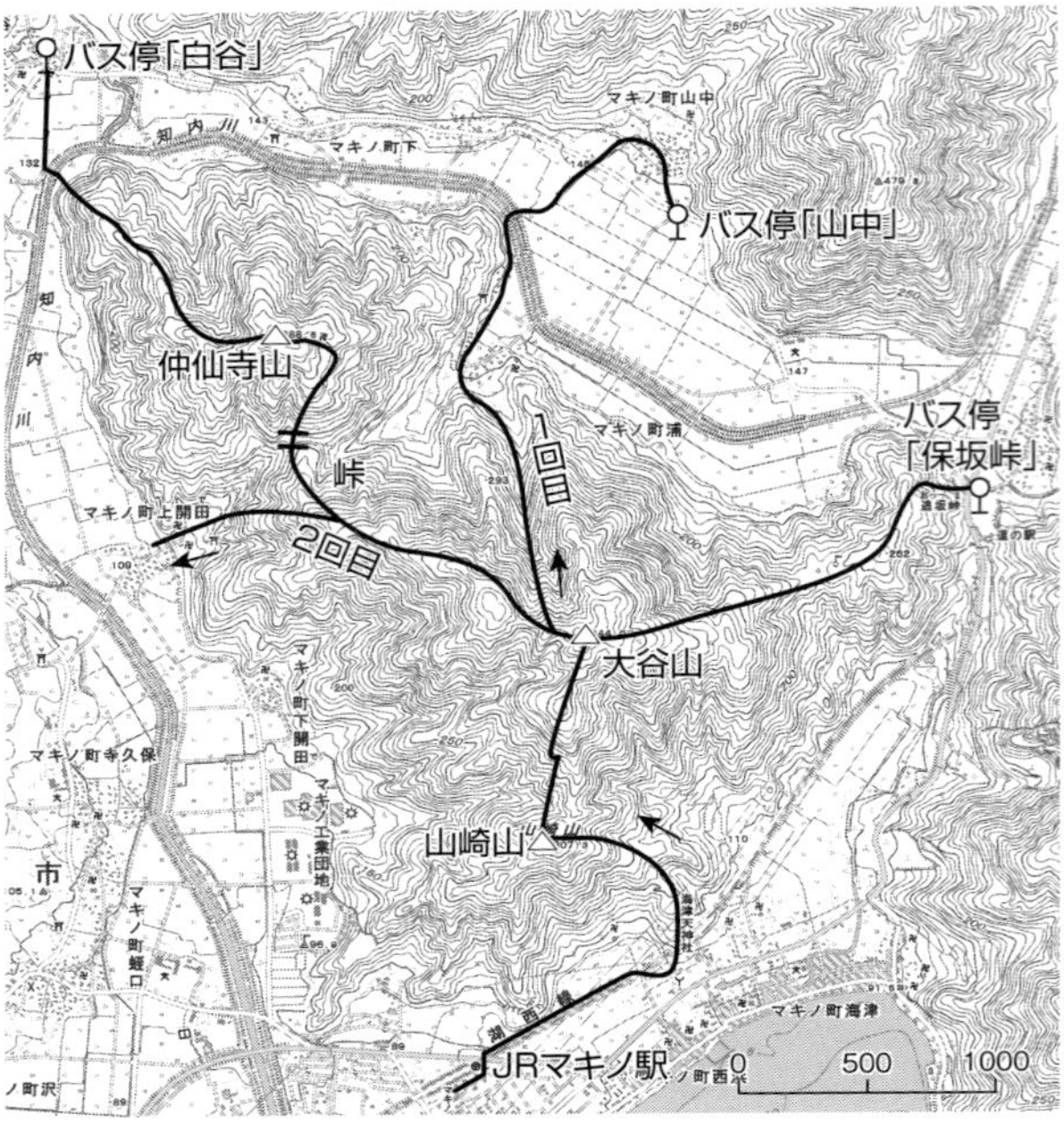

《コースタイム》
JRマキノ駅（20分）海津天神社（20分）鉄塔（1時間）山崎山三角点（1時間）大谷山（50分）峠（40分）大荒比古神社（20分）山中（30分）白谷温泉（5分）バス停（バス16分）JRマキノ駅
〈地形図〉25000＝海津

古道と源流ブナ林

17 原山峠《はらやまとうげ》から白石平《しらいしだいら》

JR湖西線近江中庄駅前から国境《くにざかい》行きのバスに乗り、「沢」で下車。そのまま西へ、梯形《ていけい》台地の田屋《たや》城跡を正面に見ながら森西集落にある「大《おお》處《どころ》神社」に向かう。境内にある2本のカツラの大木はこの社の歴史を物語るように高くそびえている。集落を抜け、田園地帯から山裾の登山口近くに案内板がある。

手入れの行き届いた城跡への山道は、通称「きつね坂」というクランク状の坂道で、城に登る者の姿が見えないように堀のような道が続いた。やがて、下界が見え隠れするあたりで、いきなりパッと視界が開け、サクラの若木を点植した草原状の田屋城跡に出た。

展望は抜群で、琵琶湖西岸の海津や知内浜、眼下に竹生島も望めた。本丸、口の丸、奥の丸、北の丸跡と続いて奥に進むと「駒返し」があり、さらに平坦な道はやがて裏門の「搦手《からめて》」に着く。ここまでが城跡である。

道の先は分岐点。左下は山田林道。原山峠へは上りの山道を行く。やがて、山田川上流と百瀬川水系の分岐点「花地」に着く。このあたりは谷と尾根が入り組んだ複雑な地形である。

谷沿いの小道は風化寸前だが、確かに昔人が歩いたかすかな気配や形跡が残っている。この先は、ミズコケがスポンジ状となった「池塘《ちとう》風地帯」。山靴で踏み込むとジワーッと水が滲み深く沈む。このまましばらく我慢して用心深く源頭をつめると、やがて涸谷が土道となり、木の枝が雪の重みで垂れ下がり、トンネル状に道を塞ぐゆるやかな傾斜地に出た。

原山峠だった。昔は、見渡す限りクマザサとススキの草原に高山植物も何種類か見かけたらしいが、今は株立ちの低木が点在し、土が見える鞍部

眼下に広がるメタセコイアの並木

である。

680・1メートルの原山は、昔は炭焼きや刈り干しの山として通った所だが、物資は牛馬で運搬したという。江戸時代より森西・辻・沢・知内・新保の5ヶ字の共有財産だったが、今は国有林である。したがって雑木林は人の手が入っていないので、三角点の標石を探すのははなはだ難しい。

四等三角点の標石付近の見晴らしはよくない。確認休憩後、このまま北北東にすこし下って東の尾根に取り付き、地割りの石柱を見つけてこれを忠実に尾根先を追い続けると、2度小鞍部にであうが、気にせず常に右側に「琵琶湖側の傾斜」を意識しながら行く。

やがて、灌木帯はなくなりミズナラやブナなどの林床になる。イモジャ谷の水源上部に出ると、石庭《いしば》集落のはずれの「正眼院《しょうがんいん》」から大谷山への登山道で、途中の704メートル近くに出る。このあたりを地元では「白石平」と呼んでいる。ブナの樹下

にはイワカガミが群生していた。

下山はわかりやすい正眼院へ右に下る。深く掘り込まれた蛇行する古道は、長い年月をかけて踏み固められた道で消えることはない。台風などによって枝や倒木が道を塞ぎ歩きにくいが、両側の削れた斜面にコアジサイやコケなどの地衣類が覆っていて緑が美しく、長い道程も気分を和らげてくれる。途中には木を間引いて公園化した場所があり、眼下の「緑ヶ池」やメタセコイアの並木が望め、さらに別の所には首を真上にしなければ確認できないほど高いモミジの大木が3本、他の樹木を圧倒して枝を広げていた。

最後は、曹洞宗の寺で、カタクリの花でも有名な正眼院の石段脇を流れる水路際に出て休憩する。ここから琵琶湖の水面が眺められる。石庭からバス停のマキノピックランド前までは舗装路を歩く。バスは時間によってJRマキノ駅か近江中庄駅行きがある。

（平成16年9月26日、10月3日歩く）

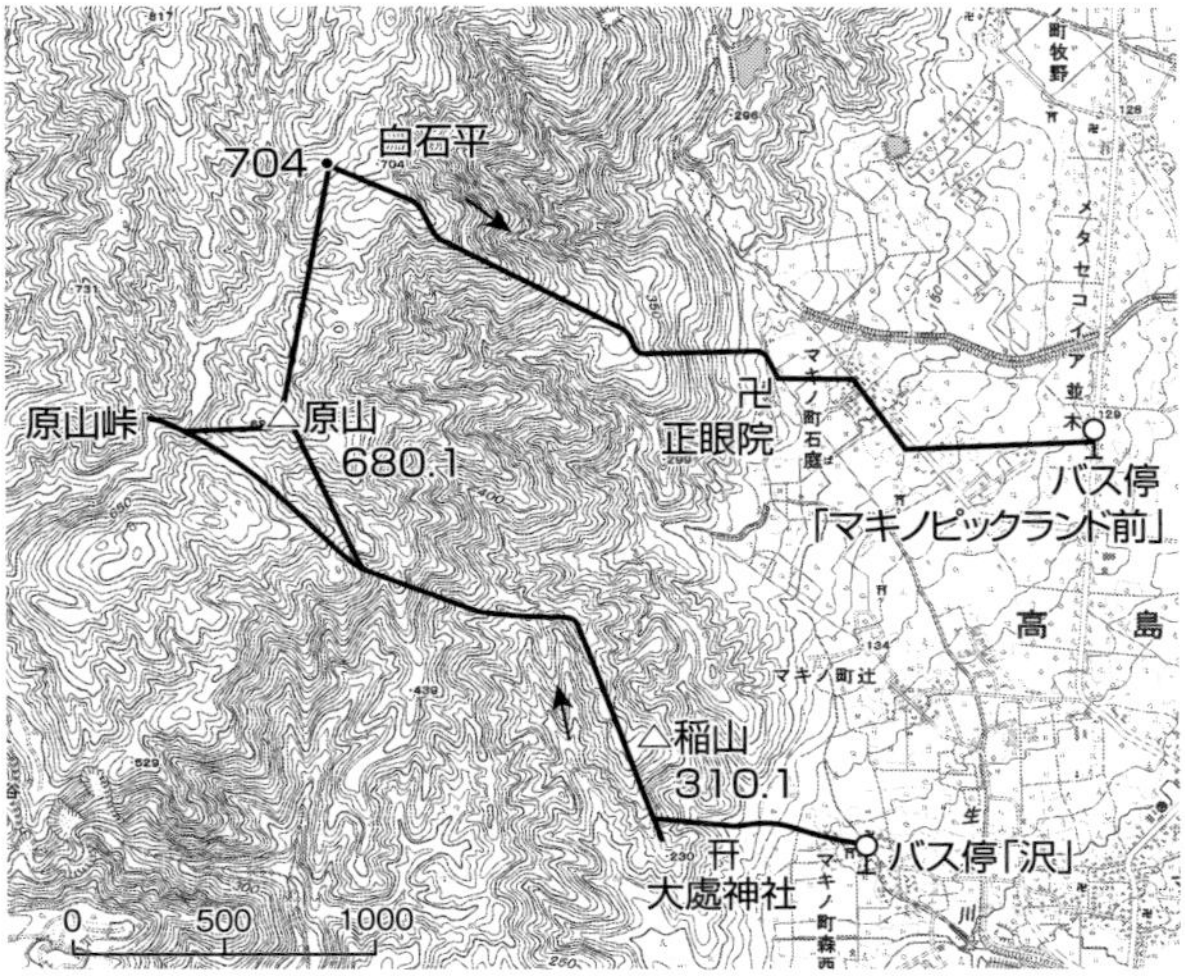

《コースタイム》
JR近江中庄駅（バス７分）沢バス停（10分）森西（大處神社）（20分）登山口（25分）田屋城跡（25分）稲山分岐点（30分）花地（40分）原山峠（30分）原山三角点（30分）鞍部（40分）白石平（40分）モミジ大木（20分）展望地（30分）正眼院（10分）石庭（25分）マキノピックランド前バス停（バス９分）JR近江中庄駅または（バス６分）マキノ駅
〈地形図〉25000＝海津

積雪の多い山域からの眺め

田屋城跡と昔集落探索

18 笹《ささ》ヶ峰《みね》・稲《いな》山

JR湖西線マキノ駅から国道161号を西進。やがて国道と平行する側道に出て、百瀬川大橋の下をくぐる。生来川《しょうらい》沿いに歩いて次の十字路を左折、百瀬川トンネルの手前を右折して、百瀬川左岸の道路に出る。

このままなりゆきで川の上流に向かうと箱館第二リッチランドの別荘地に入る。さらに上流へ進むと、いよいよ谷が迫り、百瀬川が大きく湾《わん》曲するあたりで道は途絶える。

笹ヶ峰へは、清水谷と百瀬川の間（町境）の尾根を標高差150メートル《メートル》急登すると、勾配がゆるやかになり、しっかりした尾根道となる。頂上付近の地形は、地上に幾筋も土手がある不思議な台地である。おそらく長年の間に水の流れが悪戯《いたずら》したのだろう。複雑な地形なので、現在地確認のために重要な三角点（３８０・３メートル）を見つける努力が必要であり、最右端の小高い所を目指すとよい。

三角点からは、右の谷を確かめながら狭い尾根を北上する。時々木立の間から琵琶湖と湖岸の海津が眺望できる。細い流れにであうが、これをつめてなお分水の尾根を越えると古道に出る。

この鞍部には、奥に向かって「ジャキメキの水２km、原山１km」の標木が立つ。今回はこの地点から道なりに下降する。やがて、林道に出る。標識が「湯の花、稲荷隧洞」へ左右に導く。左上部へ向かう。

林道終点で道は二分。右の尾根に入るとすぐに「駒返し」「搦手」の標識があり、田屋城跡域に入ったことを知る。

田屋城跡は、ワラビが生い茂る見晴しのよい小さな台地である。現在「城山」と称する森西集落の西に現存する城跡は、田屋氏の山城だったらしい。『浅井《あざい》三代記』に出てくる田屋城城主海津長門守政元《まさもと》が「亮政《すけまさ》の婿殿」と記されているので、浅井新三郎（のちに明政）と同一人物とみられている。

浅井三代のうち、初代の亮政には正室との間に男子がなかったので、嫡女鶴千代に養子、のちに鶴千代に婿入りしたのが海津田屋氏の明政である。

浅井の家督《かとく》は庶子の久政《ひさまさ》に譲られ、久政の子が、浅井長政《ながまさ》で、織田信長の妹お市《いち》の方を迎えたわけだから、田屋氏と浅井氏と織田氏は血縁で結ばれ、田屋と浅井は同盟関係にあった。

歴史の表舞台へは出なかった田屋城跡だが、約10年程前、地元で歴史伝承のため『森西誌』の編集、古文書の整理、そして城跡が保存整備された結果、最近はマキノ町を訪れる学校の野外活動のコースとして、眺めの良さと適当な高度と距離の

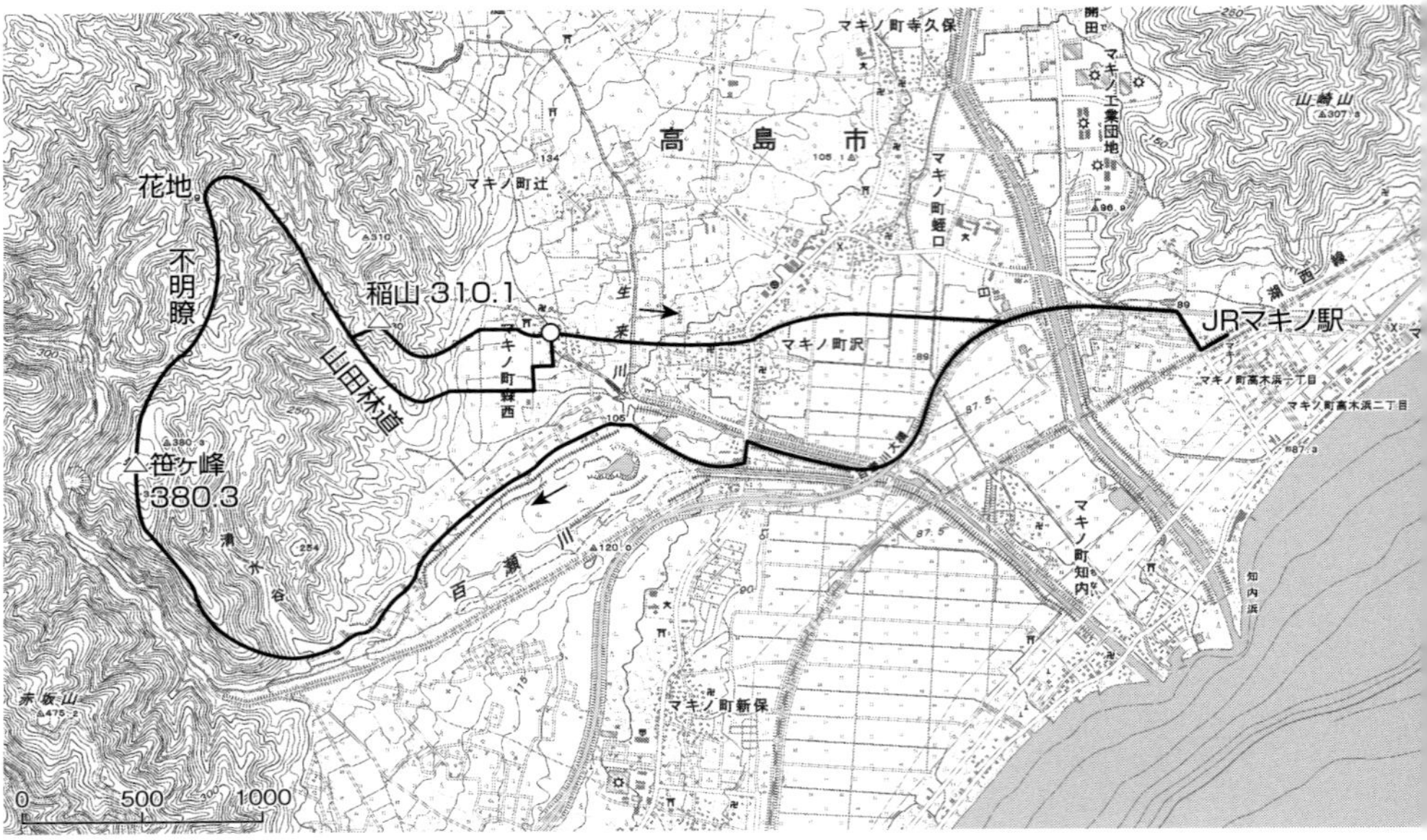

《コースタイム》
JRマキノ駅（50分）箱館第二リッチランド（10分）清水谷（1時間）笹ヶ峰（30分）493メートル（30分）花地（15分）林道（10分）終点（30分）稲山山頂・田屋城跡（30分）登山口（25分）森西（45分）JRマキノ駅
〈地形図〉25000＝海津

「山城」の歴史散策に活用されていると聞いた。
　田屋城跡は稲山（310・1メートル）山頂にあり、顕彰碑と大手門跡、周囲は土塁になり平らに整地されて本丸・口の丸・奥の丸・北の丸と区切られ、西南角には見張り櫓跡もある。傾斜地には数本の縦堀がつくられ、池の跡も残る。

（平成15年5月3日、7月15日歩く）

かくれ田と石畳道が残る

19 ビラデスト今津〜原山峠

廃道復元を長年の目標に、こだわってきた「石畳の道」を野坂山地の最南端「笹ヶ峰」から「大谷山」への途中の原山峠下に発見した。

平成12年に知りあった旧今津町産業振興課の人に「ビラデスト今津」で再会して、私たちが設定したコースより効率のよい道筋を教わった。

最初、大御影山に向かう「近江坂コース」のスタート地点「川上平」から、ほとんど気付かないヤセ尾根を急降下して谷筋に出る。百瀬川本流の河原に降り立つ。

堰堤端にかけられた不安定な梯子とロープに手間取ったが、あとは渡渉して対岸に出る。もろい岩のヤセ尾根をよじ登り、見下ろした谷の深さに驚く。垂直に近い断崖絶壁にへばりつくように、立ち木の根を足固めにじりじりっとはい登り、ようやく川原谷林道に出た。

昭和54年（1979）に敦賀営林署が設置した河原谷林道は地図にも記載の立派な幅広い林道だったが最近使われた様子がない。赤銅色の新穂を出したススキの広場から東はすばらしい展望が開け、海津の浜を手前に、その先には東山の裾が琵琶湖に落ち込み、「竹生島」がポッンと望めた。

起伏のない林道では、風が爽やかに吹き、すっかり秋の気配が漂う高原を歩く気分で、眺める百瀬川の対岸「近江坂」の山なみも秋の風情をみせていた。大きなクレーン車が道路いっぱい足を広げて、眼下の谷で造成をしているのにぶつかった。

林道を離れ、小橋にかかる百瀬川の支流「イモジャ谷」にかすかな踏み跡があり、谷川をぬうように右左に飛び渡り、小さな3段の滝にであい、湿地帯に足を取られながら上流に向かう。突然、

偶然発見した「石畳の道」

前を行く大きなニホンカモシカの尻にもであい、やっと、目標の作業小屋跡（鉄骨古材）が残る明るい平坦地に着く。

この空き地は、古い文献によると麓の森西集落の農民が耕作した田んぼ跡だとか。ここから50メートルほど上流右の小谷に、「石畳の道」を発見したときは思わず感嘆の声を上げた。結局この谷筋が「原山峠」を越えて森西集落へ通じる旧道だった。

ほぼ、目標通りに事が運んだので、ちょっと寄り道をして原山の三角点探索をする。しかし、今春の例会時、反対側から探索した時は、天候不良で断念し、その後Mさんが単独で発見した680・3メートルの標石は見つからず、ふたたび原山峠に戻って、今年4月はじめ3人が雪解け水で難儀した見覚えのある湿地帯を過ぎ、「花地」に出る。最後、立ち寄った「田屋城跡」への道で今度は3匹のシカにであった。森西の集落ではコスモスや秋の花々が咲く農家の庭先を拝見し、道々サ

根曲がりの木が多い原山峠付近

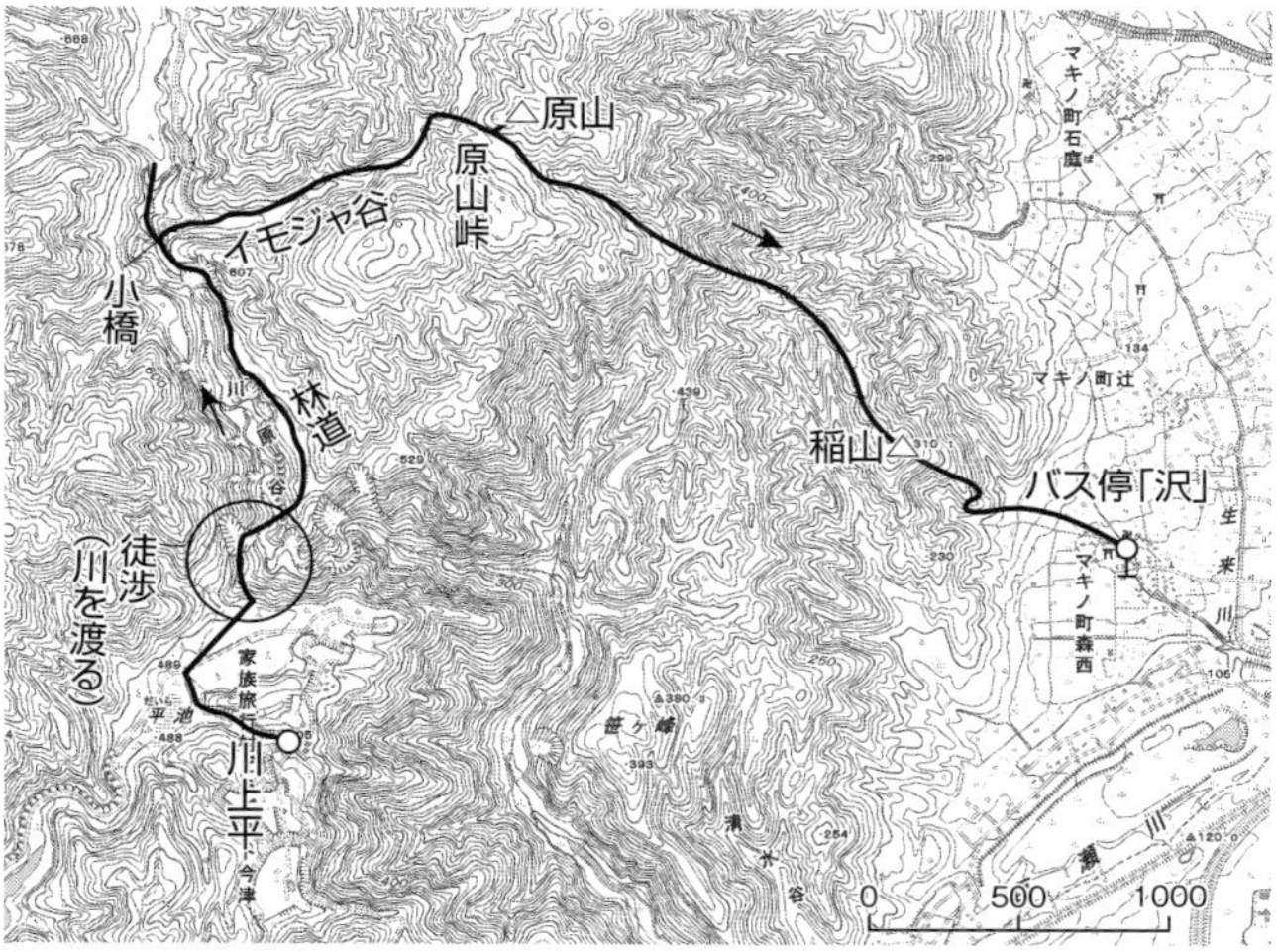

《コースタイム》
JRマキノ駅（タクシー25分）ビラデスト今津・川上平（20分）百瀬川河原（15分）河原谷林道終点（45分）小橋（30分）イモジャ谷（30分）平坦地（40分）原山峠（30分）花地（15分）稲山（40分）沢バス停（湖国バス9分）JR近江中庄駅
〈地形図〉25000＝海津

ルが食い散らかしたクリやカキの残骸に、今年のドングリや木の実の出来ぐあいを話題にしながら、「沢」のバス停に向かう。

（平成16年4月4日歩く）

花と琵琶湖展望の穴場

20 大明谷《おおあけだに》の頭

コース林道から平池を見下ろす

近江坂というのは、滋賀県湖西の箱館山山麓の酒波《さなみ》から福井県三方五湖の南、能登野《のとの》に越す山の中の長い峠道である。しかし、峠道といっても大部分は尾根歩きで、峠は能登越という峠一つだけであり、ピークからピークへつながるおもしろいコースだ。中央では大御影山《おおみかげ》の頂を通過する。途中車道を横切るが高低差の少ない縦走路である。

出発は、JR近江今津駅からタクシーに乗り、「ビラデスト今津」からである。「平池《ひらいけ》」への道を標識に従って少し下る。T点を右へ「大御影山」の小さな木札の立つスギ林を抜け、林道との分岐点を直進する。菅谷の小さな流れを渡って落ち葉の積もる歩きよい山道を登る。

一度、左にとる道とすぐに真上へと迷いやすいが、踏み跡などで確認。あとは、しっかりした山道になる。立ち止まると心地よい風が通るコース。小さなピークを三つばかり越え、道が直角に下るあたりの鞍部に小池を確認。6月はモリアオガエルの卵がいくつもぶら下がる薄暗い水溜りである。

今日は、この小池から大御影山へのコースをはずれ、左下に見える林道に出る。林道を左にとってなりゆきで、左に山肩、谷を右にしながら、徐々に高度を上げる。二つ、三つ腹巻き気味に山際をめぐると、突然目の前に展望が広がる。

この林道の最高地点からは琵琶湖が一望できるすばらしい大パノラマ台地である。左から葛籠尾崎、竹生島、海津大崎。そして湖面と対岸の山なみがかすかに正面に、さらに視界を右に移すと近江高島、白鬚神社のある明神崎と三尾山。そして手前の山中には箱館山のゲレンデが望める。標高600～700《メートル》そこそこの山で、これだけ広範囲に展望できる所はそう多くないと、自慢したくなる。

下りは、この林道をそのまま進む。機械的につくられた道は少々急だが、道幅が広く、時々立ち止まって下界の景色を見ながらゆっくり下る。

再び、平池のそばに出て、あとは時間の許す限り、平池のカキツバタ、処女《しょじょ》湖の風情、箱館山のスキーゲレンデなどを見て廻るのもよい。

（平成13年4月10日、5月3日、6月17日歩く）

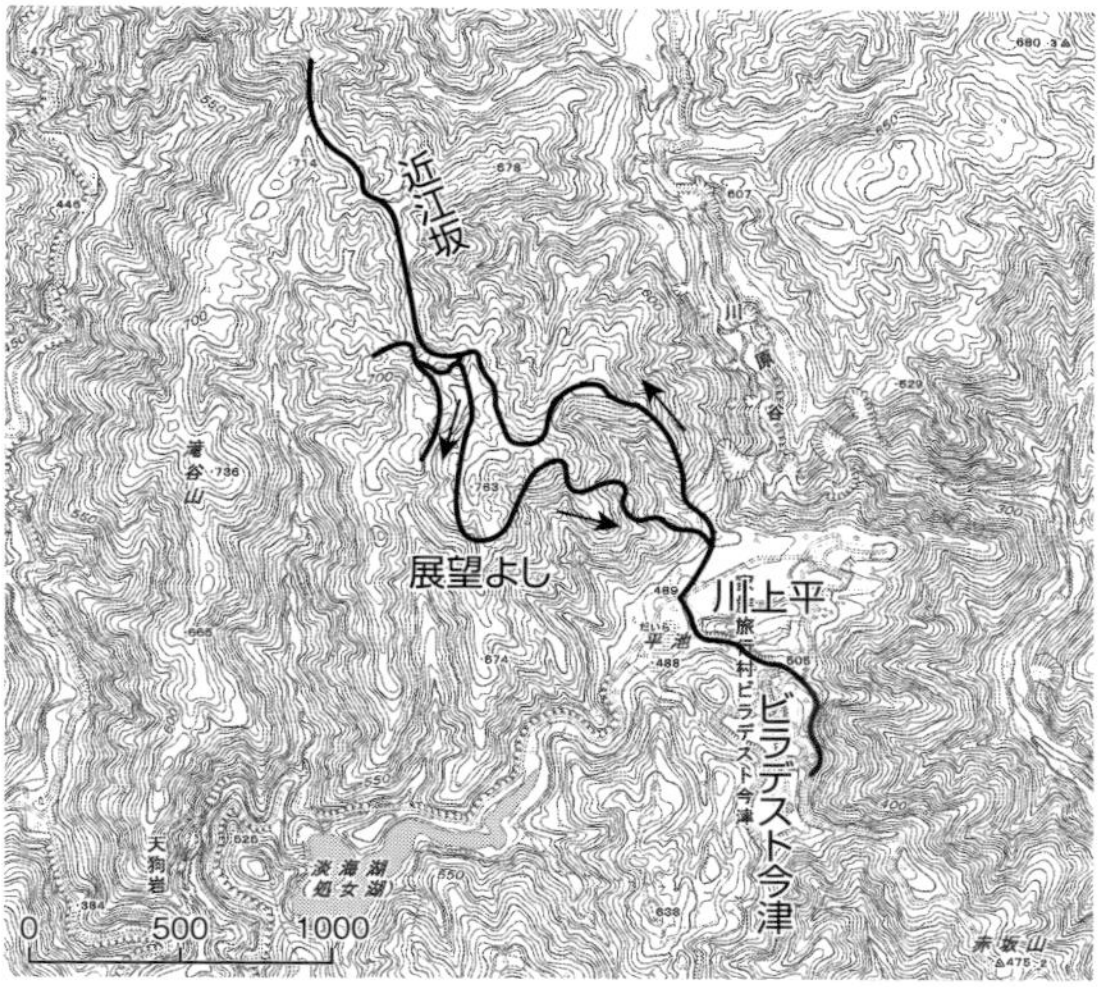

《コースタイム》
JR近江今津駅（バス40分）ビラデスト今津（10分）平池との分岐点（10分）近江坂登山口（40分）小池（5分）林道（1時間）展望台地（45分）近江坂登山口（10分）平池（20分）ビラデスト今津バス停（40分）JR近江今津駅〈地形図〉25000＝海津・熊川

古道と旅行村の魅力

21 百瀬川上流から青蓮山

百瀬川堰堤

JR近江今津駅前からタウンバス「南まわり」に乗る。百瀬川に一番近い「南深清水」バス停で下車。北へ日吉神社の先を左折して、果樹園を抜け一直線の道を百瀬川畔に向かう。道際の水路には勢いよく清流が音をたてていた。川幅のある百瀬川だが、水の流れは一部で、中州はほとんど砂の河原。砂防の堰堤が多く、上水が流れている。二つの深い大きなダムはエメラルド色に水をたたえていた。土道にはシカのヒズメ跡がある。サルの落とし物もあった。木立に舞うリスに目を細め、長ものに肝を冷やす。シカが林間で跳んだ。なおも上流へと進む。

今回は、堰堤で脇道が途絶えた地点の左の出っ張りに取り付いたが、獣道か、急峻で苦労を強い

青蓮山「風林亭」からの展望

られる。木の根をつかみ立木にすがって、一歩一歩上部へと移動する。しんどいけれど、やったものにしか味わえない充実感。人の立ち入らない領域に足を踏み入れて原始人の疑似体験をする。やがてたどり着いたヤセ尾根には、びっしりと、緑も鮮やかなイワカガミが群生していた。

ようやくたどり着いた標高400㍍付近は、冬の季節、雪に埋もれて眠っている窪地で、霊気が漂う奇妙な世界に迷い込んだ気分である。右側が断崖のヤセ尾根をぬい、やがて緩やかな林間を登りつめると「ビラデスト今津」のオートキャンプ場の北側に出る。

午後は、酒波寺《さなみじ》までの古道「近江坂」を歩くことにして出発。ビラデスト今津の施設を縦断する格好で、総合案内所のある「みのりの館」に立ち寄り、目の前の200段近い石段を登りつめると、3日前までに予約をすれば、食事や宿泊もできる「森の交流館」前へ着く。さらに、アスレチック広場を過ぎ、「風の吊橋」を渡ってゴルフのできる展望広場へ。

芝生の広場からは180度、琵琶湖がすっかり対岸まで望める。さらに、奥へ「森のふしぎ館」の建物の外れから古道「近江坂」のコースに入る。最初は、谷側をコンクリートで固定した遊歩道を歩き、いったん酒波林道に出る。120メートル先の左側に遊歩道の木段が見え、ピーク444メートルを越える。整備された遊歩道は舗装道路とくっついたり離れたり、時には杣道を含む3本の道が絡み合いながら下界に向かう。次のピークには「赤坂山」（標点：深清水）の三等三角点506メートルの標石が、刈り込んだ灌木の中にポツンとあった。

再び林道を歩くが、途中、道路右脇に東屋があり、ここからは、海津の集落から今津浜への湖岸が弧を描き、湖上の竹生島や対岸の長浜あたりまで望めた。撮影によい場所なので車を止めて撮影するカメラマンにであう。三つ目のピーク（385メートル）を越えて、林道最大のヘアピンカーブで、林道と最後の別れをする。

いよいよ青蓮山の山域に入る。ここには、いくつも杣道が麓からあり、迷いやすいが、あくまで目標の方向へ、点在する古い赤紐をたよりに、丸い山頂付近や90度直角に曲がる位置を確かめて踏み跡を探りつつ、公園化した「青蓮山県民花の森」の展望がよいところまで下って「風林亭」と名付けられた東屋で一服。あとはジグザグにつづら折れの広道（山辺の道）を下がって、「花の小路」から酒波寺の境内に着く。

帰路は、「日置前」バス停まで歩いて、タウンバスでJR近江今津駅に向かう。

（平成16年6月20日歩く）

（平成21年10月10日歩く）

＊近江坂の由来：明治26年（1893）、国土地理院の地図作成時には、現在の福井県若狭町倉見と滋賀県高島市今津町を結ぶ尾根を「近江坂」と書かれているが、古くは、安政5年（1858）の川原谷相論絵図には「尾見坂」と書かれていた。倉見の里にある成願寺の闇《くら》見《み》神社にあった大般若経の経巻を酒波寺に収められて

以来、毎年この道を通って酒波寺に拝みに行く習慣ができた。延長22・5キロを、荘園寺院の偉い坊さんが馬で往復した折、侍従たちが高僧の乗った馬の後ろからつき、いつも馬の尾を見たことから「尾見坂」となったのではないか。近年、地図作成の際、調査測量の役人に対して地元の人が「オオミザカ」と発音したのを、役人が「近江にある坂」と思い込み「近江坂」と記載したのではないか、といわれている。

＊酒波寺：青蓮山平等院酒波寺といい、聖武天皇の御願、行基僧正開基。本尊千手観音。山門前の樹齢数百年のエドヒガンサクラは有名である。

《コースタイム》

JR近江今津駅（バス20分）南深清水バス停（20分）百瀬川畔（右岸道）（30分）大きな堰堤（30分）窪地（20分）オートキャンプ場（30分）森の交流館前（10分）展望広場（５分）近江坂入り口（25分）赤坂山三角点（30分）ヘアピンカーブ（40分）風林亭（20分）酒波寺（30分）日置前バス停（バス20分）JR近江今津駅

〈地形図〉25000＝海津・熊川

かくれた古代遺跡探訪

22 阿弥陀山《あみだ》と継体天皇《けいたい》遺跡めぐり

式内社「三重生神社」の鳥居

比良山系最北端の阿弥陀山は、太山寺の山名に由来する。太山寺は高島七大寺のひとつに数えられ、七堂伽藍《がらん》を構えた延暦寺の末寺だったが、織田信長の兵によって焼かれて今はない。

登山ルートは高島市安曇川町太山寺集落の外れから登るが、まずはJR湖西線安曇川駅から朽木行きのバスに乗り、約10分で「中野」バス停に着く。そのまま集落を抜ける。やがて、広い谷道の両側は、樹木で見えないが高台のどちらも造成されている。

2度、分かれ道にであう。最初は右にとり谷の奥へ、次いで左に入る。やがて登りとなる。尾根には踏み跡があり、これを追う。338㍍の地点で休憩し、現在地を確認する。下界は樹木で見えにくいが、安曇川流域の集落が点在しているのがわかる。その視界の先に光るのは琵琶湖である。

今度は主尾根を登る。ほどなく阿弥陀山一等三角点（453・6メートル）の標石が見つかる。展望は良くないので少し北上すると右側が開け、自衛隊のレーダー基地の建物が目に入る。

同じ道を少し引き返し、真南にのびる別の支尾根に入る。どうやらこの道が昔からの本道だったらしく、勾配のゆるやかな木蔭の散歩道のようで、風が通って清々しい。尾根上には踏み跡もある。

最後は、地図にある大きな崩れの上部に出て、立ち木にすがって急下降する。降り立った所は八田川の源流に近く、雨後などは水嵩があり、渡渉を余儀なくされることがある。

八田川に沿って、左に「田中城の城跡」の山塊を巻くように見上げながら行く。武曽横山上集落に出て左折。上寺、佐賀の集落を通過し、次の集落のはずれの山裾にある「玉泉寺」に着く。この周辺には、石造の建造物や石仏群が今もなお多く残されている。玉泉寺境内の石仏・五智如来（阿弥陀・薬師・大日・弥勒・釈迦）は室町時代後期の作品で、鵜川《うかわ》四十八躰仏と同時期と推定されている。

境内でひと休みの後、田中神社に立ち寄る予定が、本殿への石段の上部が補修中で通行止め。このため背後の山域に回る。「安曇陵墓参考地」は、当初は帆立貝式古墳で「王塚」または「ウシ塚」と呼ばれ、地元では応神天皇の皇玄孫、彦主人王《ひこうし》の墳墓と伝承されている。

彦主人王は近江国、北越5ヶ国を治めておられた。越前国坂中井の里より妃として迎えられた振媛《ふりひめ》（垂仁の天皇の子孫）は、この地で三つ子を安産した。三王子の末弟君彦太王はのちに中興の名君第26代継体天皇となった。皇子が5歳の時、父彦主人王が亡くなったので、この地に葬られたと伝

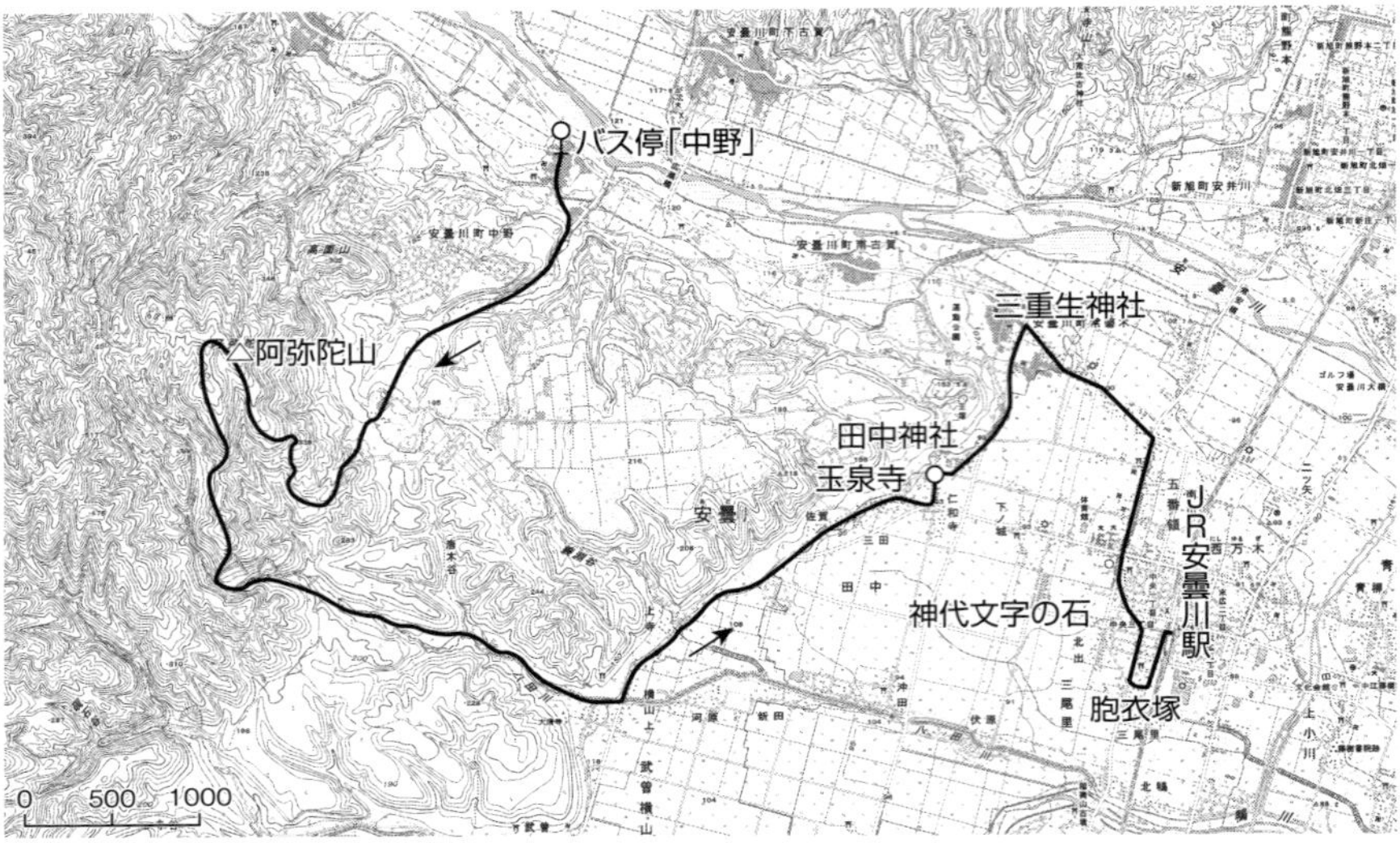

《コースタイム》

JR安曇川駅（10分）中野バス停（40分）太山寺集落（50分）338㍍ピーク（20分）阿弥陀山（30分）八田川上流（40分）武曽横山上（40分）玉泉寺（20分）彦主人王の墳墓（5分）もたれ石（20分）三重生神社（45分）鶴塚（5分）安閑神社・神代文字の石・水口石（5分）胞衣塚（20分）安曇川駅

〈地形図〉25000＝饗庭野・北小松・今津・勝野

わっている。

山裾に下った所に三尾神社旧跡があり、ここで振媛がお産のときにもたれたと伝えられる「もたれ石」がある。妊婦が安産を願って、この石を撫でた手でお腹をさする風習が今も残っている。

五番領の交差点から南下し、南市を通過、最後に訪れたのは三尾里集落の外れにある小さな胞衣塚《えなづか》。継体天皇はこの高島に誕生された。この塚には母の振媛がお産のあと天皇のへその緒を埋めたと伝えられている。このほか、この集落近くには鶴塚や安閑神社、神代文字の石とか、水口石など伝説に富んだ遺跡が点在している。

（平成21年2月8日歩く）

歴史のロマンを秘めた散歩道

23 大師《だいし》山・清水《しみず》山城跡

緑豊かな饗庭野《あいばの》の山麓には弥生・古墳時代の遺跡が散在し、数多くの寺院が点在する。今回は、丘陵地にあるこれらを結んで、城跡をも含めて歩けるコースを選んだ。

まずは、ＪＲ湖西線新旭駅前からはまず南の新庄集落にある大善寺を訪れる。天台真盛宗の寺院で、平安時代、最澄の開基と伝えられる。本尊は国指定の重要文化財の大日如来坐像。同じ平安時代後期作の木造観音菩薩立像もある。

ここから安曇川を左に見て上流に向かって歩き、安井川集落に向かう。曹洞宗の保福寺は、南北朝時代、京都東福寺の仏通《ぶつつう》禅師の開基。本尊の木造釈迦如来坐像もまた国指定の重要文化財で、もとは朱衣金体《しゅえこんたい》であった。豊満な木造坐像は平安時代前期の秀作である。

七川祭で有名な大荒比古《おおあらひこ》神社は、本通りから外れ、民家の間を抜けた山手にある。約４４００平方《メートル》の神域をおおう樹木が、晩春から初夏にかけて新緑の瑞々《みずみず》しい森を形成し、秋は見事な紅葉で定評がある。祭神は、豊城入彦命《とよきいりひこのみこと》・大荒田別《おおあらたわけの》命《みこと》の２神で、南北朝から室町時代にかけて、近江の国主である佐々木一族の絶大な崇敬を受けて栄えた。滋賀県の無形民俗文化財に選定されている七川祭は、流鏑《やぶさめ》と奴振《やっこぶ》りを今に伝え、５月上旬の祭りの日は、参拝者や見物客でにぎわう。

本殿前の石段を降りて左へ、山際の小さな峠道を越えると谷筋に出る。道を上流にとり、地蔵山との分岐を左へ。すぐに今度は右に登る幅広い道に入る。頭上には高圧線が走り、高みには鉄塔がある。ここまで登り切ると視界が開けて、南方の岳山・三尾山と琵琶湖が望める。

清水山城跡への標識に従って、小さな鞍部からT点に出て左折し、上部に出ると、「掘割」を含む、城の片鱗「曲輪」の脇を通過して主郭下に出る。

大泉寺からの眺望

清水山城遺跡は饗庭野台地の東南端、標高210メートル前後。丘陵の最高部にある主郭からは180度の展望。南の眼下には安曇川の流れと高島市南一円。東は海津大崎から琵琶湖上の竹生島が望める。標高200メートル程度でありながら、展望のきくこの山を城の主郭に選んだのはさすがである。

13世紀より16世紀後期にかけて、高島郡の中南部を支配していた高島七頭の惣領、高島氏にふさわしい規模である。

主郭下からは、よく整備された大師山ハイキングコースを歩く。雑木林の中をぬう山道は小さな起伏が続く。やがてゆるやかな谷をつめると、自然林教室（山の家）のある舗装路に出る。

時々車が通る道路を少し下ると、左側に目ざわりな不燃産業廃棄物置場があり、東側の細尾根に稲荷山への登り口として鉄梯子がかかっている。これを登りつめると四等三角点（２０９・１メートル）の標石がある。ここからは心地よい尾根となり、マツ林や雑木の中の道をたどると鉄塔下に出る。真南には、さきほど登った清水山城跡が望め、その背後には、比良山系最北端の蛇谷ヶ峰の頭だけがのぞいている。

登山道の最後は、こじんまりした大泉寺の境内に出る。

周囲には、善林寺・慈恩寺・熊野本古墳などがあり、歴史の散歩道として訪れる人も多い。春なら、ＪＲ新旭駅まで桜並木の道が続く。

冬場、足をのばせば琵琶湖岸の野鳥観察センターに立ち寄れる。

（平成15年2月15日歩く）
（平成16年1月25日歩く）

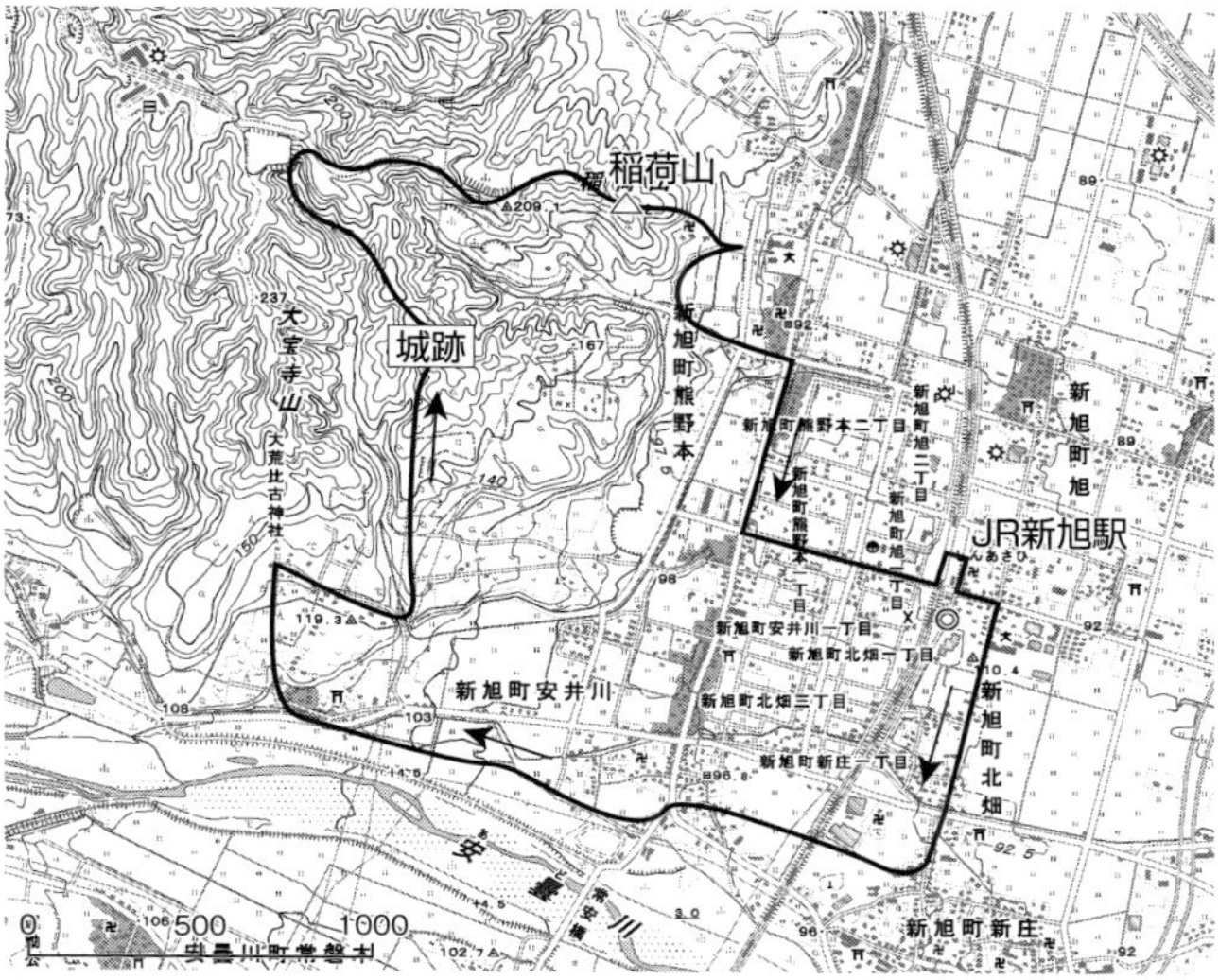

《コースタイム》
JR新旭駅（20分）大善寺（40分）保福寺（10分）大荒比古神社（20分）地蔵山との分岐点（15分）鉄塔下（25分）清水山山頂—〔大師山ハイキングコース〕—（40分）自然林教室（山の家）（10分）稲荷山コース入口（５分）三角点（15分）鉄塔下（15分）大泉寺（15分）熊野本古墳（15分）善林寺（20分）JR新旭駅
〈地形図〉25000＝今津

峠の地蔵と湿原を結ぶ道

24 深坂《ふかさか》から山門《やまかど》水源の森

今回のコースは、無人のＪＲ新疋田《しんひきだ》駅を南下して深坂古道を行く。追分・深坂の集落から、やがてせせらぎの音がやさしい谷筋に入る。

この峠道は「塩津海道《しおつかいどう》」と呼ばれた旧街道で、今も昔の面影を残している。

深坂峠を少し下った所に広場があり、地蔵堂が静まっている。

越前の国守だった平重盛が琵琶湖と日本海を結ぶ運河を計画し、深坂峠から塩津へ流れる大川と、敦賀で日本海に注ぐ笙《しょう》の川を利用しようと試験掘りを行ったが、大きな岩が現れて工事が進まない。石工の職人が金矢で打ち砕こうと穴を開けたところ、にわかに腰痛をおこし、以後も同じことが起こった。作業を中止し、この岩石を掘り起こしたところ、これがお地蔵様の姿をしていた。それ以来、「掘止め地蔵」としてこの地に安置した。塩の道でもあるこの街道、旅人が安全を願って塩をお供えしたので、別名「塩掛け地蔵」とも呼ばれ、今も多くの参拝者が訪れている。

紫式部が父と通った情景を、笠朝臣金村（かさのあそみかねむら）も故郷の家人を偲んで詠んだ案内板

道は、ここで3本になる。参道をそのまま「中部北陸自然歩道」をたどれば、近江鶴ヶ丘の集落に出て、国道にバス停があるが、今回のコース

は、いったん林道に戻り、中間の下り道を歩いて次の目的地に向かう。

「山門水源の森」は、深坂地蔵から直線距離にして南へ2・2キロの山間にある。面積63・5ヘクタルの広葉樹を主体とする雑木林の懐《ふところ》に湿原を抱く森である。平成7年、林野庁が「水源の森百選」の一つに選んだ森で、今から十数万年以上前に活動した大浦断層によってつくられた溝状の地形の一部に水が溜まり、ミズゴケをはじめとする湿地植物と厚い泥炭層が堆積してできた高層湿原である。周囲の山地から流れ込んだ土砂も多少含まれているが大部分が泥炭層で、なかには氷河期に遠く九州から飛んで来た火山灰が含まれているとのことである。

静寂の中の山門湿原

深坂地蔵案内板の所から国道8号に向かって下る。上沓掛のバス停付近で国道を離れて、265号（県道大浦沓掛線）へ右折。清掃センター前の上り坂を越えると斉苑駐車場がある。山門水源の森はここから右手に入る。

案内板に従って標高310メートル近くへ登ると分岐点になる。今回は、健脚コースの半分、最高地点500メートル付近まで登る。以後、県境杭や標識で尾根が確認できれば、あとは踏み跡を南へ忠実にたどればよい。５４４メートル地点から標高にして約80メートル急登して上りつめた所を90度尾根を左折すれば、６５７・５メートルの東ヶ谷山に到達する。その後は関電の高圧線鉄塔の巡視路となり、二つ目の鉄塔から西へ下ると国道１６１号に出る。

バス停は国境集落の南はずれにある。

前半（平成14年9月22日歩く）

後半（平成14年11月23日歩く）

《コースタイム》
JR新疋田駅（１時間）深坂峠（10分）深坂地蔵堂（１時間）上沓掛・分岐点（15分）山門水源の森入口（40分）健脚コース最高地点（10分）県境尾根（45分）東ヶ谷山（１時間）二つ目の鉄塔下（40分）国道161号（25分）国境バス停（バス24分）JRマキノ駅
〈地形図〉25000＝敦賀・駄口・木之本

北東部

城跡と峠越えの道

25・26 倉坂峠と玄蕃《げんばお》尾城跡

柳ヶ瀬の道標

現在、福井県の敦賀市から滋賀県長浜市木之本町へ抜けるには、北陸自動車道を利用すれば簡単に通過できる。しかし、車のない時代、人馬はどこを越えたのだろうという、単純な疑問から訪ね歩いた倉坂越《くらさかごえ》（刀根越《とね》）は、若狭から国境《くにざかい》を越えて近江に抜ける最短のコースであった。

天正11年（1583）3月12日、柴田勝家軍は栃《とち》ノ木峠が雪に阻まれたので、木《き》ノ芽峠から敦賀に出て、この刀根越をして柳ヶ瀬に入った。このとき勝家が、内中尾嶺《うちなかおれい》に本陣を置いて、さらに行市山《ぎょういち》から林谷山《はやしだに》を結ぶ尾根に強力な砦を築き、羽柴秀吉との長期戦に構えたという。歴史的にも有名な賤《しず》ヶ岳《たけ》の合戦の直前のことである。

JR北陸本線敦賀駅から、JRバスで刀根に向

若狭と近江を結ぶ古道の倉坂峠

かう。終点で下車して、そのまま東へ県道を歩く。右手上部には北陸自動車道が走っている。川と自動車道にからむように橋や高架下をくぐって、さらに進むと、旧道の「柳ヶ瀬トンネル」の西口地点に出る。道の対岸に「玄蕃《げんば》尾城《おじょう》」の標識がある。信号待ちの場（1車線のトンネル出入りの信号）に注意して向かい側に渡る。高架下を出た所にも城跡への標識があり、アスファルト道を進む。足下に旧道のトンネル、頭上に北陸自動車道の高架といった複雑な地形の所をC状に回り込んで南下し、林道に取りつく。

　ゆるやかな勾配の道の脇には、小さな地蔵の祠があったり、谷川の流れるのどかな谷づめの林道である。やがて道が二分する。右の道は谷奥に向かう林道で、やがて行き止まる。倉坂峠や城跡へは左の砂利道に入る。しばらく歩いた先は駐車場である。車はここまでで、あとは右の斜面に取りつき、つづら折れの道を登る。

倉坂峠は、切り通しのような感じの鞍部である。玄蕃尾城跡へは、標識に従い、左の高みに向かって潅木帯とササ原の道を北上する。

途中、ササ原のなかに四等三角点の標石が落葉どきのみ確認できる。春はタムシバやツバキの花が咲き、秋は落葉樹が色づいて美しい山道だが、夏はササが生い茂り、冬場は豪雪地。茂ったササ原や雪の下では三角点の標石は探せない。

柳ヶ瀬山は中尾山とも称し、内中尾嶺には南北約300メートル《メートル》、東西150メートル《メートル》の城砦があり、自然の地形をうまく利用した玄蕃尾城跡がある。滋賀と福井両県境の城跡は整然と下草が刈られ、大手門から攻め出し口、搦手門《からめて》、防禦廓《ぼうぎょ》、攻め出し廓、馬出し廓、そして本丸に至る。西側には北国街道《ほっこく》を南北に見下ろせる櫓台《やぐら》があり、本丸の奥には馬出し廓、兵站廓《へいたん》、見張り廓と、高低差の少ない尾根上に土塁深く美しい起伏のある公園は、古城の姿を想像させる、楽しい山域である。

復路は、倉坂峠から柳ヶ瀬の山村に出るが、体力と読図に自信があり、時間に余裕のある人は、ぜひ、峠から尾根伝いに行市山への縦走をおすすめする。ただし、山道はなく踏み跡程度を歩く覚悟がいる。

柳ヶ瀬に下る道は、どの季節も爽快である。道幅も広く危険な所は1ヶ所もない。主要な箇所には標識や案内（説明）板もあり、歴史も学べる家族向きのルートである。

ただ、敦賀・刀根間のJRバスに廃線の動きがあるので、十分調査していただきたい。

（平成12年5月3日歩く）
（平成13年4月15日歩く）

静かな県境尾根

椿坂峠～柳ヶ瀬

新装成ったＪＲ北陸本線木ノ本駅に目を見張り、椿坂行きのバスを見送って、タクシー2台で椿坂峠に直行。雨を予測して、足元を固めて、峠の西側に開発された別荘地から登り出し、10分で福井と滋賀の県境尾根に立つ。

今日のコースは南行一方。1週間前あたりに先行した人の行為か、赤テープ貼り・ササの刈り込み・小枝払いが行われて、「興味半減」の発言はあったが、午後から雷雨との予報下、少しでも時間が稼げるので大助かり。峠で標高５００メートル余り。立ち寄った５５９・３メートルが最高地で、４５０メートル前後の平坦な尾根はすこぶるスピーディーに行動できた。参加のメンバーも読図と未開発地・藪好きの面々で三角点探索もばっちり。時間のロスなし。三角点４５５メートルからヤセ尾根への転向もスムーズに行き、当初目標の関電の鉄塔下で昼食をとる。雲行きが怪しくなり、突然の雨に30分の休憩後出発。足下に車の音を感じながら柳ヶ瀬トンネルの上を過ぎる。

県境尾根の真下には、県道１４０号敦賀柳ヶ瀬線の旧国鉄北陸本線（柳ヶ瀬線）のトンネルがある。現在は一般道として開放されているが、車１台分ほどしか幅員がなく距離の割には灯火が少ないので、かなり圧迫感があり、地元では「お化けトンネル」と呼ばれている。かつてはトンネル内で対向車と鉢合わせになった場合、どちらかが離合箇所までバックを余儀なくされた。現在は、両入口に信号機を設置して交互通行となった。しかし、大型車、自転車などの軽車両と歩行者は通行できない。

歩行者は相変わらず昔のように、倉坂峠（刀根越）を1時間近くかかって越えて、北陸道（疋田）と近江（柳ヶ瀬）を行き来する。

たった標高４００メートルの山越えといっても一般の人にとっては大変である。

やがて高度差のない地面が整備された、雨上がりの玄蕃尾城跡広場に着き感嘆の声を上げる。

４３９・２メートル四等三角点の標石を偶然見つけ、再び降り出した雨に傘で対応して下山、倉坂峠で昔日の戦人の足音を聞き、14時15分柳ヶ瀬集落口に降り立つ。

（平成22年10月7日歩く）

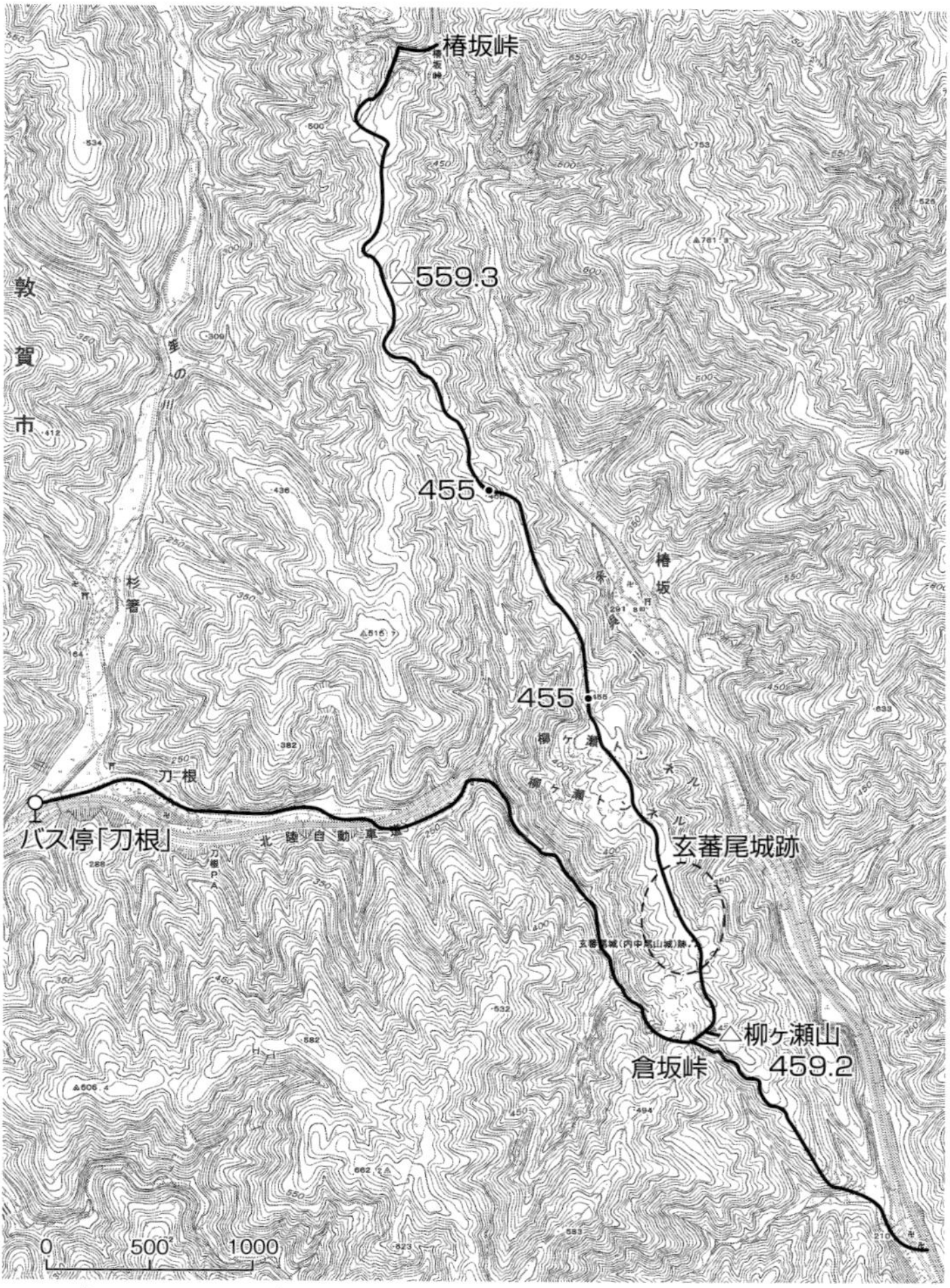

《コースタイム》倉坂峠と玄蕃尾城跡

JR敦賀駅（バス20分）刀根（15分）柳ヶ瀬トンネル口（15分）林道分岐点（５分）駐車場（20分）倉坂峠（20分）玄蕃尾城跡（15分）倉坂峠（40分）柳ヶ瀬登山口（10分）バス停（バス28分）JR木ノ本駅

〈地形図〉25000＝中河内・木之本

《コースタイム》椿坂峠～柳ヶ瀬

JR木ノ本駅（タクシー40分）椿坂峠（10分）県境尾根（30分）559.3（30分）455（30分）トンネルの上（40分）玄蕃尾城跡広場（15分）倉坂峠（40分）柳ヶ瀬バス停（40分）JR余呉駅

〈地形図〉25000＝中河内・木之本

天神山から遠望する山々

かくれた砦跡の尾根

27 天神山《てんじん》から文室山《ふむろ》

ＪＲ木ノ本駅から中河内行きの湖国バスに乗り、東野で下車。西方へ国安集落に向かう。

氏神の天満宮（現草岡神社）は集落の北外れにある。賤ヶ岳の戦の兵火にあい、記録・宝物などは焼失して、経緯は未詳だが、菅原道真が合祀されている。鳥居には、ワラでなく金糸の合成繊維製の注連縄《しめなわ》が張られている。

詣でた本殿の右下に下り、獣除けネットの出入口から裏山に登る。

緩斜面をしばらく雪の混じるササを分け、登りつめると少し平らな所に出る。積雪期では不明瞭だが、小さな曲輪や溝がきちんとあり、ここが砦跡とわかる。茶臼山頂、四等三角点２０９・１メートルの標石は、土塁・筋掘を越えた草深い平地にあった。

雛壇《ひな》状に曲輪があり、高みに向かっていくつか越すごとに雪量は増すが、ササをすっかり押さえているので歩きよい。サクサクと心地よい雪の感触。時々吹き抜ける微風が頬をなで、額の汗が消える。一度シカの鳴き声を聞いただけで、物音一つしない静寂の白い別世界。積雪が60チセン以上になると、無積期には樹木の枝葉で遮《さえぎ》られていた下界の景色が、梢越しに眺められる。遠くには白冠の山なみが望める。

緩勾配の支尾根を両側の変わりゆく景観を眺めつつ登ると、立木がまばらな平場に出た。天神山である。比良最高峰の武奈ヶ岳が望めた。

天神山には、天正11年（1583）賤ヶ岳の戦の折、羽柴秀吉方の柴田勝豊配下の木下一元、山路正國、大鐘藤八郎らの砦が築かれた。しかし、北にそびえる行市山には、敵方柴田勝家の家臣佐久間盛政の砦があり、あまりにも真下で、容易に動きを悟られることから、一つ南の尾根の堂山の線まで後退したという。

天神山はやはり砦跡らしく、雛壇・筋掘が雪下でも何となく確認できる斜面や平場。夏季はおそらくクマザサが胸元あたりまで繁っている様子がうかがえた。

順調に主尾根に出た。この支尾根をC状弓形に池原と文室の集落を結ぶ林道が、主尾根上を南北に縦走している。

文室山の頂上三角点534メートルは、林道を越えた少し西にある。このあたり、「賤ヶ岳の合戦の折には、北軍の武将前田利家親子主従も通過した」と文献に載っている。

下山は、地図上で見る南西方向に、中腹までのびている林道を目指してヤセ尾根を急下降する。うまい具合に左側の足下に林道を確認して、最後は削り取った林道の法面《のりめん》を滑るように降りて林道に立つ。

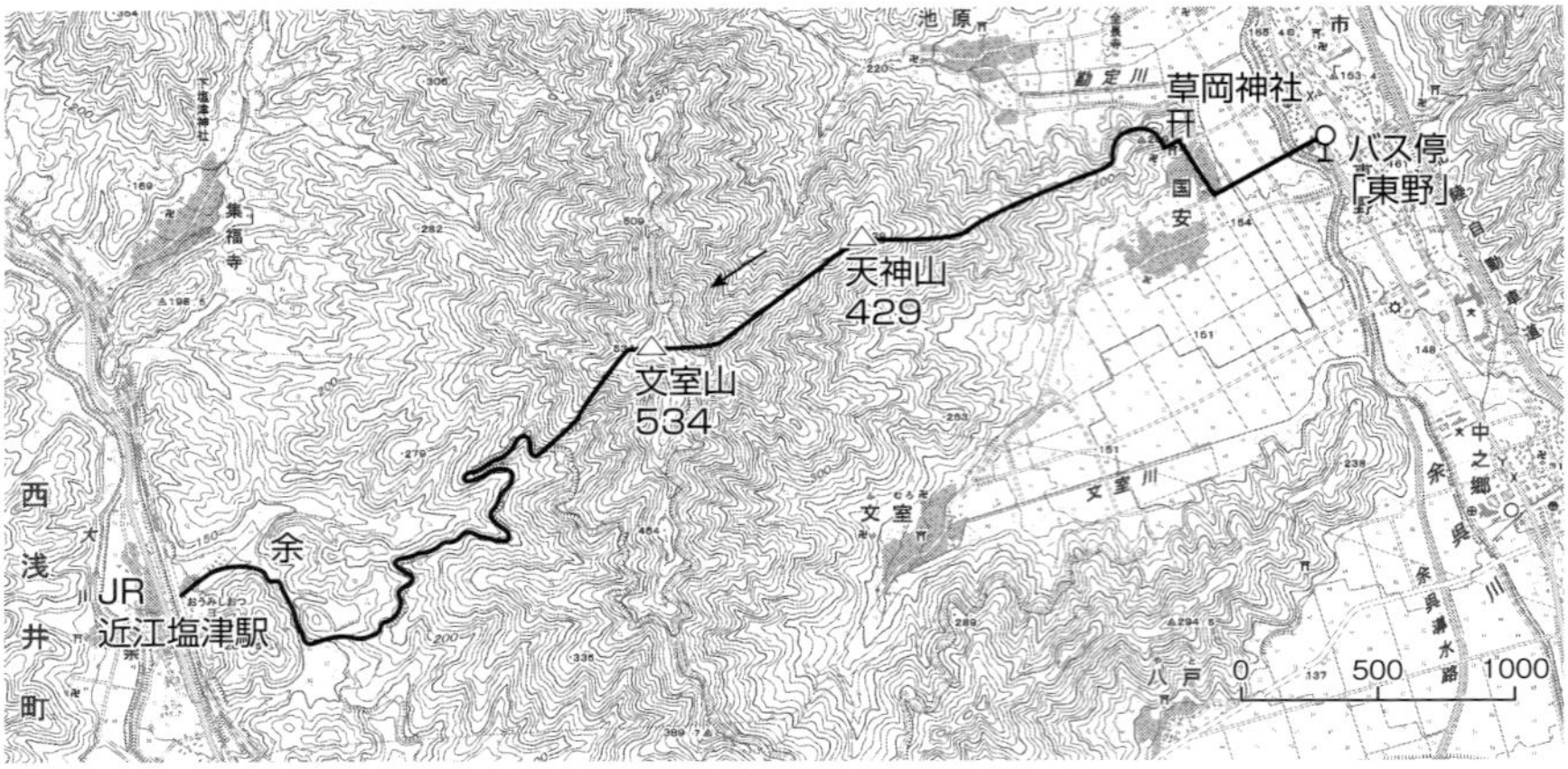

《コースタイム》
JR木ノ本駅（バス15分）東野バス停（30分）国安集落（草岡神社）（20分）三角点（１時間10分）天神山（１時間）文室山三角点（30分）林道（40分）余集落（10分）JR近江塩津駅（往復10分）正応寺
〈地形図〉25000＝木之本

林道にはまだ40センチほど雪が残っていた。土道に比べ舗装路は温度が低いのか、日の当たる所でも積雪が解けている様子がなく、余《よ》の集落に出る手前まで雪の深さは変わらなかった。時々、獣が行き来しているのか獣道がいくつも林道を横切っていた。人の気配は全く無し。

余集落に入り、ＪＲのガードをくぐって国道９号に出て、１００メートルほど南の近江塩津駅に着く。なお、時間と体力に余裕があれば、集落の南西端にある古刹正応寺に立ち寄られることをお勧めする。

この永平寺から移築されたと伝わる山門は、二階が鏡楼となり、ひときわ勇壮な構えを誇り、鎌倉時代の観音菩薩が安置され、近江三ヶ寺の古刹として名高い曹洞宗の寺である。また新田義貞とその兵の墓が位牌を刻んでいる。

（平成20年3月8日、4月1日歩く）

砦のあった尾根筋

28 神《しん》明《めい》山

JR北陸本線余呉駅のホームに立って北を望むと、目の前横一線に長い山なみがある。神明山を中心にしたコースの全容である。

冬季、湖北・余呉湖以北は雪が多く積もる。林の中を雪の感触を味わい楽しめる日帰りの里山歩きには、適当な位置にあり、適度な距離と標高をもつ山塊といえる。

余呉駅から北へ、余呉導水路沿いに1・5キロほど上流へ歩くと、取水口付近で茂山から東方に派生した尾根の先端、堂木山に接する。

川岸から尾根の途中にある貯水タンクまで一気に登る。高みに向かううち、気づかないくらい小規模の神明山砦跡の残る平坦部に出る。

織田信長亡きあと、後継者争いのあった賤ヶ岳付近は、わが国合戦史上他に例を見ない築城戦でもあった。

はじめ羽柴秀吉は、柴田勝家軍を牽制するため、佐久間盛政が布陣する行市山と対峙する目的で天神山に、先の戦《いくさ》で自軍に吸収した長浜城主柴田勝豊（勝家の養子）の家臣・木下一元・山路正国・大鐘藤八郎を布陣させたが、敵陣の眼下、あまりにも近距離だったため、陣地群構築に伴い撤収させた。その後本陣と北国街道木之本宿の第一防衛線として東側の佐弥山と、街道をはさんだ西側の尾根筋、堂木山・神明山に砦を築いた。これはあくまで秀吉としては、街道封鎖が目的で、これ以上北方へ攻撃する意図はなかったようである。

堂木山は、城外と標高がほぼ同じであるため深い堀切を設けて城の区域を区画し、尾根上の鞍部は堀切で遮断されている。その証拠に、次の神明山との鞍部（鳥打文室越）はまるで切り通しのように深くえぐれ、われわれは再び高圧線鉄塔のある神明山の中腹まで登り直すことになる。

神明山から余呉湖・賤ヶ岳を望む

　このコースは、地上150メートルから238メートル、さらに高度を上げて最高点は350メートルにすぎない低山群だが、神明山からの眺めは、東南北三方向に見通しがきく。北の行市山をはじめ、周辺の山や遠く白銀に輝く美濃の峰々が望め、頂上近くではスギ越しに賤ヶ岳に抱かれたような余呉湖の全景が手にとるように眺められる。「鏡湖」と別名があるくらい余呉湖は波静かで、四季を通じて美しい湖である。

　無雪期は尾根にこれといった杣《そま》道はなく、小動物の生息の気配がない里山には獣道もないので、藪漕ぎを強いられるが、それだけ自然の残った一本道のゆるやかな尾根筋は人影もなく、戦国時代に武士《もののふ》が駆けめぐった様子が想像できる楽しさがある。

やがて、右からの林道と合流する。ここは正面を横切る行市山から賤ヶ岳につながる主尾根から余呉湖側に少し下った地点で、上部の交点は権現坂と呼ばれる。反対側の西浅井町祝山《ほりやま》から余呉町川並へ抜ける古い峠越えの道で、賤ヶ岳トンネルが完成し国道8号が通るまでは、東西を結ぶ重要路であった。峠には蔵王権現が祀られていたのでこの名がある。

ここから川並集落へは、昔ながらのつづら折れの道を下る。余呉湖は冬場ワカサギが釣れる。糸を垂れる釣人の様子を見ながら、また羽衣伝説の衣掛柳を見て徒歩でＪＲ余呉駅に向かうとよい。

時間や体力に余裕があれば、権現坂から南へ、ヤセ尾根を大平良山経由で飯浦《はんのうら》に下るか、賤ヶ岳まで足をのばしてリフトで下山し、それぞれ木ノ本駅までバスを利用するのもよい。

（平成13年2月10日歩く）

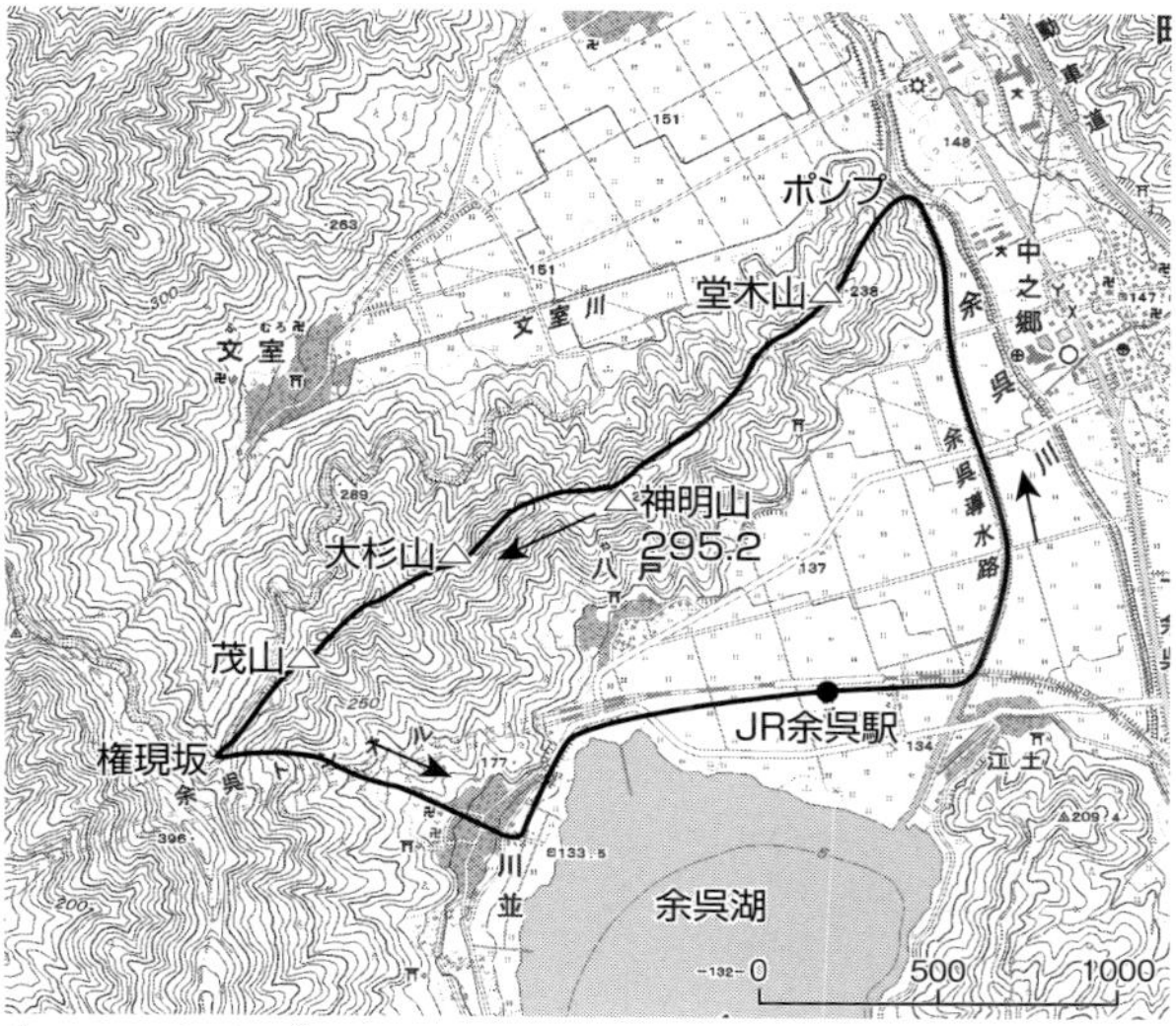

《コースタイム》
JR余呉駅（15分）導水取水口（30分）堂木山（15分）鞍部（鳥打文室越）（45分）神明山（１時間）林道合流点（30分）川並集落（30分）JR余呉駅
〈地形図〉25000＝木之本

小動物にであえる杉林の道

29 余呉湖西尾根

琵琶湖の北に、置き忘れたようにぽつんと余呉湖がある。柳ヶ瀬断層でできた陥没湖は、北側だけ開け、あとは、周囲を山が囲んでいる。

余呉湖西尾根下山途中の石仏

ＪＲ北陸本線余呉駅から、湖岸沿いに西へ向かう。尾根にはまだ雪が残っていて煙霧が稜線をぼかしていた。静寂な湖面にカイツブリが頭を出している。羽衣伝説の「天女の衣掛柳」を過ぎると、ワカサギ釣りの人が大勢糸を垂れていた。

川並集落に入り、坂を登りつめると正願寺に着く。寺の裏手に出ると土手にフキノトウが頭を出していて、休憩がてらに摘む。イノシシ除けのトタン板をまたぎ、杣道に出る。雪の残った谷筋は歩きにくいので尾根に取り付く。15分ほど直登し、やっと尾根に到達。しばらく南下する尾根に並行して、左下に林道が見え、やがて合流するところに石の地蔵の小さな祠がある。

林道と別れて、再びヤセ尾根に細々と続く山道

左手に余呉湖を垣間見ながら進む

をよじ登る。見つけた赤い布片は当てにできず、見当をつけて左のピークを目指す。木の根元は一面雪。クマザサの上に50センチは積もっている。

谷を横切りピークに出た。余呉小学校の生徒が卒業記念に登った「記念の白い標識杭」が立っていた。左の切り開きから、余呉湖が見下ろせる。ゆるく下って鞍部に出て、再び小ピークを越すと、徐々に尾根幅が広くなり４５８メートルのピークに出たが、三角点の標石は雪の下で見つからず、スギの木の下で昼食をとる。気温が上がっているのか雪煙がたち、ガスがこもりがち。それでも、どこからか聞こえる小鳥のさえずりが春を告げていた。

だだっ広い、広場のような白い饅頭の中を、コンパスと、誰かがつけた赤い布片を今度は頼りにして、倒木に足をとられ、踏みかぶって大穴を空けながら、いくつかの小動物の足跡が横切る雪面を探りながら歩く。

余呉湖の南端が見えるところまでたどり着くと、「近江湖辺《うみのべ》の道」と表示した道標の立つ道に出た。雨が降りそうな気配なので、帰路は、湖岸に早く出ることにして、右へ下る。ヒューヒューと、風が吹き上がってくる展望のきく送電線の鉄塔下に出た。正面には琵琶湖が。右手北側は、雪を抱いた山なみが連なり、眼下には塩津の町並みが望めた。

　さらに下ると、明らかにバラバラのものを集めて支柱で支えてある石仏や、首のない小さな石仏が祀ってあった。この場からは、入り江のような琵琶湖の先に、三角錐の山本山が確認できた。

　最後は、古道特有のV字に深く掘れた傾斜の急な坂道を、厚く積もった落葉を踏みしめて下り、奥琵琶湖ドライブインの裏手に出た。寒風が吹く中をようやく探り当てた「飯浦」バス停で、折りよく来たマイクロバスに乗り、JR木ノ本駅に向かった。

（平成19年3月25日歩く）

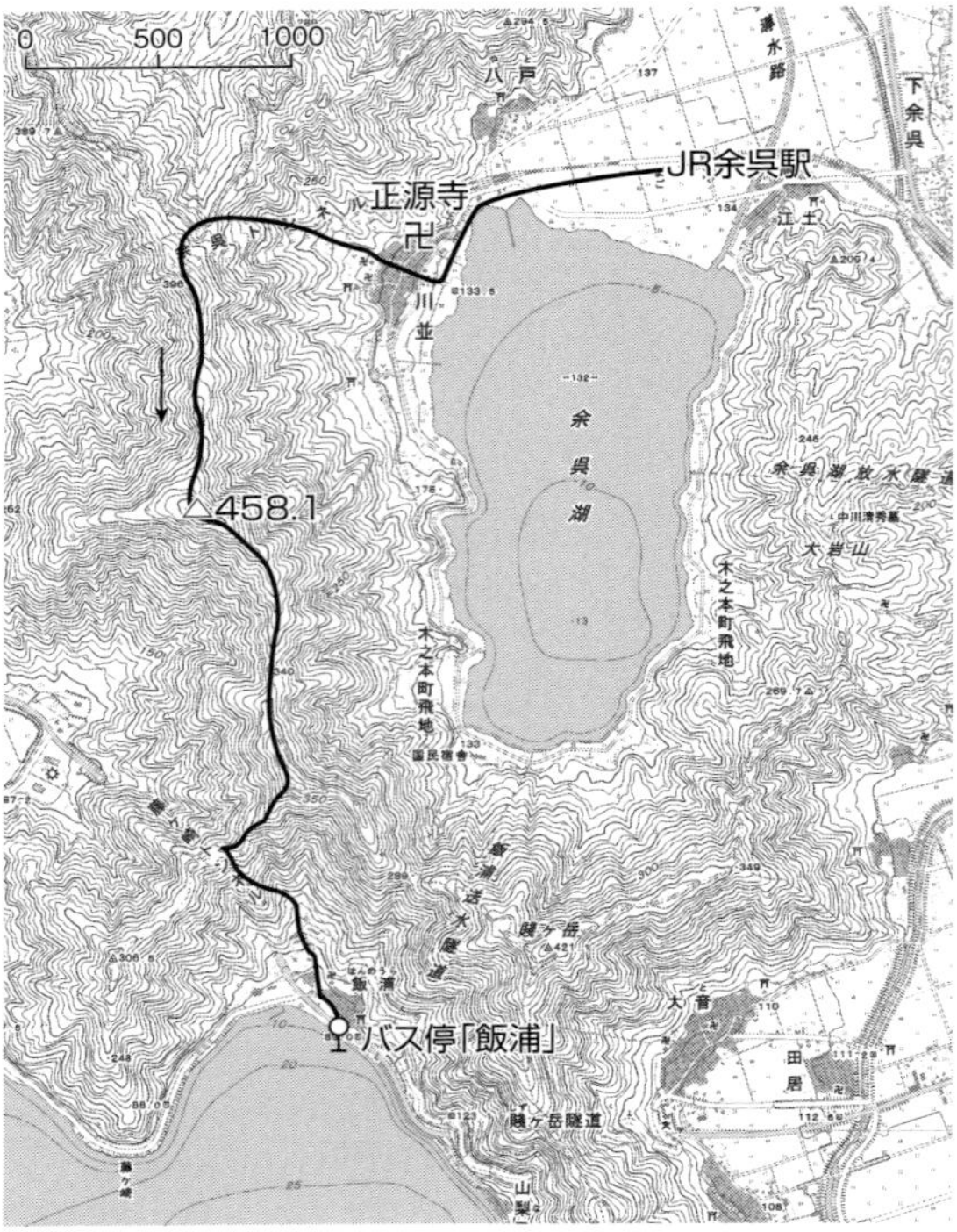

《コースタイム》
JR余呉駅（45分）川並集落（正願寺）（25分）尾根（40分）458（50分）近江湖辺の道（45分）石仏（30分）飯浦バス停（バス20分）JR木ノ本駅
〈地形図〉25000＝木之本

山本山から竹生島を見る

昔人の遺跡と城跡探訪

30 西野水道と山本山

ＪＲ北陸本線高月《たかつき》駅の駅前が整備されて、バスの出入りが自由になった。

町内を巡回するコミュニティバスは南回りと北回りがあるが、どちらも西野水道に近い「柳野中」バス停で下車する。余呉《よご》川畔に出て右岸堤を下流に向かう。

西野水道は、余呉川下流域が毎年のように洪水に見舞われ、特に天明3年（1783）、さらに文化4年（1807）の大洪水で大飢饉《ききん》となったのを機に、充満寺住職恵荘《えしょう》上人の指導のもと、天保7年（1836）に工事を決意し、同11年（1840）7月から工事を開始し、艱難辛苦《かんなんしんく》の末、約5年かかって高さ2メートル、幅1・2メートル、長さ220メートルの水道を、弘化2年（1845）9月、掘り抜きを完了した。

　入口近くで、用意されたヘルメットをかぶり、長靴を履き、懐中電灯やヘッドランプを点灯して水道内に入る。頭上や両側の岩間から水がしたたり落ちて、さすがに涼しい。屈《かが》んでも時々ガツンと天井の岩にヘルメットが当たり、思わず首を引っ込める。足元がデコボコで不安定なのは、1日6センチしか掘り進めなかった固い岩盤を物語っており、昔人の苦労が偲ばれた。

西野水道の入口

　琵琶湖岸に出ると、今は3代目となるトンネルから勢いよく流れ出る水に、大勢の人が釣糸を垂れていた。

　帰路は、2本目の水道を抜け、出発点の小公園に戻る。ここから、山裾を北に向かう。

　余呉湖を懐に抱く賤ヶ岳から南に派生した尾根の延長、西野山から山本山へ取り付く。昔はマツタケ山の関係で入山できなかったこの山域も、近年は、「近江湖辺の道」として整備され、遊歩道として一般に開放されている。

　今回は、この尾根を南下する。このあたり琵琶湖の湖上交通を掌握していた豪族の墓とみられる古墳（古保利《こほり》古墳群）が約3キロにわたって分布している（ただし、遊歩道からはその全容はうかがえない）。

湖岸にそそり立つようにのびる尾根に湖水で冷

やされた風が吹き上がってくるので、真夏でも涼しく、木蔭の多い山道は快適で癒される。

山本山の頂は城跡である。平安末期から戦国時代にかけて、地方武士の本拠地となった山城だが、特に近江源氏の一族山本義経の居城として知られている。

頂上近くの展望台からは、葛籠尾崎《つづらお》と地続きだったとうかがえる竹生島《ちくぶしま》がポツンと湖上に浮かび、湖面の静波と眼下の尾上《おのえ》漁港や緑うつ稲田とのハーモニーは名画を鑑賞している気分になれる。

下山は、二の丸跡、三の丸跡を経て、マツ林のなかに幅２《メートル》の整備された山道に出て羅漢さんにであったり、山本判官《ほうがん》古城址の石碑などを見て、朝日山神社前の小学校脇に出た。山本集落のバス停からマイクロバスで、町内を巡回ののち、ＪＲ河毛《かわけ》駅に向かう。

（平成19年7月30日歩く）

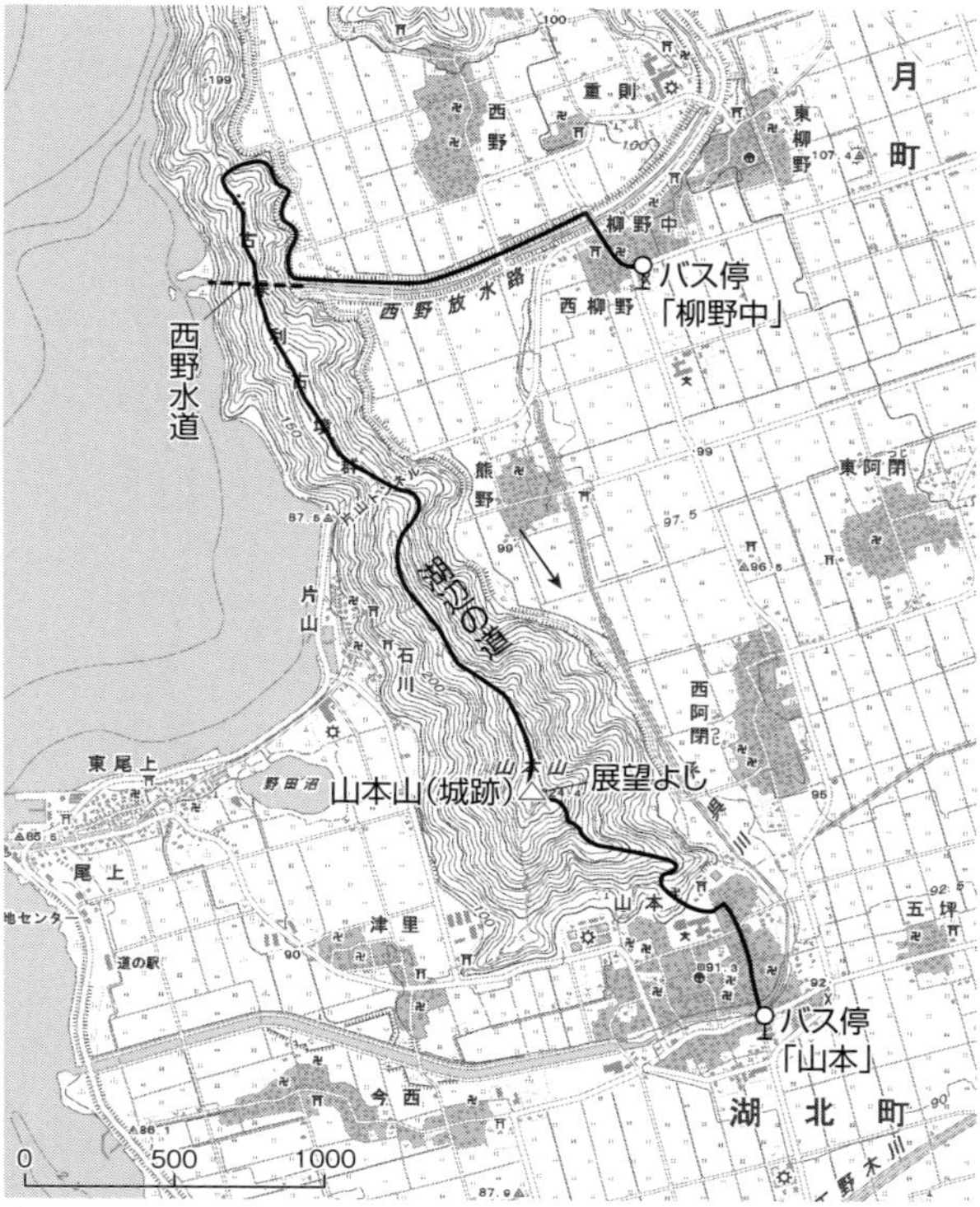

《コースタイム》
JR高月駅（バス30分）柳野中バス停（20分）西野水道入口（10分往復）古保利古墳群地（１時間30分）山本山山頂展望台（45分）山本バス停（バス40分）JR河毛駅
〈地形図〉25000＝竹生島

城跡と奥美濃展望

31 左弥山《さねやま》（上鑓山《かみやりやま》）

琵琶湖の北方、余呉湖に流れ込む余呉川の東側には、国道365号（旧北国街道）と福井県境の栃ノ木峠に源を発する高時川の間を、南北に連なる山なみがある。左弥山（475・3メートル）はその中の一つで、余呉町東野・今市の東の山域で、実山《さね》・東野山とも呼ぶ。

中世、京極家家臣東野氏の居城跡と伝えられる遺構があり、天正11年（1583）の賤ヶ岳の合戦の際、北軍の南下を阻止するため、余呉湖の北側に陣をかまえた羽柴秀吉軍の東の要として、堀秀政が陣を築いた跡が今も残っている。

今回のコースは、JR北陸本線木ノ本駅前から椿坂行きのバスに乗る。湖国バスはいったん湖北総合病院に立ち寄ったあと、余呉川沿いの道から国道365号に入り、大岩山を左にJRと並行して北上して、下余呉から中之郷に向かう。

左弥山へは中之郷か次のバス停で下車し、山裾を通る北陸自動車道との間にもう一本ある旧道を北に歩いて小学校の南に出る。小川沿いに山へ向かう道は、北陸自動車道をまたぐ架橋を渡り、中之郷・東野線の林道となる。ゆるやかな勾配の道は広くて歩きよい。7、8回小さなカーブを過ぎて、道がヘアピンカーブにさしかかるあたりで下界が見えはじめる。先刻歩いた道が足下に見える地点に立つと視界が開け、樹木の頭越しに余呉湖の水面が白銀色に輝いて見える。

小峠に来ると標識がある。右は赤子山、左は東野山砦跡本陣へと示している。このまま左の本陣

東野山砦跡への道から余呉湖を望む

跡に向かって林道を行く。

やがてゆるやかな下りから上りにかかるあたりで、左手に東野山砦跡を示す看板がある。砦跡は小さな標石があるだけの草地だが、小規模な曲輪や堀があり、当時の姿を偲ぶことができる。いまは樹木が周囲をおおい下界の様子は見えない。

平成3年修正の国土地理院発行の地形図には、この先林道は250メートルほどしか記載されていないが、その後何回かの工事で延長され歩くことができる。ただ、途中1ヶ所工事中（段差）があり車は通れない（平成12年11月現在）。

左の尾根と同じ高さでぬっていた林道は、やがて、東（右）側が開けて展望がきく。左には富士型に美しい七七頭《ななず》ヶ岳《だけ》が、右前には田良原山がなだらかな稜線を見せている。その奥には、標高1000～1300メートルの雄大な金糞岳《かなくそだけ》や横山岳を含む美濃と近江の県境にある山々が連なるダイナミックなパノラマが展開し、このコースのメインといえる。

大展望を十分楽しんだあと、再び林道を北上する。先程まで平行に近かった左の尾根は、やがて見上げるほどの高さになる。右の谷越しには落葉樹に包まれた美しい姿の七七頭ヶ岳が正面に見える。春の新緑、秋の紅葉は見事である。この林道はやがて、林道小谷・摺墨線との峠のT点に突き当たる。

ここからは、勾配の急な舗装路を左の小谷の集落へ下る。旧道に出て、少し右へ行き北陸自動車道をくぐり、小谷のバス停に出る。

1、2時間に1本しかないバスを待つ間に、近くの余呉川の土手や河原に降りて野草を摘むのも楽しい。

（平成12年11月5日歩く）

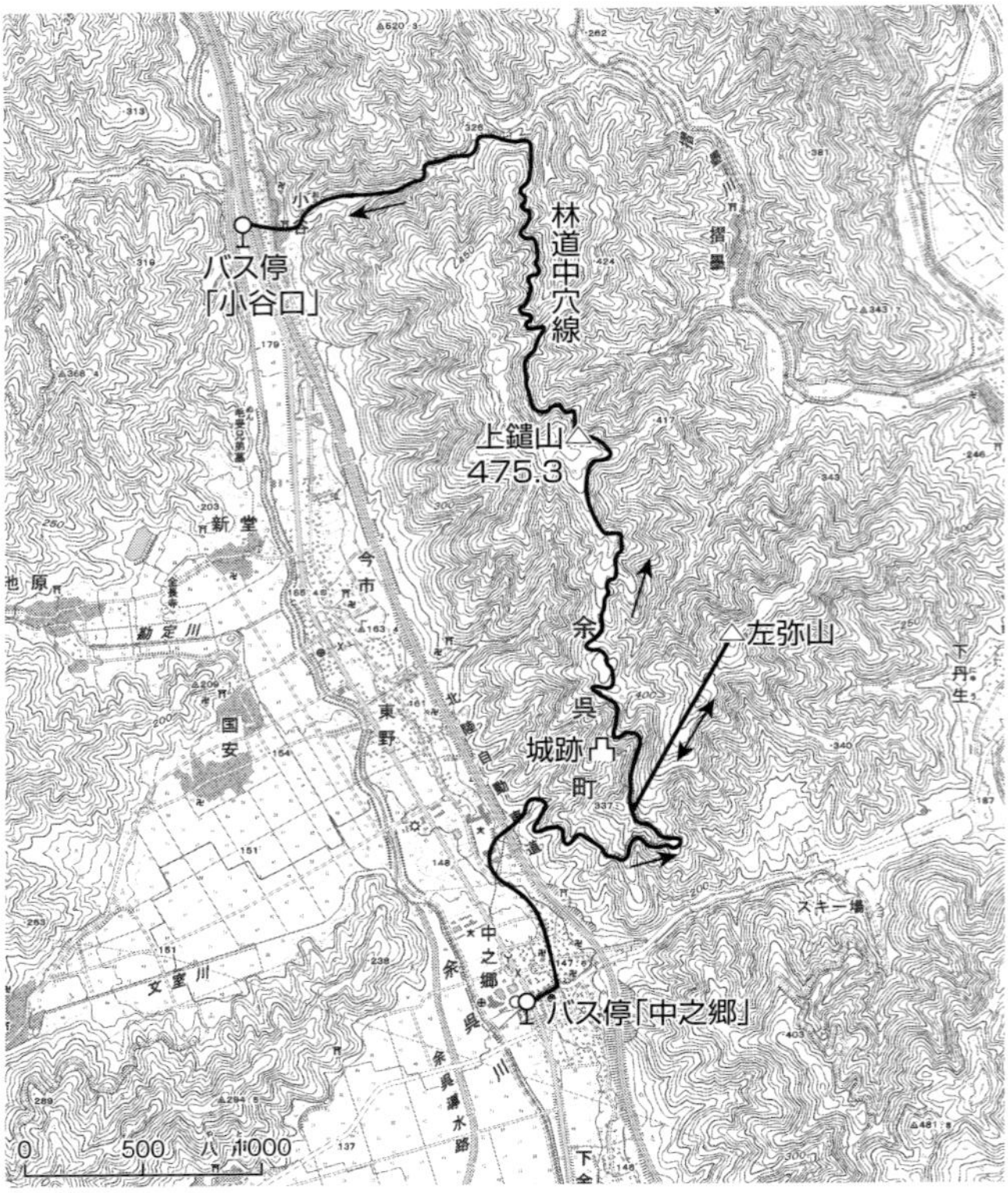

《コースタイム》
中之郷バス停（20分）林道入口（30分）分岐点〈上鑓三角点往復１時間〉（15分）城跡（30分）展望所〈三角点往復45分〉（１時間）林道小谷・摺墨線（20分）小谷バス停
〈地形図〉25000＝木之本

湖北の名山を展望する

32 南《みなみ》洞《ほら》山

滋賀県長浜市木之本町は、古代より仏教文化が栄えた所で、豊かな自然の移りゆく湖山の四季の彩りが美しい。

ＪＲ北陸本線木ノ本駅から北東へ、国道３０３号は滋賀と岐阜の県境にある八草《はっそう》峠に向かうが、高時川沿いは遺跡のある川合・古橋を通過する。右手の己高《こだかみ》山には仏教千年の歴史が漂う修験行者の山道、鶏足寺《けいそくじ》跡へのハイキングコースなどがある。秋ともなれば紅葉の美しい境内の遊歩道を散策できる。

バスは金居原《かないはら》に向かう。途中で、上丹生《かみにゅう》から墓谷山と田良原山の鞍部（丹生峠）下の丹生トンネルがであう杉本集落を通り、やがて杉野集落に着く。杉野は、湖北の名山横山岳と墓谷山（杉野富士）への登山口でもある。

今回は、杉野川の左岸、国道沿いにある横山神社と小・中学校の裏山である南洞山から横山岳を望むことにする。

横山神社は、横山岳に降臨した大山祇命を経ケ

南洞山の三角点

山頂尾根から横山岳の土蔵岳、遠くに三周ヶ岳も

滝の上に奉祀し、すぎくら社と称した。天徳元年（957）に合祀していた馬頭観音を高月町に移し、永享11年（1439）本社を宮ノ内に遷座したと伝わる。

標高1132㍍の横山岳は、古くより山岳信仰の霊場として栄え、多くの参拝者があったという。

杉野JA前を出発。杉野川を渡って南西の向山谷の林道に入る。集落の外れで振り返ると集落の背後に円錐形の墓谷山と、その尾根続きに双耳峰《そうじほう》の横山岳が堂々とそびえている。

15分も歩くと畑跡がある。季節によっては野草摘みができる。ゆるい上りの林道が地図でも確認できるヘアピンカーブに差しかかると、左へ小谷沿いに山道がある。

山道を100㍍ほどで小谷が二分する。道は不明瞭だが二股間のヤセ尾根を登ろう。主尾根までの標高差350㍍を、何回か休憩を入れて登る。途中は杉が植林されていて細々ながら杣道ともい

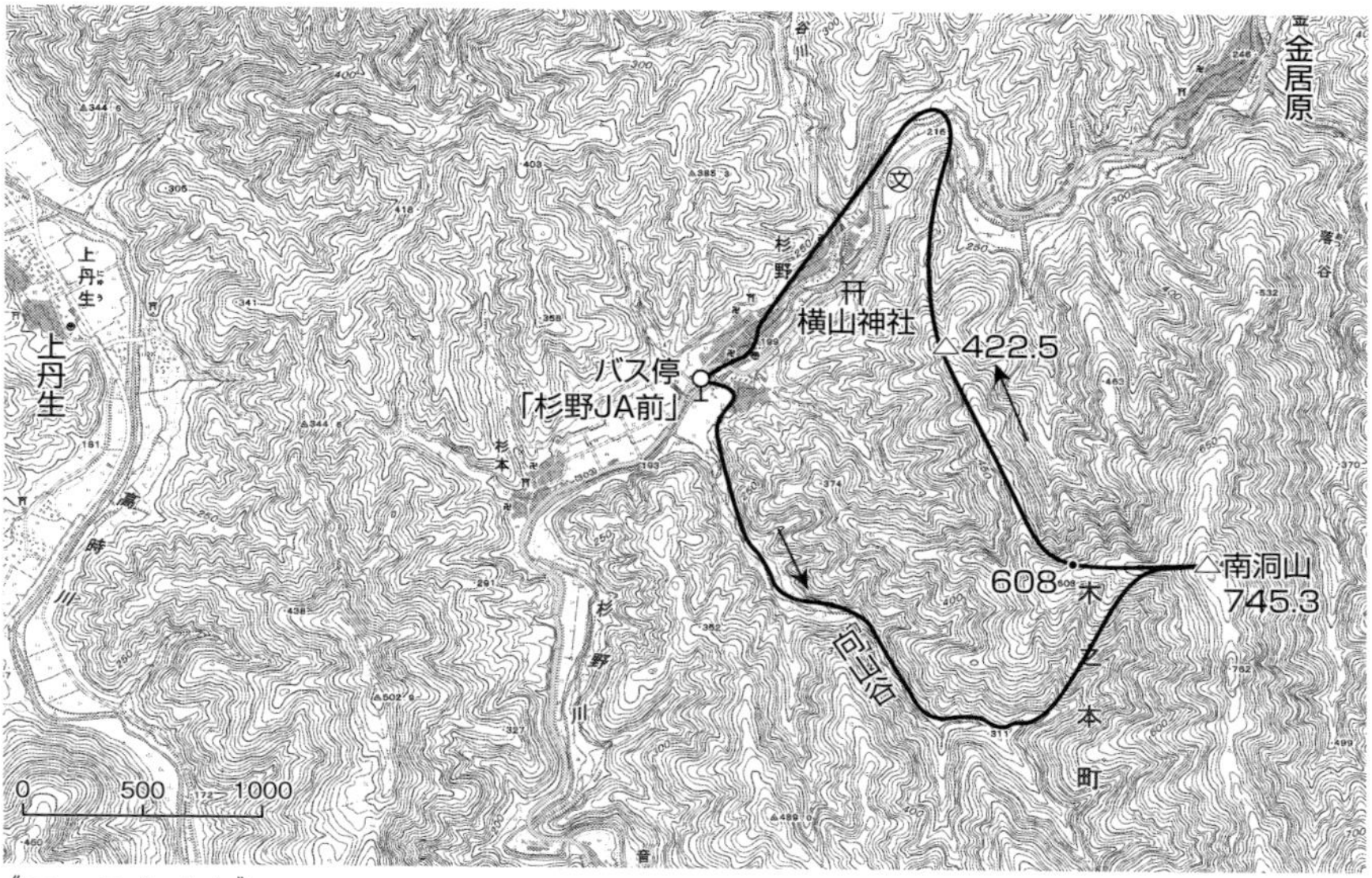

《コースタイム》

JR木ノ本駅（バス25分）杉野JA前バス停（15分）向山谷（30分）ヘアピンカーブ地点（5分）二股谷（1時間）主尾根T点（30分）南洞山（15分）T点（45分）422.5メートル（30分）国道（25分）杉野JA前バス停（バス25分）JR木ノ本駅〈地形図〉25000＝近江川合

えない踏み跡が続く。赤いプラ杭も点々とあり、主尾根まで運んでくれる。

主尾根のT点へ出て右へ、まず南洞山の三等三角点（745・3メートル）に向かう。灌木帯でスギ林越しに、横山岳と土蔵岳が横一線に鞍部を挟んで望め、冬季はこれらの背後に真っ白に冠雪した三周ヶ岳（1292メートル）が頭だけ見せている。頂上直下を急登して、スギ林の明るい南洞山の台地に標石を確認する。

帰路は、再び先ほどのT点を通過し、このままイワウチワやイワナシの花を見てゆるやかな長い美しい尾根を下る。途中の四等三角点（422・5メートル）は大きいマツの根元にあり、少し探索が必要である。

最後は、雑木をかきわけて尾根先まで出るか、左手に冬場の学童用のスキーゲレンデを見ながら急斜面を下って国道に出る（読図必要）。

（平成15年4月6日歩く）

33 山田山

己高山と小谷山を結ぶ尾根

JRの車窓から見る山田山

ＪＲ北陸本線木ノ本駅からのバス便がないのでタクシー2台に分乗。定期バスの通る道路より短距離のトンネル二つを含む道路が山中を抜けるので、バス代とほぼ変らない運賃（３６０円）で古橋に着く。十一面観音で名高い己高閣《ここうかく》や、秋、紅葉がとても美しい鶏足寺《けいそくじ》（旧飯福寺《はんぷくじ》）と石道寺《しゃくどうじ》へは散策路が、来るたびに整備されている。今年は花もだが、若葉の季節が1週間から10日早く、各寺の境内は黄緑色の傘を広げたように明るくて美しい。

今回の目的、己高《こだかみ》山から小谷山を結ぶ尾根は、以前己高山例会の際、下山に利用して半分だけ知っている石道コース。チゴユリのかわいい白い花の群やミツバツツジが緑の中に淡く色どりを添

縦走尾根から琵琶湖を望む

えて美しい。なぜか、この道、高尾寺跡の分岐点まではどの本にも記載されていない。かなり急な登り道だが、しっかりした道で、高時小学校の学童が行事として使っているようである。

鉄塔下に出て、あまりの景色の美しさに、少し早い昼食をとることにした。

午後は少し道がやさしい勾配となり、分岐点直下だけが急だった。見覚えのあるT点を今回は南下する。どうやら巡視路だと気づく。次の鉄塔でそれは明白となり、いよいよ道のない根曲がりのはげしい雑木林につっこむ。

あとは約2時間、山田山周辺を悪戦苦闘。それでも、「湖北白鶴の会」とかが標した山頂を示す標識を見つけられたし、伐開地からは、山本山、竹生島を遠望できた。

昔、平治の乱で平氏に敗れた源義朝《よしとも》が東へ落ちのびるとき、伊吹で親にはぐれた16歳の源頼朝がひととき、大吉寺にかくまった。この寺は天吉寺山の頂上直下にあり、寺跡にはいまも頼朝の供養塔（宝塔）が残っている。

　この天吉寺山と、浅井三代の居城だった小谷山を結ぶ尾根の延長線上にあるのが山田山だが、この山は、歴史で名のある二つの山にはさまれて不運な山である。

　昔は、街道を避けて間道に利用した人も多かったであろう尾根道は、しっかり山道がついていた。しかし、いまは、ここを縦走する人はなく、中間点の山田山あたりはすっかり自然に還ってしまって、秘かに歴史の幕を閉じた。

　最後は落葉の積もるゴルジュ（水のない小滝の岩場）を尻で下り、ここからJR高月駅に向かう。

　おおよそ6キロ歩く。

（平成14年4月29日歩く）

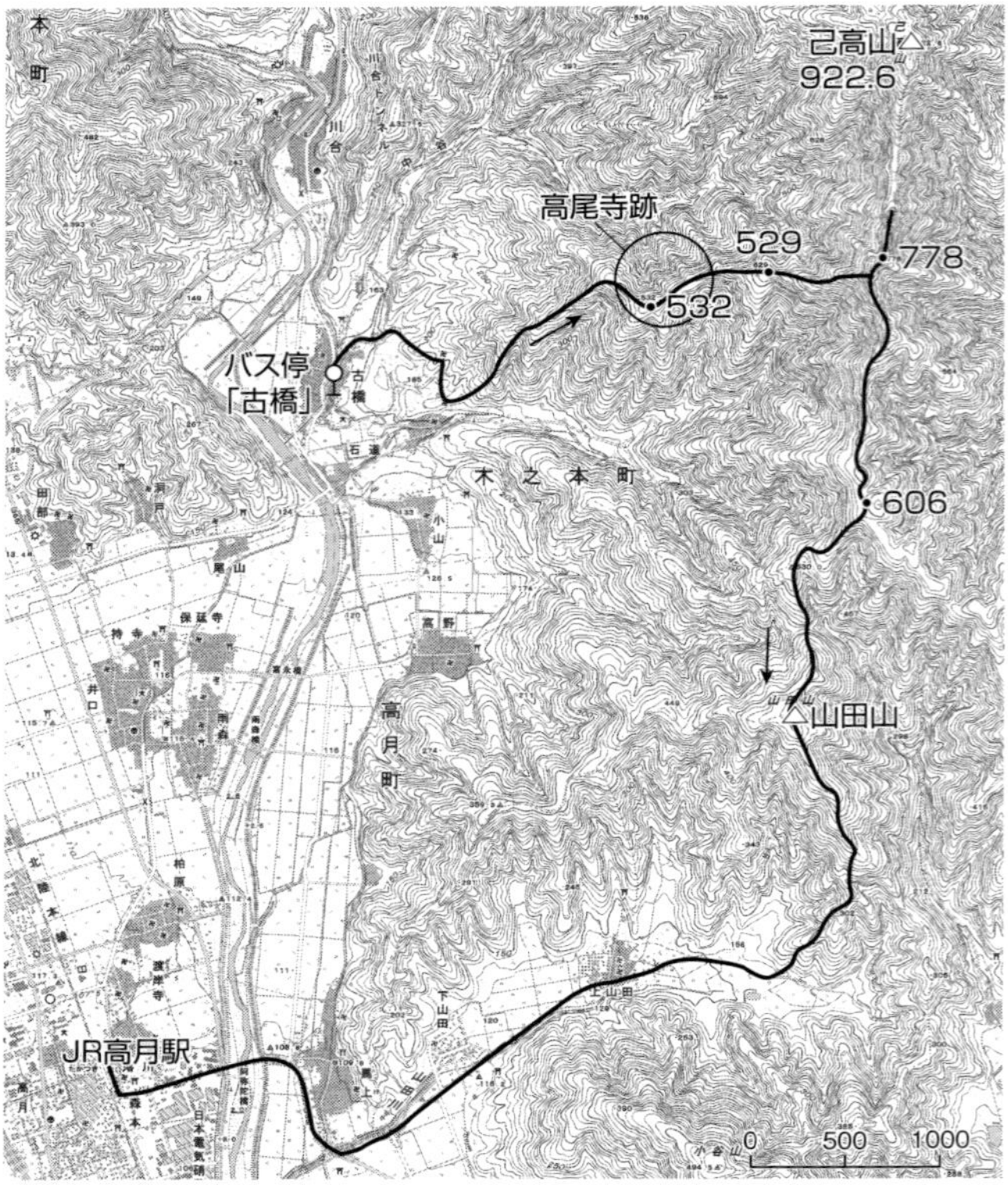

《コースタイム》
JR木ノ本駅（タクシー10分）古橋バス停（45分）鶏足寺（20分）石道寺（30分）高尾寺跡（30分）鉄塔下（20分）分岐点（50分）山田山（50分）上山田（20分）高月橋（20分）JR高月駅
〈地形図〉25000＝近江川合・竹生島・虎御前山

寺と城跡で花にであう

34 弥《や》高《たか》山

高天原《たかまがはら》伝説のある弥高山山上には、かつて弥高《やたか》護国寺があった。地元では弥高百坊と言い伝えられ、現在は、かつての院坊のうち、西麓の上野に悉地院《しっちいん》のみが残っている。往時の隆盛ぶりを物語る寺跡が今も山上一帯に存続していて、昭和60年（1985）、寺の跡地を調査したところ、本坊跡をはじめとして60有余の坊跡が確認された。東西約250メートル、南北約300メートルの範囲内に、標高714メートルの位置にある本坊跡（土塁を含め東西の最大幅68メートル、南北の最大幅59メートルの台形状の不正方形）を頂点として南面に広がっている。また、北東には行者谷と呼ばれる所に、役行者の陶製像が安置された入定窟（石窟）が山腹にある。

一方、藤古川上流に位置する上平寺《じょうへいじ》跡は、標高660メートルの山中にあり、東方には上屋敷がある。南の一の御門を経た城下町には武家屋敷・町屋敷・店民屋が建ち並び、河戸川から水路を引いて堀をめぐらせてあった。

さらに、西へ尾根筋を北へ登って本丸・二の丸・三の丸と小屋敷があり、主尾根の道は、北の伊吹社から南へ城下町を貫いて、越前道（北国脇往還）へとつながっていた。

古くは、南北朝期。南朝方のこの地方の拠点になった太平寺《たいへいじ》は、その後京極氏によって城郭化され、上平寺や弥高寺は太平寺城の付属施設として有事の際には城塞として利用されていたとみられる。

現在目にする土塁広場は、当時の寺院跡そのも

弥高山上は土塁の草原（弥高寺本坊跡）

のでなく、京極氏により山城として造り替えられたもので、寺院を利用して構築された居城（上平寺城）と山麓の館跡群と谷を隔てた西方の弥高寺跡を含め、弥高上平寺城塞群と呼ぶ場合もある。伊吹山上に連なる尾根上には数十の遺構が確認されている。このあたり伊吹の3合目と同程度の標高だが、地質が異なるので、伊吹山では見られない草花にであえてうれしい。

弥高山へは、JR北陸本線長浜駅と、東海道本線近江長岡駅から、それぞれ「伊吹登山口」行きのバス便がある。

バス停から、まず伊吹山登山口の三の宮神社に立ち寄ろう。そのあと山際を東の弥高川沿いの道に向かう。川の上流には八重桜が美しい悉地院がある。採鉱場へ行き交うダンプ街道のような道の脇にありながら落ち着いた雰囲気の漂う寺である。

採鉱場を過ぎ、百坊林道に入ると、早やこのあ

山道には礎石や石仏が点在する

たりで白やピンクの小花を見受ける。水場を過ぎ、峠状の展望台地をあとにすると、両側に樹木を見るあたりで林道が交差する山道に出くわす。左頭上に小さな祠がある。弥高集落にある平野神社から来る古道だが、林道を大きく回り込んだあと、この山道は吸収合流して、あとは林道の終点まで続く。左手に上る旧参道を登ると本坊跡に出る。礎石が点々と現れる。

広場は土塁の草原で山野草の宝庫。緑のなかにきらきらと輝やく小花の群と大展望が楽しめる。

東側の下り道を進むと、スギ木立のなかに行者窟があり、やがて尾根道と合流する。上平寺城本丸跡に出ると伊吹山ドライブウェイを望むすばらしい景観が、弥高寺跡からとはまた違った味わいで展開する。

急な尾根道を下って伊吹神社に出る。泰澄が上平寺を建立したとき鎮護の神として勧請し、京極氏は当地に城館を設けてから神領を寄進し、社殿

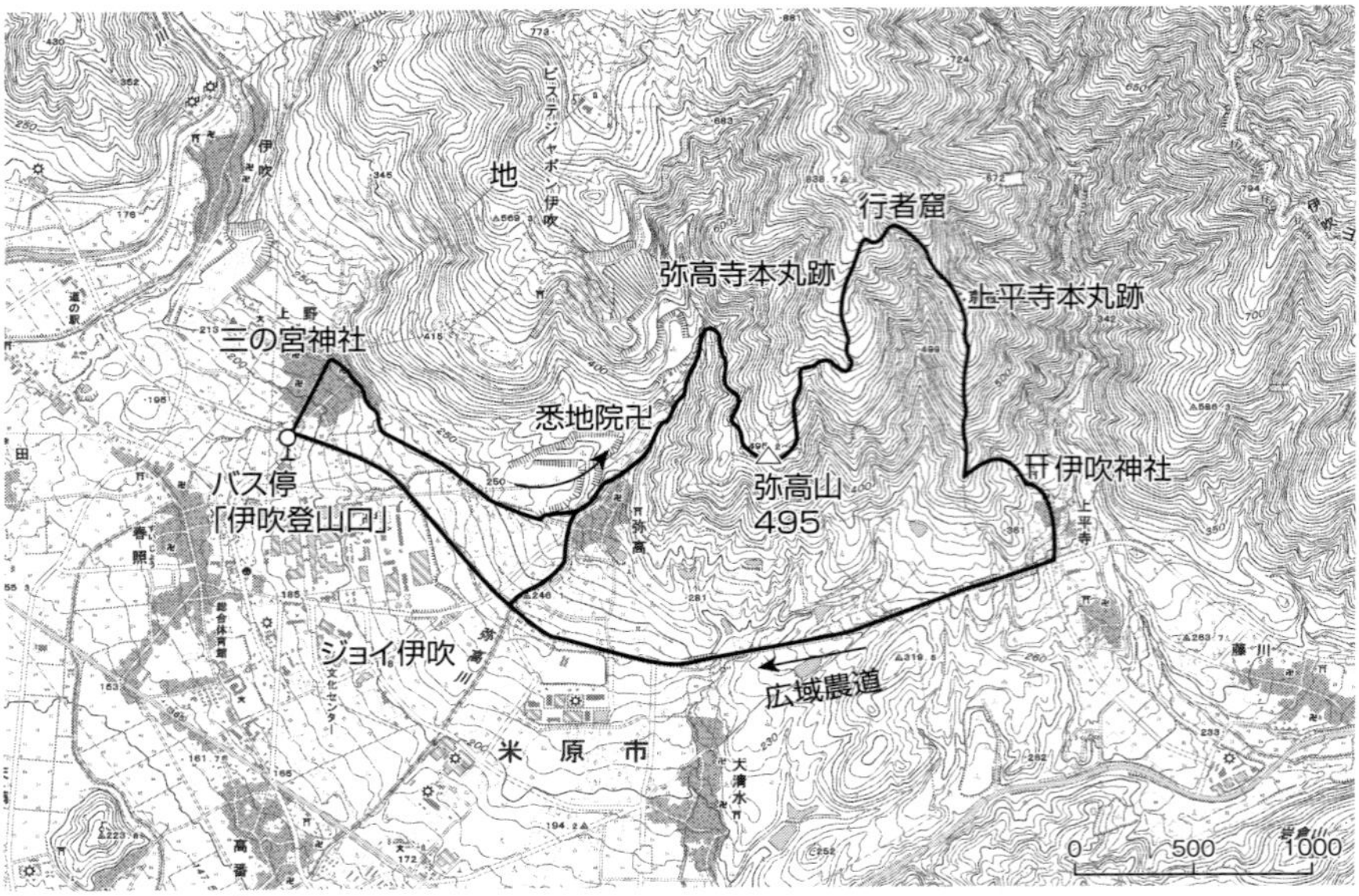

《コースタイム》

伊吹登山口バス停（45分）悉地院（30分）山道との十字路（25分）林道終点（20分）弥高寺本坊跡（15分）行者窟（20分）上平寺城本丸跡（50分）伊吹神社（15分）藤川バス停（7分）ジョイ伊吹（バス10分）JR近江長岡駅

＊伊吹神社（50分）伊吹山登山口バス停

〈地形図〉25000＝関ヶ原

を修造するなど尊崇した神社である。

帰路は、広域農道を伊吹登山口バス停まで戻る。季節によっては4キロのアスファルト道を歩くのが厳しい向きは、藤川の集落に出るとバス便があり、終着の「ジョイ伊吹」にて薬草風呂で一汗流すのもよい（ただしバスの便数が少ないので注意）。

（平成14年7月21日歩く）

35 笹尾山から相川山

快晴なら木曽御岳山が望める

藤川山の北に伊吹山頂を望む

米原行きの車中、能登川駅あたりは雨が降っていた。「どうしよう」と思案したが、通り雨は関ヶ原駅ではすっかりあがって青空がのぞいていた。空は急激に回復したが、下草は濡れている。

気をとり直して石田三成が関ヶ原合戦の時布陣した笹尾山の廃道から歩き出す。昔は相当往来があったらしい気配は残っているが、なだらかな尾根は車が1台も通らない立派な林道でぷつんと途切れている。向かいの尾根へは一度下って上ったが、きつかった。今日は強者《つわもの》揃いだが、それでも這《ほ》う這《ほ》うの体《てい》で尾根に出る。再び疎林帯を登る。やがてガードレールが見え、伊吹山ドライブウェイのヘアピンカーブの所に出る。尾根の先は「雨乞神社の石鳥居」があった。ここからは人が歩いているらしく確かな道。７８１・８メートルの三角点への尾根を探るうち右の頭上に高圧線の鉄塔を発見。しかし平成10年発行の地図には高圧線も見当たらない「幻の鉄塔」である。

やがて、道は大岩に突き当たる。オーバーハン

大岩の下には大谷寺院の首塚といわれる明神様

グの岩下に小祠が祀ってあった。明神であろうか。右側のスギ林斜面上に鉄塔はあった。関ヶ原合戦の折両軍が陣取った山々が模型のように点々と見える。素晴らしい。背後には、養老山や霊仙、鈴鹿の山々。雨後の快晴は、ベールをすっかり外し、木曽御岳山の特徴ある山姿まで遠望できた。

昼食後、このまま雑木とヒノキの植林帯の間のササを分け入り登り切ったあたりで春日村を見渡す。

四等三角点７８１・８メートルの相川山は、うまい具合に刈ったばかりのササの尾根上で見つけた。北西に目的の池谷峰９０５・５メートル（幡隆上人が千日修行した山）とその奥に伊吹山の山頂付近が、青空にくっきりと楕円《だえん》形に浮かび上っている。これだけはっきり山稜が見える日はそんなにない。

春日村側には池谷峰に向かって林道が伸びているが、現在地からは背丈をこえるササに邪魔され

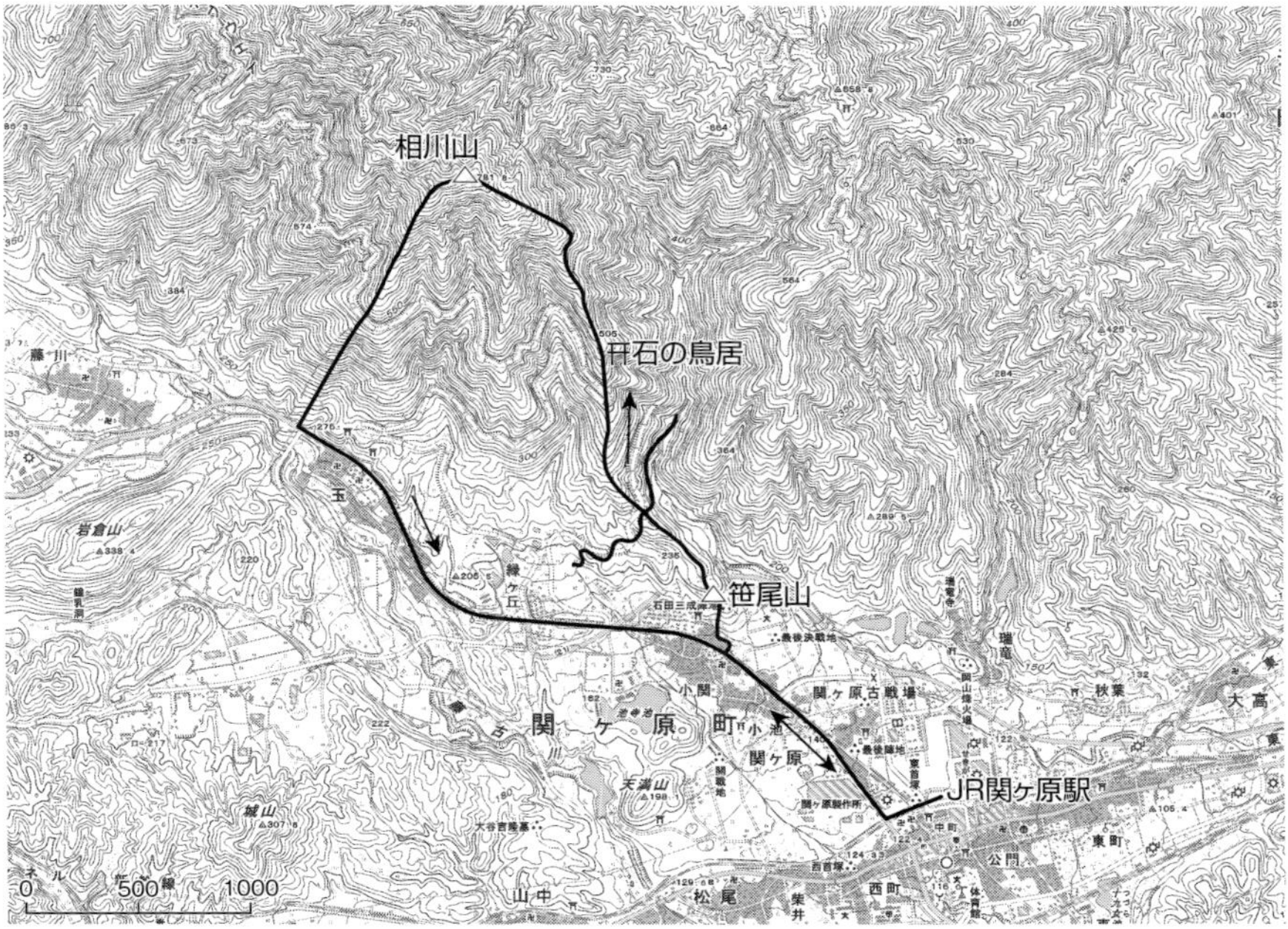

《コースタイム》

JR関ヶ原駅（40分）笹尾山石田軍陣地（１時間）伊吹山ドライブウエイのヘアピンカーブ地点（50分）明神様（45分）相川山（40分）玉集落（55分）JR関ヶ原駅

〈地形図〉25000＝関ヶ原

て、たとえこのまま進んでも「時間切れ」となる懸念から、今回は断念した。

帰路は、県境尾根をとった。過去の赤テープを追うが、またドライブウェイにさえぎられた。著者は、探究心を発揮して急勾配の法面《のりめん》を滑り降りて誘導する。最後は、まったく踏み跡もない超勾配のスギ林を急下降する。

見覚えのある藤古川にかかる橋の真ん前に出て、国道３６５号を玉集落の中道を歩いて関ヶ原駅に向かった。

（平成15年9月14日歩く）

旧要塞地帯と石灰岩の山

36 城山・岩倉山・松明《たいまつ》山

城山山頂

ＪＲ東海道本線関ヶ原駅から旧中山道を西にたどると「不破の関」跡に着く。

さらに西下すると、藤古川に出る。壬申の乱（６７２）の時、西岸に近江軍、東岸に吉野軍が布陣し、対峙した。『日本書記』によると、７月の初め近江軍の精鋭が玉倉部をつき、吉野軍が撃退。これを機に吉野の大軍は藤川を越えて、近江の国へ進撃を開始。この時の激戦で、この山中川は両軍の血潮で黒々と染まったといわれるが、いまは、人通りも少なく静かな山村で、当時の模様はうかがえない。

国道21号を越え、山中の集落からＪＲのガードをくぐって谷間の山道に入る。小峠の近くで左手に入る道があり、道標に従って城山に向かう。

城山は、南北朝時代、清和源氏の佐竹義春が足利尊氏に追われ、ここに砦を築いたと伝えられている。また、戦国時代には浜六兵衛や杉山内蔵助がいたとも伝わる。

東屋《あずまや》が建つ城山の山頂には、三角点の標石が芝生の小山にポツンとあった。なるほど昔から人が目をつけただけに、展望に最適の小山だった。道はこのまま西へ下っているが、途中からあやしくなり、人が歩かなくなった山道は自然に還っている。ただし、行く手の盆地にはエコミュージアム関ヶ原があり大勢の人声がする。その騒音を目標に下れば心配はない。このあたりは戦時中には爆薬庫のある要塞地帯で、地図も空白だったと聞く。関ヶ原鍾乳洞への舗装路の両側には、当時の残痕として、立硝《りっしょう》ボックス（コンクリート製の人一人立てるだけのもの）や、丘の斜面には横穴がいくつも掘られた生々しい跡があり、いまは封鎖されている。

岩倉山中は石灰岩の日本庭園（地下は鍾乳洞）

料金を払って鍾乳洞に入ると、内部は狭く、所どころ手を加えた箇所もあるが、他の観光地のそれとは比べるまでもない小規模な鍾乳洞である。

いよいよ、ここからは踏み跡程度で道はなく、地図とコンパスを頼りに歩くことになる。まず北側の尾根に向かうが、鍾乳洞の出入口から少し西

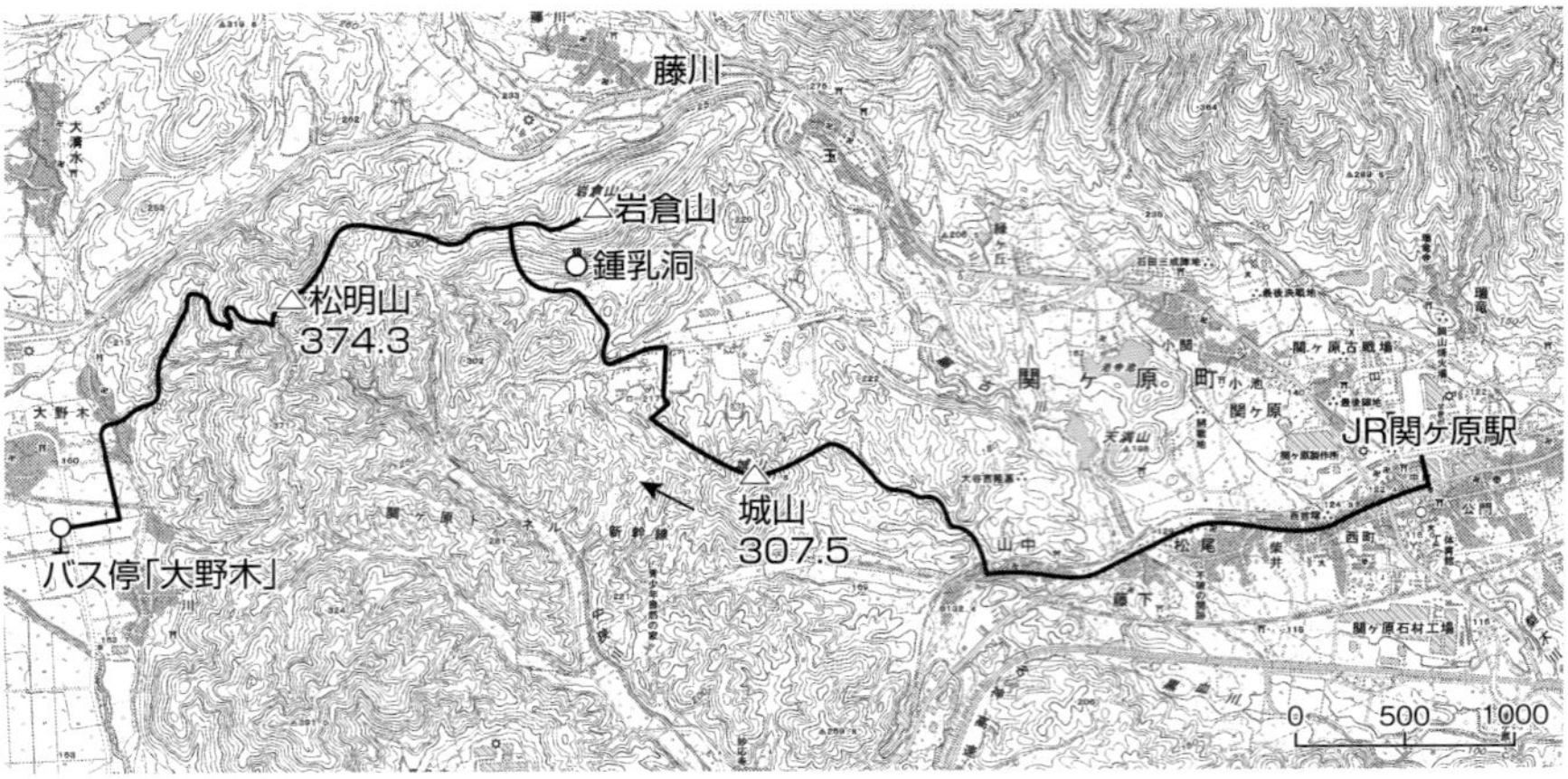

《コースタイム》
JR関ヶ原駅（20分）不破の関跡（15分）山中集落（１時間）城山（45分）エコミュージアム関ヶ原（20分）関ヶ原鍾乳洞（30分）県境尾根の鞍部〔往復40分・岩倉山三角点〕（１時間）松明山（20分）大野木バス停（バス５分）JR近江長岡駅
〈地形図〉25000＝関ヶ原

に行き、ゆるい傾斜の藪のなかを登りつめると小さな鞍部に出る。

当初予定のコースは、この県境尾根上にある岩倉山の三角点までいったん往復する。樹間に苔むした石灰岩が露出する幽玄《ゆうげん》な雰囲気はちょっとほかでは味わえない低山の魅力である。

再び、この鞍部に戻って、県境尾根を忠実に西進する。やがて、右側の木立越しに伊吹山の雄姿が見え隠れするあたりで、ぱっと視界が開けて、パラボラアンテナ施設のある松明山に着く。ここからの展望が実によい。伊吹山の麓から頂上まで遠望できる絶好の場である。

帰路は、ここから下界に向かって舗装路があり、楽々とバス通りに出て大野木の停留所でバスを待つか、さらに南へ足をのばせばJR柏原駅にも行ける。

（平成14年3月24日歩く）

伊吹展望最適地

37 三島池と横山

滋賀県最高峰の伊吹山は、どこから眺めても堂々とした美しい山姿である。ＪＲの車窓から、

三島池から伊吹山を望む

また、高速道路の車中からも雄大な山容がしばらく楽しめる。今回は、伊吹山を終始眺めながら歩くコースである。

岐阜・滋賀県境に近いＪＲ東海道本線近江長岡駅からスタート。駅前から突き当たりの道を右へ、すぐ左折する。天野川にかかる橋を渡り、米原市役所山東支所を過ぎて、次の二股道を左へ入ると、右前方に岩と松の小山があり新幹線の高架が横切っている。ガードをくぐり大小ある二股道を今度は右の細道に入り、このままなりゆきで三島池畔に出る。

三島池は周囲約７８０メートル。楕円形の池で、平常は水深１メートル内外だが、４月中旬から８月にかけて貯水され深さ１・５メートル以上になる。水源は湖北を

流れる姉川の伏流水。池の東側には「グリーンパーク山東」が整備され、テニスコートや宿泊施設がある。最近は、梅花の季節に盆梅展が催されている。

野鳥は年中見かけるが、特に冬鳥ではマガモが

横山城跡から伊吹山を望む

ここを自然繁殖南限地として、例年10月上旬から下旬にかけてやって来て、訪れる観光客を楽しませている。池中には日本一大きい石灯籠が建ち、背景の雄大な伊吹山にマッチして美しい景観の一部を占めている。池の西側には伊豆の三嶋大社を勧請した三島神社がある。

ここからは、田園地帯の広がる中を、右側に伊吹山の全貌を眺めながら歩く。市場集落から西の臥竜《がりゅう》山系の山裾に向かって朝日集落へと野道を行く。バス道に出てすぐ観音坂トンネルの手前から本道を北にはずれ、観音寺の参道に向かう。

観音寺は伊富貴山観音護国寺という。通称大原観音寺といい、伊吹四ヶ寺の一つに数えられる。伊吹山中の弥高《いやさか》山の尾根にあったが１３４７年に現在地に移建されたという。本堂は県の指定文化財で、木造の伝教大師坐像は国の指定文化財である。本尊の十一面観音像は行基作とされている。

また、この寺は秀吉と石田三成とのであいの場

としても有名である。それは、秀吉が鷹狩りで立ち寄った際、寺の小僧をしていた石田三成が茶を献じた心遣いに感銘し、すぐさま家来に登用したという「三碗の才」の話が発端である。

横山は標高311・9メートル。長浜市と米原市を分ける臥竜山系（北の龍ヶ鼻から南の日光寺山までの約8キロ）の最高峰である。

山頂へは、観音寺の境内から登る。山頂付近は元々城跡である。小谷城主浅井長政の支城が置かれていた。遺構・曲輪・土塁跡が山城の名残を留めており、南に下ると天守跡や井戸跡・鐘楼跡もある山塊である。

姉川の合戦で織田方が占拠し、秀吉が守護した。信長も何度か訪れたであろう、この山は四周見晴らしがよく、目前に迫る伊吹山は圧巻である。湖北の山々や琵琶湖も遠望できる。

城跡から右の尾根道を下ると、公園に出る。この石田町は石田三成の出生地で、ゆかりの供養塔や屋敷跡がある。

（平成12年2月13日歩く）
（平成14年2月8日歩く）

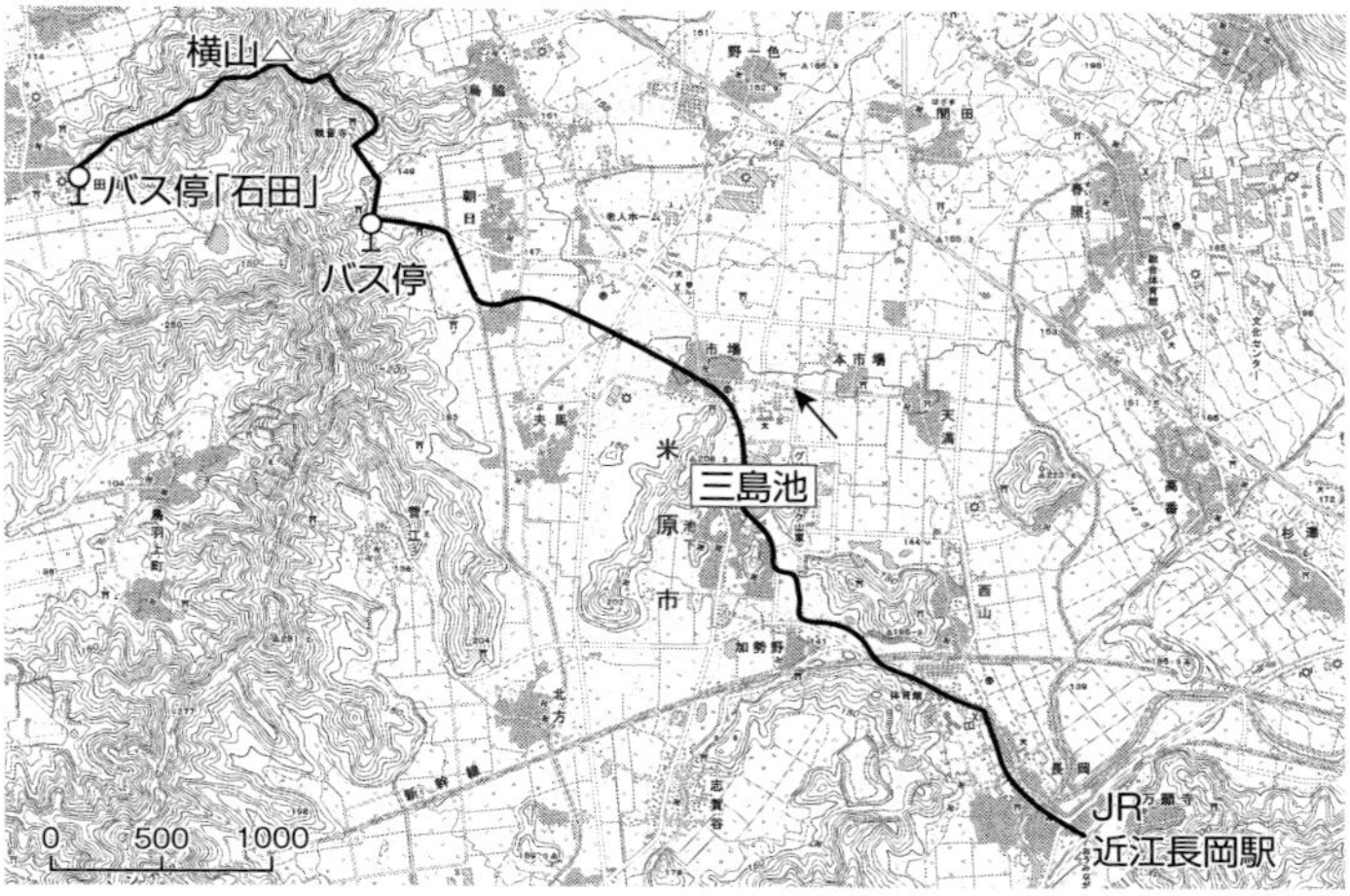

《コースタイム》
JR近江長岡駅（40分）三島池畔（１時間）観音寺（20分）横山（１時間）石田バス停（バス）JR長浜駅
〈地形図〉25000＝関ヶ原・長浜

伊吹山展望最良地　万葉と史跡の山

38 臥《が》竜《りゅう》丘陵縦走とかぶと山

雑木林が続く臥竜丘陵の縦走路

琵琶湖側と反対（東側）に、低い山なみが約10キロ長々と連なる臥竜（横山）丘陵は、三角点を六つも確認する楽しい縦走ができる。

姉川《あねがわ》に近い丘陵の最北端「龍《たつ》ヶ鼻」から登ると5分で茶臼山古墳の石碑と同居する四等三角点（147・6メートル）に着く。関電の巡視路の山道を南進する。左右の山裾には県道が走っているのに距離があるためか騒音は届かない

二つ目の三等三角点（311・9メートル）は横山の山頂にある。四方が見渡せる見晴らし台からは、伊吹山の雄姿が遠望できる。

横山城は京極氏の支城として浅井氏が築構した山城で、現在、遺構は北稜に3ヶ所、南西稜に8ヶ所、南東稜に10ヶ所以上の曲輪部が確認されている。憩いの場として横山ピクニックコースを整備し、東側にある観音寺口（米原市朝日）と、反

臥竜丘陵（横山）の山頂から伊吹山遠景

対の石田口（長浜市石田町）から登山道がある。

横山山頂から、さらに整備の行き届いた尾根を快適に歩く。足元や台地にはノイチゴや雑草がはびこり、少し分け入ることもあるが迷うことはない。三つ目の四等三角点（310・2メートル）は、鉄塔から少し東の高み、樹木が生い繁るピークの真ん中にある。

ここから巡視路はいったん集落の真上まで下って再び上がっているが、縦走はこのまま尾根上を南進する。四つ目の二等三角点（鳥羽上の山）は281・2メートルである（体調その他の理由でここから下山したければ、東の支尾根を下って鉄塔下に出て巡視路をたどれば北方集落、そして地下集落へ出て、伊吹山を鏡のように映す三島池に立ち寄れる）。

再び、美しい雑木林の尾根の縦走路を少し上下して、277メートルのピークを越えて鞍部を登り切った所は名越山広場になっている。展望はあまり良くないが、ここからは散策道、下山コースとしていくつか紹介されている横山遊歩道案内板に従うとよい（ただし下山してもＪＲ駅までは遠いし、バス便はない）。

今回は「山辺の道」を行く。やがて、散策コースを離れて本来の縦走路に入る。あとは所どころ「長浜熟年山歩会」が適切に立てた標識に従う。

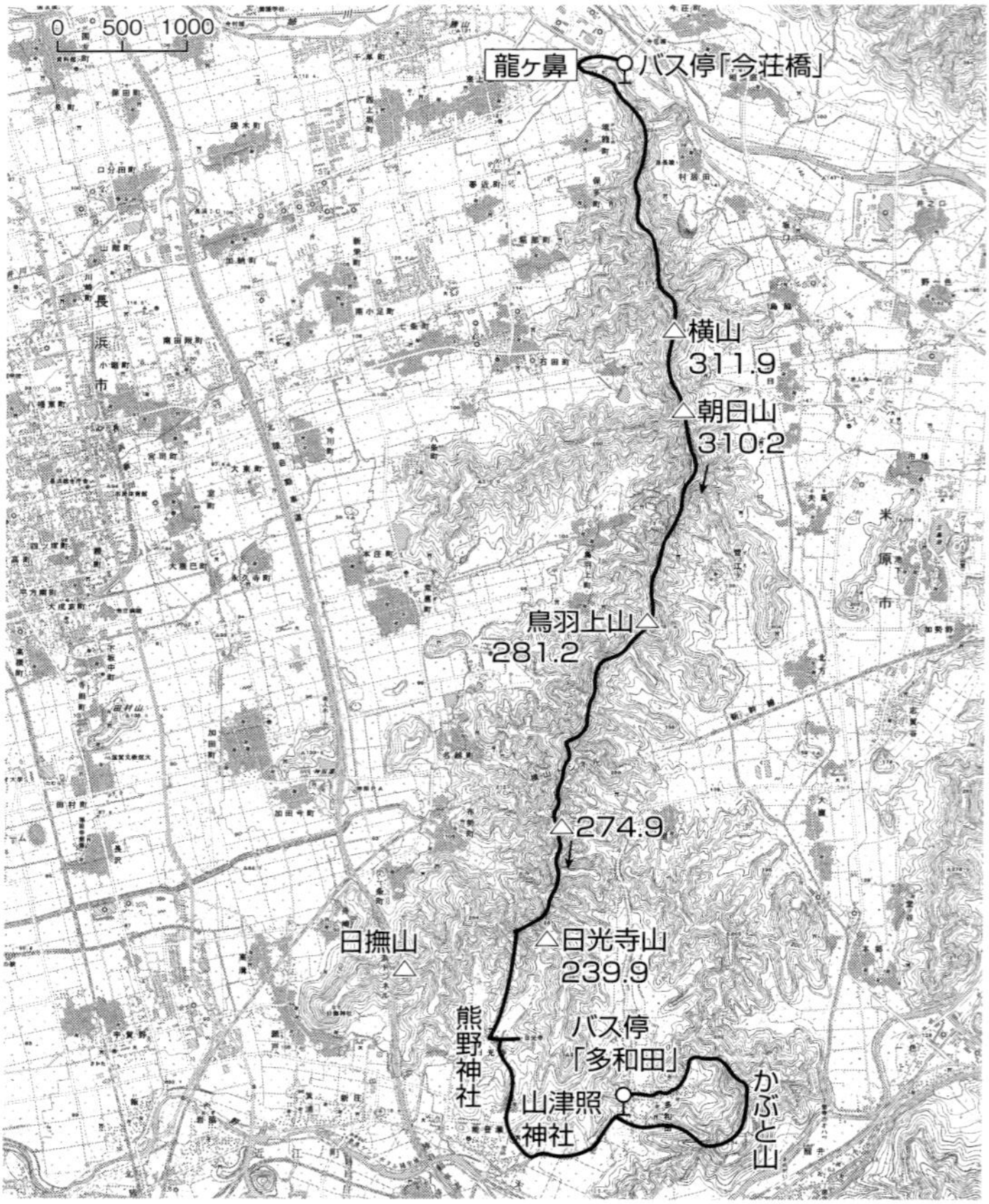

《コースタイム》

JR長浜駅（バス30分）今荘橋（10分）龍ヶ鼻（１時間）横山山頂（30分）310.2㍍（45分）鳥羽上の山（30分）名越山広場（30分）四等三角点（30分）能登瀬―日光寺散策路分岐点（20分）熊野神社（10分）日光寺（５分）能登野への散策路口（20分）能登野（10分）山津照神社（15分）多和田バス停（バス20分）JR米原駅

〈地形図〉25000＝長浜・彦根東部

五つ目の四等三角点は小さな（274・9㍍）標石で、歩く道にポツンとある。

最後は「能登瀬～日光寺散策路」の立派な道に出る。案内看板に従って、藪のなかに入る。上り道はすぐ平らで明るい道になり、やがて山向こうの集落に出る。

目の前の新設されたバイパスを横切って、藪ぎわの小道をたどると山津照《やまつてる》神社の脇に出る。息長《おきなが》氏の祖神を祀るとされる延喜式内社で、祭神は国常立尊《くにのとこたちのみこと》。参道脇で発見された前方後円墳は、この地域の実力者息長氏一族で、神功皇后の父、息長宿禰王《すくねのみこ》の墳墓といわれている。里山にしては老木に囲まれ、境内は広く落ち着いている。サクラの名所としても有名で、斜面は自然石と芝を配した公園になっている。

山室の集落に向かう車道に出て、多和田に向かう。今回のコースは多和田のバス停で終わるが、時間と体力に余裕のある人は、バス停から東に望む「かぶと山ハイキングコース」を歩かれるとよい。

絶滅寸前のオオムラサキ（蝶）の貴重な棲息地であり、全山雑木林の石灰岩の山で、風穴もあり、環状列石群（神籠石様）は有名である。

（平成16年2月22日、3月17日歩く）

近江の分水嶺を歩いて思う

近江は典型的な盆地である。地表に降った雨や雪は県境尾根を分水嶺として、川となり、やがて琵琶湖に注ぐ。

比叡・比良・三国・伊吹・鈴鹿など琵琶湖を囲む美しい山系から流れ出る河川は、古くから「命の水」として、地域の人々と密接なかかわりをもち、古代から人々の居住を容易にさせてきた。琵琶湖周辺に数々の遺跡が残っていることからみても明らかである。

総延長61キロの野洲川をトップに、安曇川・日野川・姉川・犬上川など、滋賀県下には琵琶湖に水を提供する100を超える河川がある。全般的に滋賀県の川は水量に乏しく、流域住民はしばしば用水確保に悩まされ、方々で水争いが起こった。一方、上流から流出する土砂の量が多く、それが川底に堆積し、天井川の様相を呈し、そのためたびたび大雨による洪水の被害をもたらした。

度重なる水不足や洪水による被害を解消しようと、昭和20年代以降、野洲川・日野川・愛知川・宇曽川・犬上川・芹川などの上流には水を調整するダムが建設された。

しかし現在は、環境の変化によって川のもつ本来のイメージが次第に様変わりしつつある。

地球の温暖化による気候の変化で、降雪量の減少、少雨や局地的に激しく降る雨、平地の砂漠化現象など、人類の身勝手な行動から環境破壊が進んで自然体系を壊して、違った被害をもたらしている。

私は、好んで琵琶湖周辺の山々を徘徊しているが、ほとんどが分水嶺の、県境尾根を歩きながらため息の出ることしばしばである。

景観として見る山は美しいが、実際、山に足を踏み入れてみると、手入れをしない山は荒れ放題で倒木が目立つ。せっかく植えたスギやヒノキなどの用材が間伐されず、皆ヒョロヒョロでとても役に立ちそうにない。

谷の源頭も「枯山水」の庭のように岩ばかりで、湧き水やコケの間から染み出る水も見当たらない。積もった落ち葉が水気をなくして乾燥し、「粉」になって埃として舞い散る。以前なら、山で霧雨にであうのは嫌だったが、近頃は、あたりにしっとりと湿気が満ちているほうがむしろ心地よい。

湖西「比良」への足の便が失われた。観光レジャーの名の下に開発された施設が、経営不振を理由に閉鎖された。少々不便でも、本来の登山にはさほど影響はない。しかし10年後、施設が全部撤去されたとしても、あとに残った傷跡はどうなる？

一度壊した自然はもう元には還らない。山の緑は水源であり水の貯水槽である。このまま手をこまねいていると、きっとしっぺ返しを食らう。今、琵琶湖の湖底の酸素が著しく低下して生物が生息できない状況に追い込まれているという。冬場、降雪が少なくなったことや、地に潜った伏流水が琵琶湖にまで達しないことも一因だと聞く。

いずれにしても、山の緑と湖は密接な関係にあり、「水」に生きる私たちは、身近な河川に対してもっと目を向け、美しくきれいな水の流れを取り戻す努力をしたいものだ。

少しでも琵琶湖の水質悪化を食い止め、浄化に助力することが必要である。

東部

39 松尾山から柏原《かしわばら》宿へ

展望の小山からウメの古刹・中山道

松尾山頂上の小早川秀秋陣跡、石柱と駒札

JR東海道本線関ヶ原駅から国道に出て右折（西進）し、柴井集落で旧道に入る。次の十字路に立つ標識に従って左折（南下）して松尾山登山口に向かう。新幹線と名神高速道路の下をくぐり、藤古川沿いに出て縄手橋を渡り、さらに黒血川を渡って東海自然歩道でもある城山林道軽車道を平井集落に向かって山道に入る。

峠の手前で、いったんこの林道と分かれ、「松尾山山頂へ九〇〇m」の標識が立つ分岐を右折する。東海自然歩道でおなじみの高さのある木段に苦労しながら高みへ。数回ゆるやかな起伏（掘割・鞍部）を繰り返す尾根道や右側の谷筋には少し雪が残っていた。

山頂公園（城跡）の入口の駒札「松尾山城（長亭

皇室ゆかりの聖蓮寺

軒）史」には、歴代の城主などが記され、頂上の広場には城跡の土塁だけが外周に残っている。

関ヶ原の合戦時、徳川家康の脅しの砲撃によって西軍を裏切って味方を攻め、東軍を勝利に導いた小早川秀秋軍の陣所跡を示す駒札が、公園の中央に石碑とともに建てられている。

午後、歩きやすい勾配の下り道を通って先ほどの林道の先に合流し、今須平井集落へと向かう。集落の山際には、1200年余の歴史を誇る皇室ゆかりの古刹八幡山聖蓮寺《しょうれんじ》がある。親鸞聖人御旧跡の寺として有名で、この寺の境内には天然記念物の樹齢700年を超える八房のウメや、学術研究資料として貴重な四季丁字サクラが、山門を入った左手にある。

本堂左の軒先にはめずらしい形の半鐘が釣るしてある。大正15年（1926）に当地出身の朝鮮総督府の高官だった高木某氏が寄進された八葉形半鐘で、太平洋戦争時に供出されたものの戦後、文化財として返還された貴重な寺の飾り備品である。

境内でたまたま奥様にお会いでき、勧められるままに本堂から奥座敷に案内され、宝物庫に納められる直前の嵯峨天皇からご拝領の金襴布に包まれた寺宝の石剣、一休禅師直筆の書などを拝観することができた。その折、アルコール漬けの八房のウメを拝見し、小粒の梅干まで試食させてもらった。

（平成22年2月14日歩く）

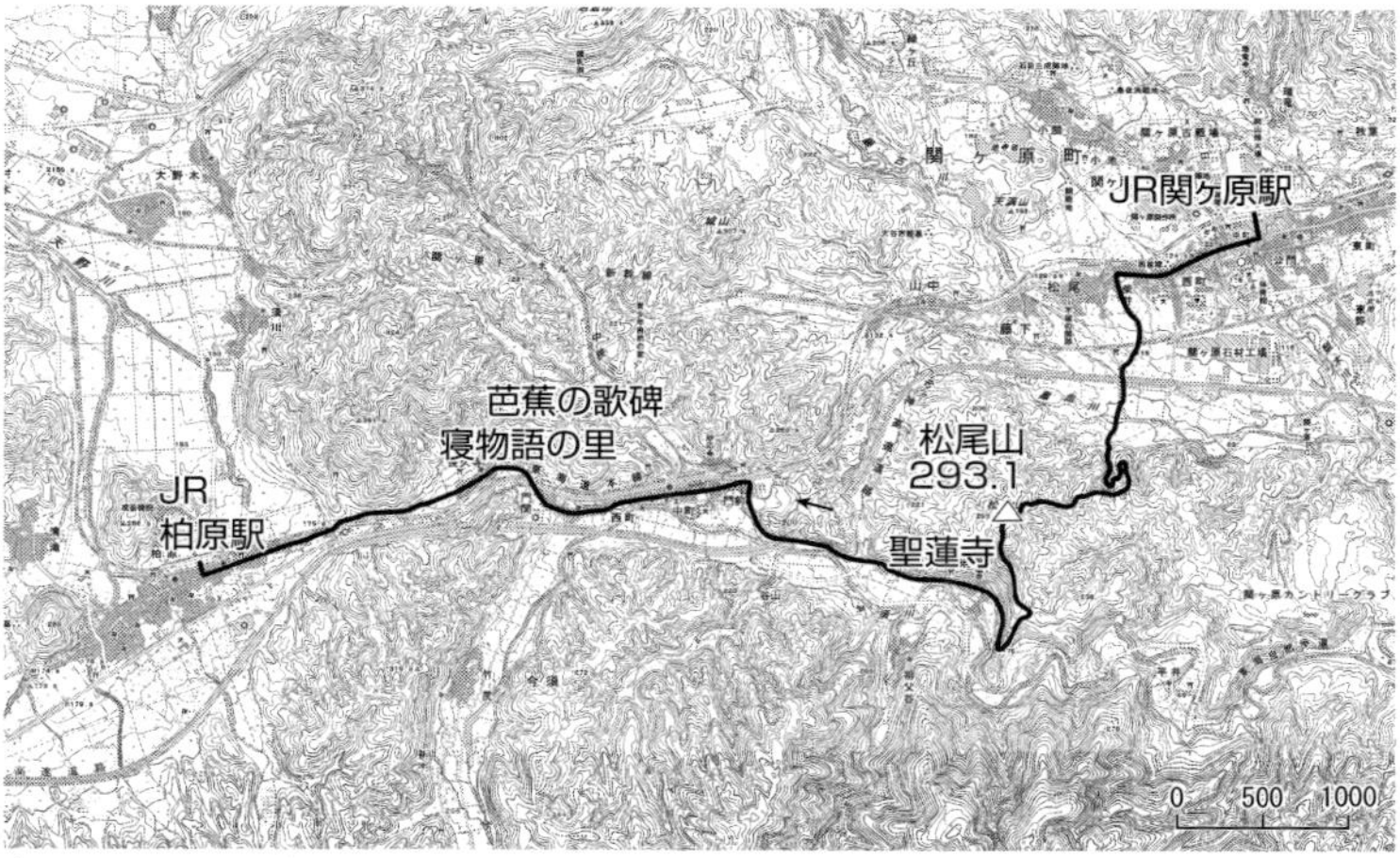

《コースタイム》
JR関ヶ原駅（15分）柴井集落（20分）松尾山登山口（15分）分岐点（15分）松尾山（10分）今須平集落・聖蓮寺（25分）今須中町（25分）寝物語の里（45分）JR柏原駅
〈地形図〉25000＝関ヶ原

低山から琵琶湖展望

40 鎌刃城跡《かまはじょうあと》とその周辺

JR琵琶湖線米原駅東口から歩いて10分、青岸《せいがん》寺《じ》の前庭にはめずらしいニワヒバが植えてあり、形のよいサルスベリが枝を広げている。

青岸寺では本尊の聖観世音菩薩のふっくらしたお顔や、小ぶりの十一面観世音菩薩にも拝することができる。

「花の小径《こみち》」と名付けられた路地を巡って、中山道と北国街道の石標が立つ分岐点に出て、山際を中山道「番場《ばんば》の宿」へと向かう。戯曲「瞼《まぶた》の母」の主人公番場の忠太郎で有名になった「蓮華《れんげ》寺《じ》」は、後醍醐天皇が鎌倉幕府打倒の兵を挙げたとき京都守護の幕府方北条仲時が敗退、この地で京極導誉に行く手を阻まれ、この寺の境内で手勢432人と共に自刃した。寺僧は墓をつくり、手厚く裏山に葬った。寺伝によれば、聖徳太子の建立とされ、元は法隆寺と称したが、鎌倉時代に一《いっ》向上人《こうしょうにん》が土地の豪族土肥元頼の帰依により再興し、蓮華寺と改称した。

番場の集落の中ほどから道標に導かれて東南方向へ、名神高速道路の下をくぐり「鎌刃城跡」に登る。はじめは竹藪の中の道で、途中もう一つの登山道も加わって尾根に向かう。

鎌刃城跡は、標高384㍍の山頂に位置する典型的な山城である。近江南北の境にあるため、530年ほど前の応仁の乱頃にはすでに築城されていたようだが、年代は不明である。

文明4年（1472）、応仁の乱のとき東軍に攻められて城主城次郎左衛門が討たれた。以後

１００年の間何度か城主が替わり、天正２年（１５７４）、織田信長の直轄の城になったらしく、城内備蓄の米穀が徳川家康に与えられ、その後間もなく廃城となった。

　尾根に入っていくらも歩かないうち、城跡最大

鎌刃城主郭跡

の堀切に出た。ここからは雛壇状に上部へ登るにつれて城の風情が残っていて、櫓跡・桝形虎口（大手門跡）と続く。北側斜面には高さ４メートル、長さ30メートルにおよぶこの地方最大の大石垣が残っている。

　この広場の南の外れからは琵琶湖の大パノラマが展望できる。快晴の日には対岸の比良連峰から、その背後の山なみまで確認できるすばらしい景観である。

　しばらくで主郭に着く。意外と近くに長浜市街地が望めた。副郭からは尾根を外れて左の谷側を巻く。主・副郭の延長尾根の先端は切り通しになっていて、今度は反対側の谷を見ながら菜種川上流に向かう。

　セメント舗装の車道に出て滝の上部に出る。断崖下の谷を目をこらしてみると、草むらのなかに古くから使われた小径が見つかる。

　一筋、高さ７メートルほどの「青龍滝」が落ちてい

た。

帰路は滝谷林道を下る。急で長い林道である。再び、中山道に降り立ち「磨針《すりはり》峠」に向かう。名神高速道路沿いの道を南下、石の道標に従って西へ少し登り峠で一服しよう。

中山道でいちばん琵琶湖の眺望が美しい展望台。旧道に建つ田中某宅は、昔、明治天皇もご休息された「望湖亭」という峠茶屋だった。国道8号に出て、JRの米原駅か彦根駅のどちらかに向かって歩くか。それともすぐ近くを走る近江鉄道のフジテック前駅からいずれかの駅に出るとよい。

（平成16年6月13日歩く）

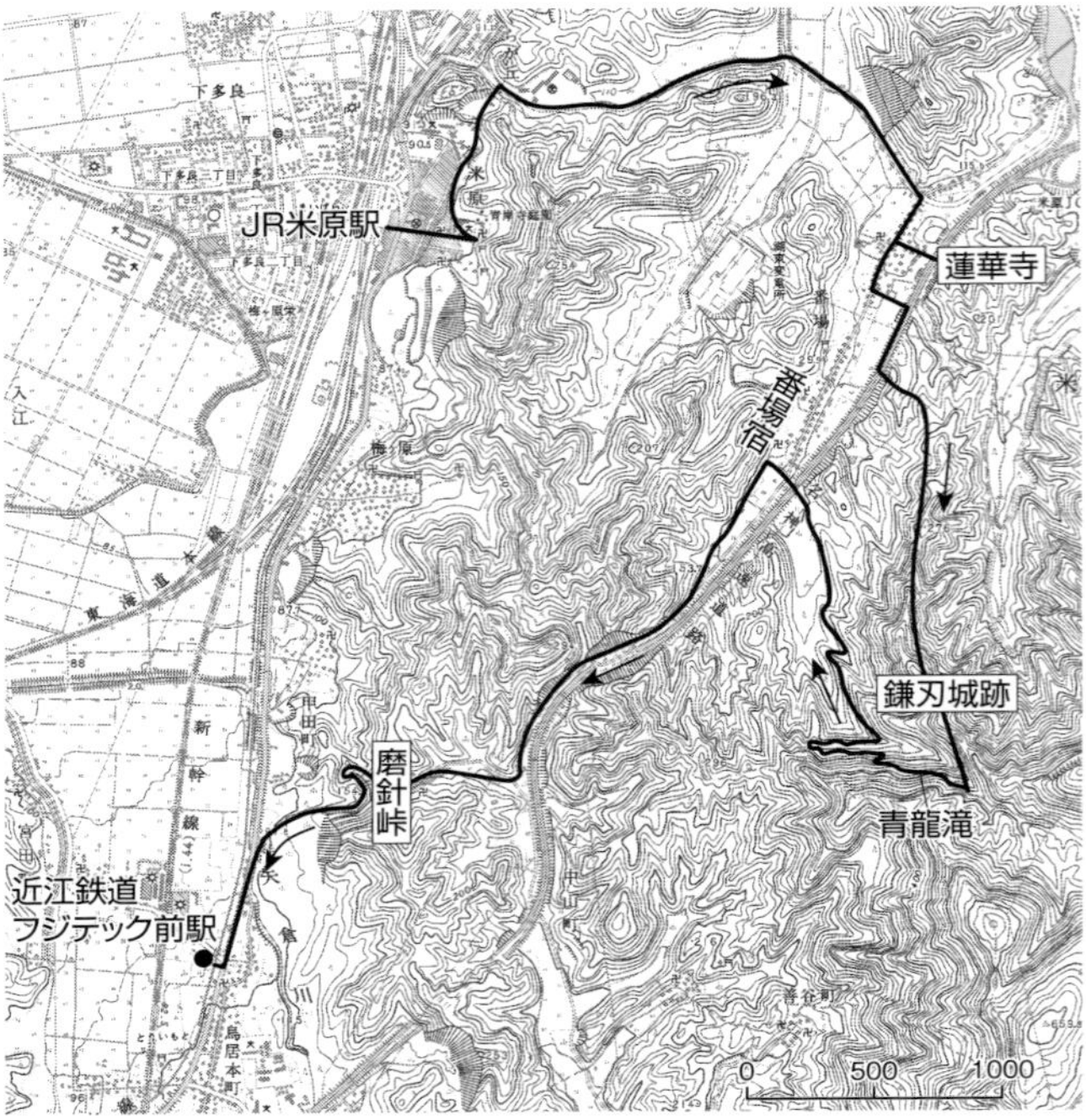

《コースタイム》
JR米原駅（10分）青岸寺（10分）中山道・北国街道分岐（10分）東番場（20分）鎌刃城跡への分岐道（20分）大堀切（30分）桝形虎口（10分）主郭（10分）切り通し（15分）林道（15分）青龍滝（25分）中山道（20分）磨針峠（10分）国道８号（15分）近江鉄道フジテック前駅（電車５分）JR米原駅または彦根駅
〈地形図〉25000＝彦根東部

みどりと戦国ロマンの里山

41 史跡・太尾《ふとお》山城跡と南尾根

京阪神方面からＪＲ琵琶湖線で米原駅に近づくと、琵琶湖と反対（東側）に低い山なみが目に飛びこんでくる。数年前、彦根市鳥居本《とりいもと》に住む知人から「一度歩いてほしい」と言われていた里山である。おおよそ地元の人以外歩くこともない、軽登山の対象にするほどでもない山だと思って問題にもしていなかったが、すすめられていたこともあり、滋賀県で、ＪＲの駅から間近な里山は、もうここだけしか残っていないようなので、今回登ってみることにした。ところが、これが結構楽しいコースだった。

米原駅東口から、まっすぐ東へ進み、青岸寺の駐車場から左へ遊歩道に入ると案内看板があり、みどりと戦国ロマンの里山「史跡太尾山城跡」を巡るハイキングコースへと誘導している。山道は、すぐに寺の上部に出て境内を見下ろせる位置に三叉路があって、八田山自然道へ左折した。やがて市境尾根に登り着き、南下すると関電の鉄塔下に出た。北側には遮るものもなく伊吹山の雄姿が望めた。

しばらく、よく踏みしめられた尾根道をたどると、まるで饅頭《まんじゅう》を半分に割ったような奇妙な形の大きい「盗人岩《ぬすっと》」に着いた。岩の上に立つと、まだそんなに登っていないのに琵琶湖が鮮やかに目に入った。この尾根筋には南北に関電の高圧線が走っていて、この先四つも五つも鉄塔に出くわした。

太尾山城の築城年代は明確ではないが、『近

盗人岩から眼下を望む

江国坂田郡志』によると地元の土豪米原氏が築いたと記されている。文明３年（１４７１）、米原山で合戦があった頃に築かれたが、元亀２年（１５７１）、織田信長によって彦根の佐和山城が攻められると、城番の中嶋宗左衛門も太尾山城から退き、以後廃城となった。

太尾山城は、南北二つの城郭から構築されている。北城は２５４・３メートルの山頂に築かれて、北辺は土塁を巡らせた主郭と南方の三段の曲輪からなり、その先端に「堀切」によって尾根を切断していた。

やがて、登山口の青岸寺へ戻る「湯谷神社へ」のT分岐点回遊路と分かれ、さらに南へと向かう。南城は、標高２４２・４メートルの山頂に築かれ、方形の主郭を中心に尾根筋を階段状に削り平らにして曲輪を配し、南北端には巨大な「堀切」を設けていた。南城跡付近には白くかわいいコウヤボウキの花が多く咲いていた。アオスジアゲハの仲間らしい蝶が数匹ひらひら舞って、目を楽しませてくれた。

この先で、あまりに尾根を追いすぎ、目的とは逆に下りそうなので、道を左にとったがまた行き過ぎで、同じ所を引き返すアルバイトを強いられた。あとは松茸山を示すポリテープで区切られた際《きわ》を忠実に歩いて、七つ目だろうか鉄塔に出た。

菖蒲嶽《しょうぶだけ》城跡の三等三角点294メートルは、ここから100メートル先の雑木林の中で見つけ、鉄塔下に戻って昼食をとった。

結局、この尾根筋はほとんどが関電の巡視路で、思わぬ拾い物をした。最後は、中山道の「番場宿」と「鳥居本宿」の中間あたり、名神高速道路沿いの三叉路に降り立った。

好みによってどちらへ向かってもよい。旧鳥居本宿は、昔の中山道第六十三次の宿場町。磨針《すりはり》峠を越えて、町の北外れの国道8号と交わるあたりのマツ並木がその面影をとどめ、約2キロ続く袖塀に格子構えの家並や看板が旧街道の雰囲気をかもし出している。

（平成17年10月16日歩く）

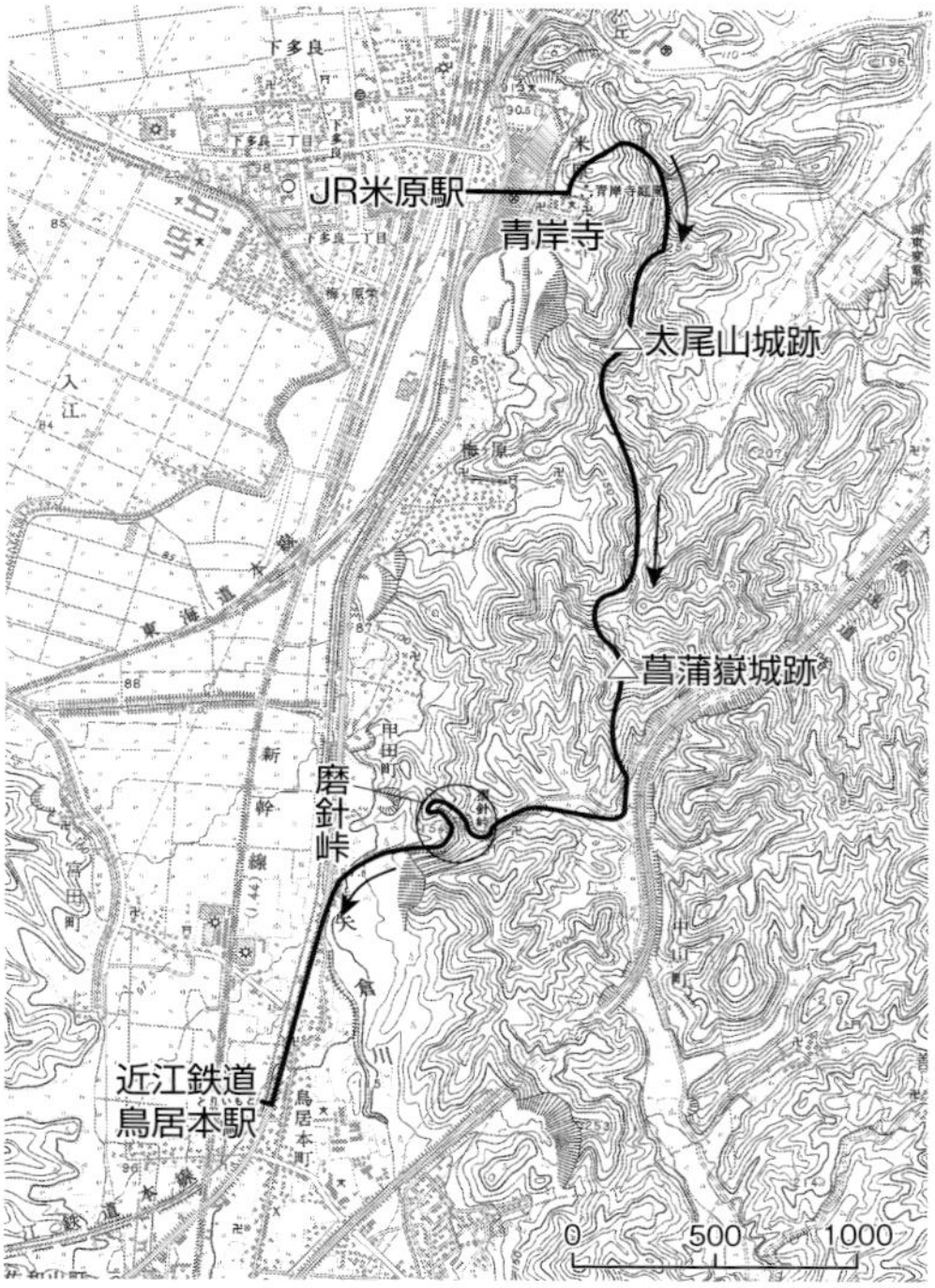

《コースタイム》
JR米原駅（10分）青岸寺（10分）八田山自然道分岐点（10分）関電鉄塔下（15分）盗人岩（30分）太尾山城北城跡（20分）湯谷神社への分岐点（20分）南城跡（30分）松茸山際（45分）鉄塔下（45分）〔菖蒲嶽城跡三角点（10分往復）〕旧中山道、名神高速道路三叉路（20分）磨針峠（45分）近江鉄道鳥居本駅
〈地形図〉25000＝彦根東部

360度展望が美しい

42　三国岳（北鈴鹿）

美しい山脈

近江鉄道多賀大社前駅前を8時34分発の大君ケ畑《おじがはた》行きバスは、借り切り状態で他の乗客はなく、多賀IC口、役場前、天究館などを経由して、真新しい佐目トンネルを抜け、9時前に終点の大君ケ畑に着き、百々女鬼橋《どどめきばし》まで国道を歩く。橋の手前、川の右岸の林道を川上に向かう。

当初心配した三国岳から西に派生した支尾根への登り口は、小さな出合のあるところの廃小屋。山側の杉の幹に小さな白い名札で方向を示していた。

杉の植林帯の中にしっかりした、つづら折れの杣道が続いて、当初予想した雑木や灌木を分け入り、はい上ることもなく、予定よりずいぶん早く11時には700のピークに出た。

鉄塔から見る景観

次の目標の高圧線鉄塔の下に立つと、四周の景観はみごとで、特に行く手に三国岳の最高峰から右へ鈴北岳、鈴岳への稜線がくっきりと浮かんでいる。その背後の藤原岳あたりの連峰がうす藍色にたなびき、北の霊仙も西の杉坂、高室山あたりの山塊も手にとるように見える。

道は、目の前の山塊を巻くように左へ移動して県境尾根に出る。尾根は更に道がはっきりしていてまったく迷うことなし。三角点のあるピークは素通りし、後まわしにして、まず本峰に向かって急登する。本峰は、30人ほどで満員になるほどの空地である。真中に立木を残してドーナツ状にしてあり、眺めはよくない。

昼休み時間を多くとって、希望者は荷をおいて最高峰の次のピークまで往復15分で行く。

午後は、同じ道を戻り三角点のある小さな山塊へ登る。途中馬の背のような岩上を通る。足元は危なっかしいが、ここからの眺めは最高だった。頂上は狭い空間で余裕がなく、樹間で抱き合うように皆がひとかたまりになって三角点の標石を確認しただけで再び元の尾根へ戻る。

帰路は、大君ヶ畑から登ってきた地点（尾根）を通過して北へ下る。

この尾根は霊仙《りょうぜん》の東南部五僧峠へと続くが我々

は途中から、かすかに残る小道を阿蘇谷へと下る。かなり急な斜面につくられたつづら折れの道。細かい砂利道なのですべる。時間は充分にあるので、ゆっくりと移動した。標高差470《メートル》を一気に下るこの谷は、はじめ涸谷だった。やがて、立木のまばらな公園にしたいような広場に出た。

庭石にしたいような石塊の点在する中を清水が見えかくれして、ときには小滝もある谷川は、一幅の名画をみるような美しい渓谷になって私たちをなごませ楽しませてくれた。現役の炭焼小屋を見かけるようになって、谷はおだやかに深くなって、道は流れを見下ろすかたちで蛇行する。

出合をいくつか過ぎて、やがて時山の集落に出た。集落は今日が秋祭りで、神社の飾りや行き交う人々の動きを話題にして私たちは6《キロ》のアスファルト道をどうにか堂之上まで歩いた。

（平成7年10月10日歩く）

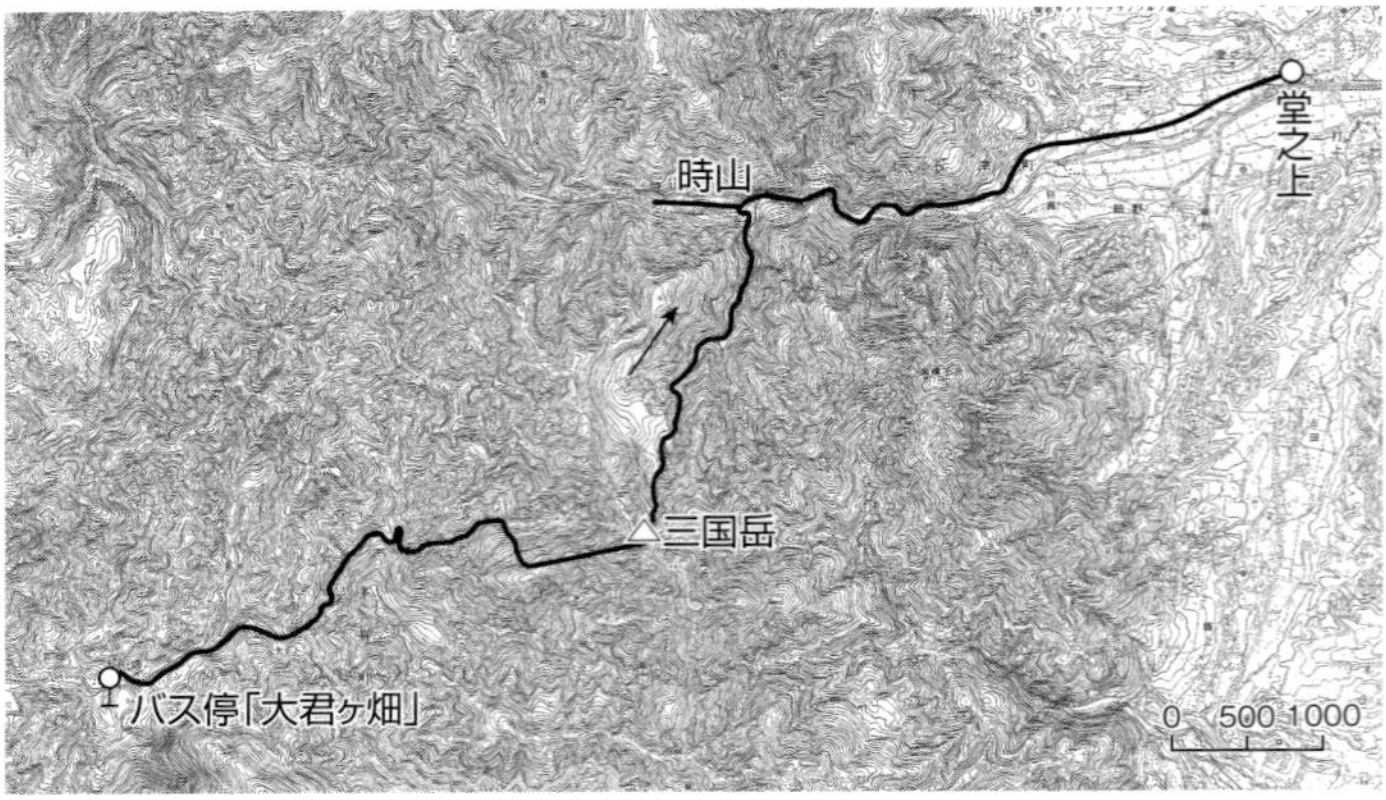

《コースタイム》
JR彦根駅（近江鉄道９分・高宮６分）多賀大社前駅（バス26分）大君ヶ畑バス停（15分）百々女鬼橋手前（20分）鳴川谷・三国岳登山口（15分）700（40分）鉄塔下（40分）三国岳（１時間45分）時山集落（１時間20分）堂之上（タクシー11分）JR関ヶ原駅
〈地形図〉25000＝高宮・篠立・霊仙山

樹間から野洲川ダムが見えかくれする

野草でにぎわう尾根道

43 北岳（サクラグチ）

ＪＲ草津線貴生川《きぶかわ》駅前から近江土山で乗り継ぎ、さらに大河原行きのコミュニティバスに乗り約1時間で近江鮎河に着く。

昨年、あらかじめ見つけておいた、尾根の突端の登り口まで、北側の林道を30分歩く。いよいよ789にむかって、スギの植林帯を獣除けの金網フェンス沿いに直登する。地図にも記してある大崩壊の所に出て、やっと急斜面を登り切り、ホッとする。谷越しに眺めがよい。目の前に、昨年縦走した能登ヶ岳のササ原がはっきり望めた。

ここからは尾根状になり、葉を落したコナラ、クヌギ、ミズナラといった落葉樹の樹間を、下草もなくスイスイと進む。左側に野洲川ダムの水面が見えかくれする。落葉の積もる山中は明るく、

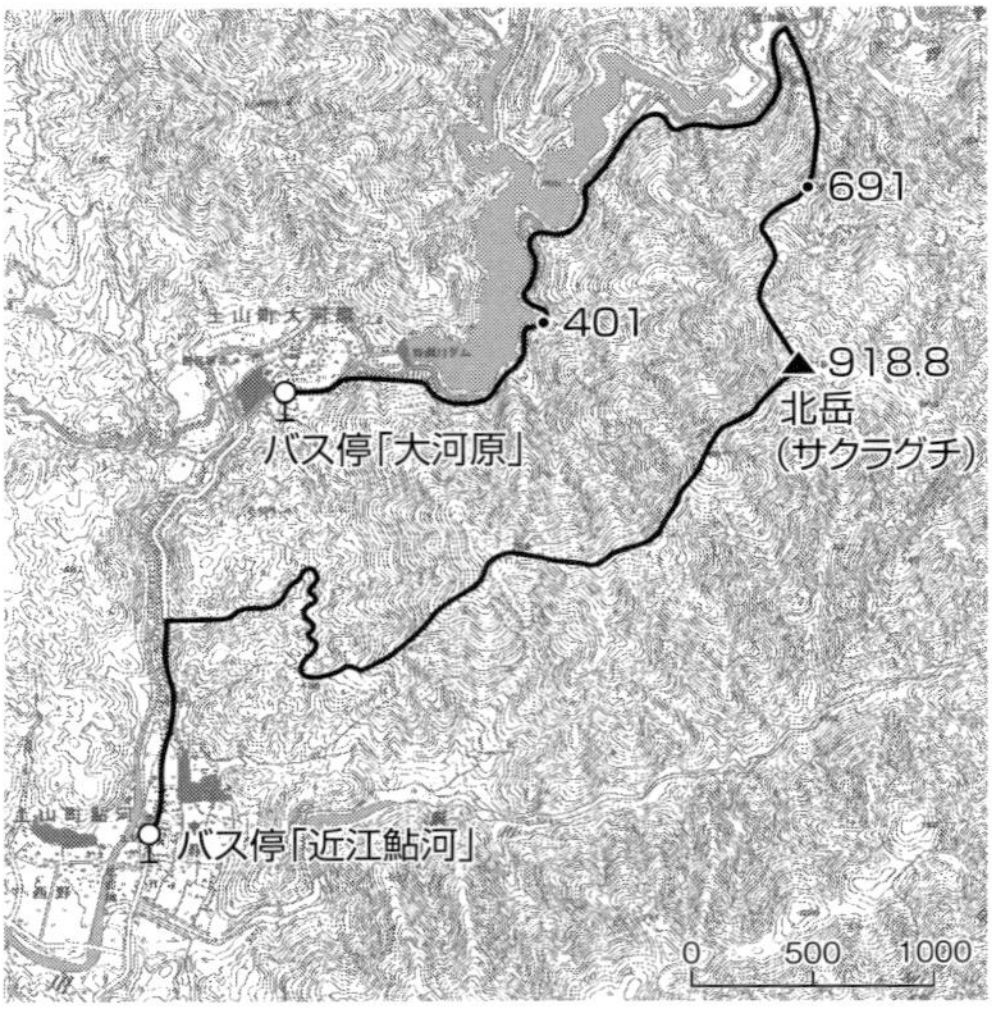

《コースタイム》
JR貴生川駅（バス38分・近江土山20分）近江鮎河バス停（20分）登山口（30分）789（30分）主尾根（45分）北岳（サクラグチ）（1時間）691（45分）深山橋（1時間）大河原バス停（バス58分）JR貴生川駅
〈地形図〉25000＝土山・伊船

足下にはバイケイソウ、カタクリ、ニリンソウの若葉が顔をのぞかせ、ときどき白いアセビの花が咲く緑のかたまりに出くわした。

三つめのピークが、北岳（サクラグチ）９１８・８メートルで西側が植林帯。東側は自然林で展望は利かない。予定より1時間早く、昼食は北に少し下った、スギの枝はらいを終えたばかりの所でとった。

午後、下山開始。北のピーク６９１には、石を積んだ祠跡が残っていた。あたりには、岩山に育つシャクナゲを見かけた。

再び、獣除けの金網フェンス沿いにであうが、このあたりは人の入った気配なく、歩きづらいので、高木帯に外れたのが、あとになって難儀する結果になった。

下りで尾根の分岐点を見落として、最後はザックの底が地につくほどの勾配を、立木にすがって下る。林道にようやく降り立った結果、当初予定した深山橋より２００メートル支流沿いに出た。

バスの時刻15時42分まで2時間近くあるので、ダムサイトを歩き若宮神社に詣でたあと、国民宿舎かもしか荘の露天風呂で一汗流す。

（平成12年4月15日歩く）
（平成13年4月8日歩く）

伊勢湾が望める一地点

44 ベンケイ

ＪＲ草津線貴生川で下車して、近江土山行きのバスに乗る。バスは、旧街道を紹介するように水口の街並を走る。

近江山内で国道1号を離れて三つめの停留所、黒滝口で下車して集落に向かう。

田村川を渡り惣王神社の境内で、裏山の稜線への道をさぐると、かすかな踏跡の杣道を見つける。

樹齢20年近いスギの林立する枝尾根は、６３７のピーク近くまで斜度30度のかなり厳しい登りの連続だったが、幸い雑木や下草がなくて歩きよかった。

６３７では西に展望が利き、前山の向こうに近江富士の頭だけが見えた。遠く比叡や愛宕の山まで望めた。

再びスギ林のなかの登りとなる。茶色一色の別世界のなかで幹に結えた、薄紫色のポリ紐が妙になまめかしく私たちを目的地へ誘う。

空が切れて、立木の向こうに形のよい山が見えた。目的のベンケイか？

次のピークは鹿除けの金網に囲まれ、伐採された枝木がうず高く積まれた金網の際は実に歩きにくい。

左の谷は深かった。長い帯となった川筋が細く続いて奥山を彷彿させる。

カルスト台地を示す石灰岩塊がごつごつのぞくあたり強い風が谷から吹き上がり、とても寒い。

ナイフブリッジと表現したい30メートルばかりの長い

尾根に出ると足がふるえた。三角点は林の中にあった。

惣王神社から約2時間、午前10時30分に到着した。

「伊勢湾なんて見られない」の声を裏切って県境の尾根の一点に立つと、平野の向こうに伊勢湾が広がり、知多半島が長く薄藍色に寝そべっていた。

石灰奇岩が点在する山界

1時間後、気持ちに余韻を残して県境を南下。小峠から太郎谷川沿いに下る予定だが、樹木の繁り具合から、見通しは暗く、元来た道を引き返すことにした。

しかし、出発して間もなく、往路では気づかなかったV状の小さな分岐点があり、予定のコースへ導くテープを見つけた。このよく踏まれた山道は鈴鹿峠から水沢岳・鈴鹿連山への縦走路で歩きよい。

所どころ崩壊箇所はあるが、京都の北山を彷彿とするササ原のなかを、かろうじて踏み跡が続く。

目的の太郎川谷の源頭付近は、鹿除けの金網が張ってあり、古い地図にある波線路が見当たらない。よほど金網沿いに歩けばひょっとして谷へ出られるかも知れないとは思ったが、あやしい。

今回は、時間も早いので少し大まわりになるが、このままの道をたどって、かもしか高原から安楽越へと歩くことにした。

ガイドマップで見ると、かもしか高原から山女《あけび》原《はら》に向かうほうが、笹路を経てＪＲバスで通った黒川の集落に近い。

里に降りる少し手前で谷川にであった。

バス停のある黒川の三叉路のスーパー前には2時過ぎに着いた。バスは1時間待たなければ来ないのでタクシーを呼ぶことにした。

タクシーは国道を快適に貴生川駅に向かい、15時20分発の草津行きの電車にぎりぎり間に合った。

（平成8年10月20日歩く）

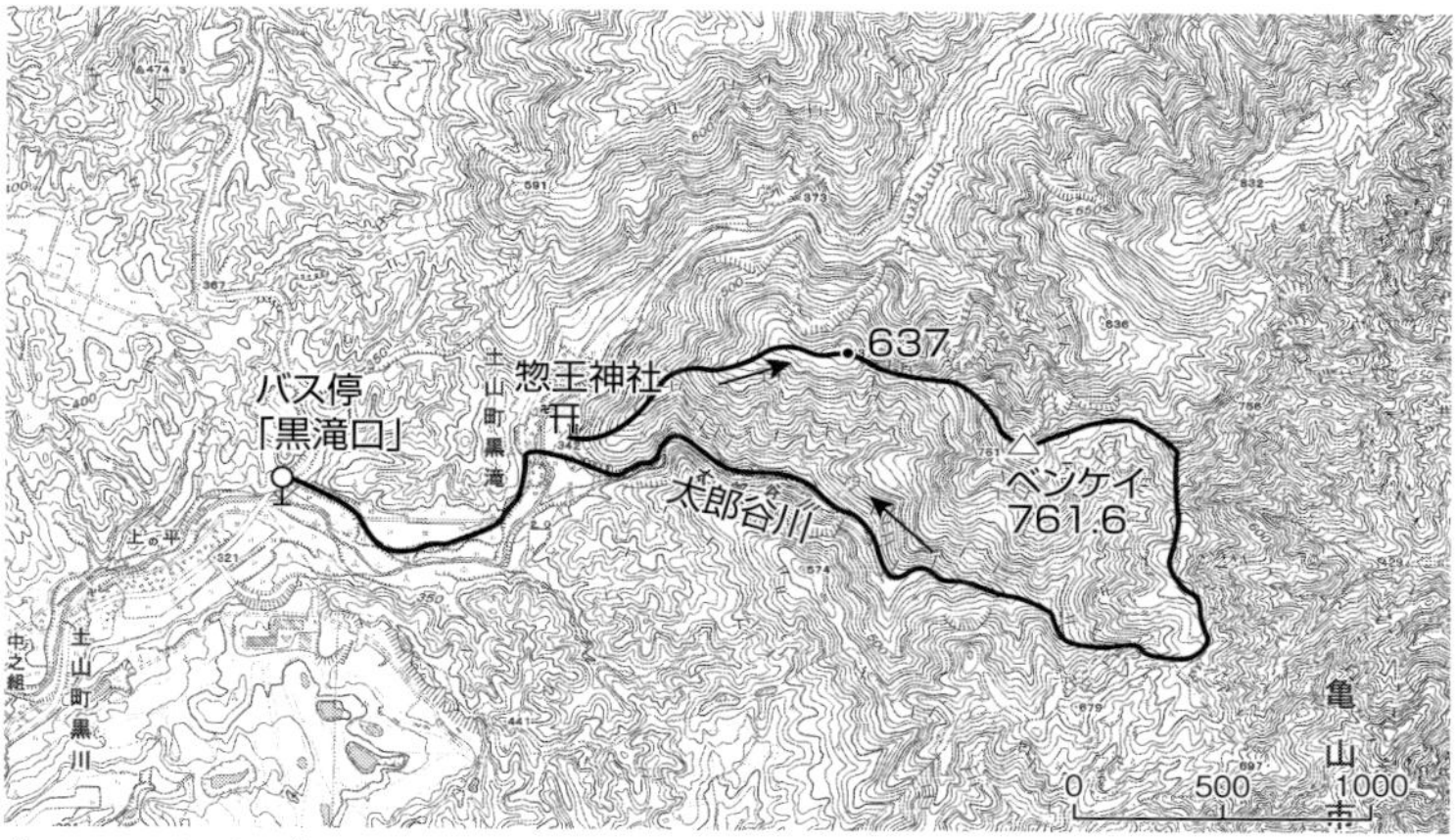

《コースタイム》

JR貴生川駅（バス38分・近江土山20分）黒滝口バス停（15分）惣王神社（45分）637（１時間15分）ベンケイ（１時間）太郎谷川沿道（１時間）黒滝口バス停（バス55分）JR貴生川駅

〈地形図〉25000＝土山・伊船

まるでゴルフ場のようなササ原に獣道が走る

45 能《の》登《と》ヶ峰《みね》

ササ原に幾何模様の獣道

ＪＲ草津線貴生川駅北口から「あいくるバス」（土山本線上り）近江土山行きバスに乗車。近江土山で（大河原線上り）大河原行きに乗り継いで「鮎河口」で下車する。

バス停から１８０メートルバックして、鯎《うぐい》川に架かる橋を渡り、両岸桜並木の左岸を上流へ進む。やがて林道に入り、三つ目の谷で一服する。

スギ林の中につづら折れのＶ字形の道が続き、直登の状況になって最初のピークで休憩。いったん窪地に下って再び次のピークから左折気味に登ると、スギ林の中、三等三角点能登ヶ峰（７５９・７メートル）の頂上に着く。

尾根を左に移動し、少し下るとゴルフ場を連想する草原の風景に出くわす。美しいササ原は、緑色のジュウタンを敷きつめたようになめらかな斜面だ。正面には鈴鹿山系の山なみが薄墨色の稜線を見せ、円錐形の鎌ヶ岳が奥にかすんで見えた。いままでの苦しさも忘れて思わず歓声をあげる風景である。

鯱川両岸の桜並木

次のササ原は、下界を望める所で、昼食によい。途中、右側のスギ木立の先にベンケイの美しい山容を見る。

シカが新芽を食《は》んで、大きくのびないササは膝あたりの高さなので歩きよい。

岩も倒木もないササ原には、アセビの見事な株立ちが点在し、ある地点ではタニウツギの高木が群立して、いままさに花が満開である。

午後、さらに尾根を東進する。三つのササ原は鞍部になっていて、若緑一色の斜面には獣道が縦に5、6本、細筆で幾何学模様を描いたように流れていて美しい。一方、右の断崖は大崩壊が今も続く生々しい現場。突端に立つと、まるで庇《ひさし》の上にいるような不安定さは、不気味で怖い。ひび割れて、次の段階では落下する気配だった。

吊尾根にうまく乗ること2回、696のピークを越え、758の腹を巻いて、ササの草原4ヶ所に感激し、見事な尾根の縦走路に満足。シカ除けの金網の中を出たり入ったりして直登する。最後は、横谷山《よこたに》への登り鞍部で、右のゆるやかな谷を下る。右の「仙ヶ岳」を目標にして、美しい県境尾根の「御所平」と並行して歩き、田村川の上流に出た。ここからもう少し谷をつめれば分水嶺に届くが、今回は田村川沿いの長い林道を下る。右に先ほど自分らが歩き通した尾根筋を眺めながら、黒滝集落に向かってゆっくり歩く。左側、急峻な山なみの上部は標高差のない御所平が長々と続いている。1ヶ所だけ谷から入る道筋を見つけた。

　黒滝集落のはずれの川向こうには、惣王《そうおう》神社（旧若宮神社）が鎮座し、毎年7月の第2日曜日に奉納される花笠太鼓踊は、「黒滝の太鼓踊り」として、滋賀県の無形民俗文化財に指定されている。山内巡回線のバス待ちの間に、時間があれば立ち寄るとよい。

（平成12年6月3日歩く）

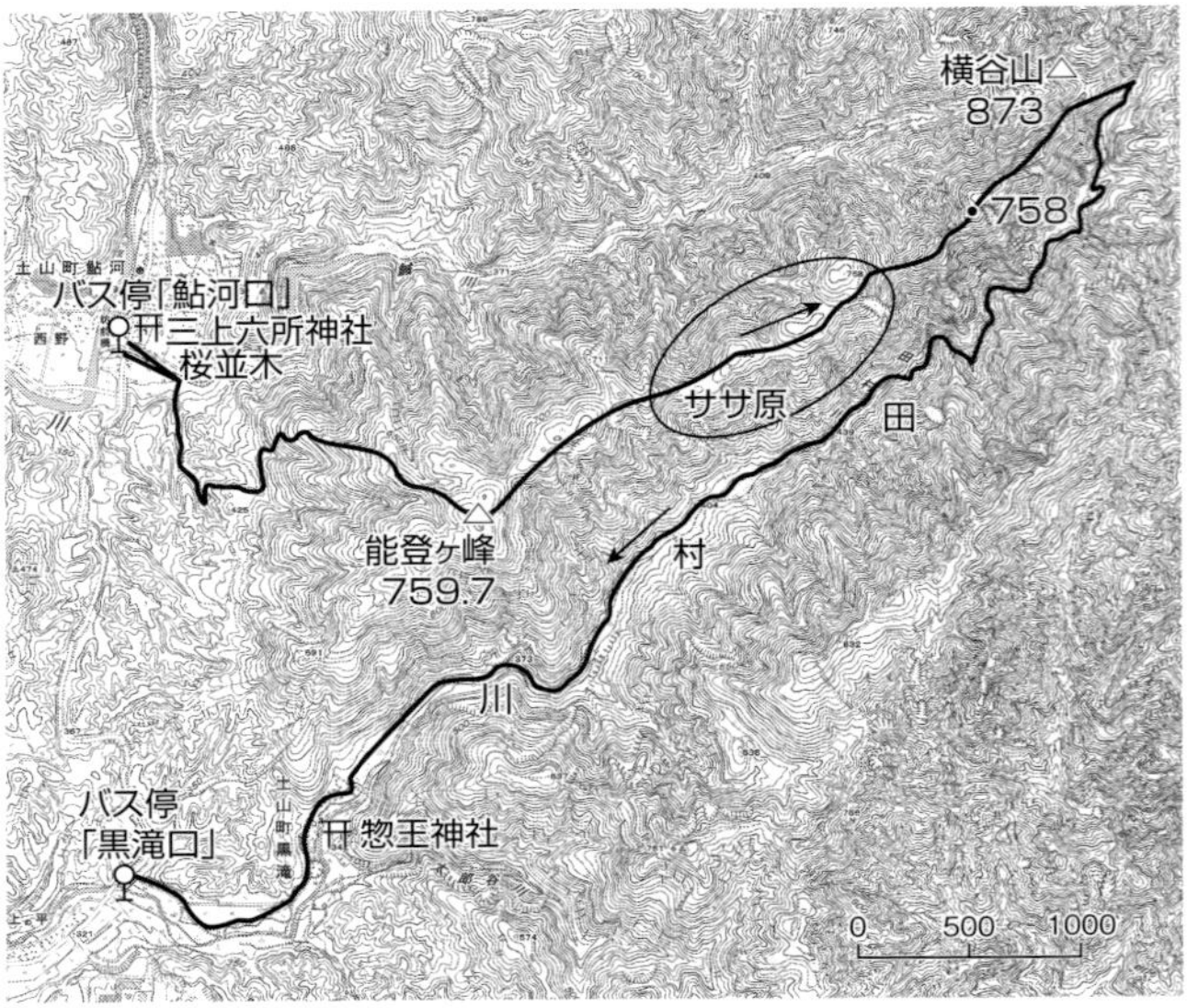

《コースタイム》

JR貴生川駅（バス33分）近江土山（バス17分）鮎河口（15分）登山口（1時間）能登ヶ峰（30分）最初のササ原（20分）696（1時間）横谷山との分岐点（15分）田村川上流（1時間20分）黒滝口バス停（バス36分）近江土山（バス39分）JR貴生川駅

〈地形図〉25000＝土山・伊船

探鳥路が整備されている芹川ダム

野鳥と森と万葉の山川

46 芹川《せりかわ》ダムと鞍掛《くらかけ》山

芹川の水源は霊仙山の南。岐阜県境あたりの谷水をいくつも集め、渓谷となり、風穴《ふうけつ》で有名な河内《かわち》集落や多賀神社の別宮がある栗栖《くるす》の集落を抜け、彦根市の平野部に至る。

今回のコースは、芹川が平野部から琵琶湖に注ぐ流域を散策する。ＪＲ彦根駅から、湖国バス（多賀町役場行き）に乗車。久徳口《きゅうとく》で下車して一円《いちえん》の集落に向かう。

昔、このあたりは洪水や干ばつで水争いがたえず、抜本的解決策として、一円地区の裏山の谷間を利用して芹川ダムがつくられた。川をせき止めずに芹川本流から導水路によって水を注ぎ込む土堰堤《えんてい》式のダムである。昭和31年（１９５６）に完成し、現在のダム湖周辺は野鳥の森として整備され、芹川ダムを中心に周辺が特別鳥獣保護地区となり、ダムを一周する探鳥路では、一年中バードウォッチングが楽しめる。

犬上《いぬかみ》の　鳥籠《とこ》の山なる不知哉《いさや》川　いさとを聞こせ我が名告《の》らすな　（万葉集　巻十一―二七一〇）

淡海路《あふみぢ》の　鳥籠の山なる不知哉川　日《け》のこのごろは恋ひつつもあらむ　（万葉集　巻四―四八七）

「鳥籠山」は、古くから歌枕や文献にみられる。壬申《じんしん》の乱（672）のとき、大海人皇子の軍が近江の軍を破った記事に、鳥籠山が戦場《いくさば》になったとある。所在については諸説あるが、通説では彦根市大堀町にある標高145《メートル》の大堀山（別名鞍掛山）が、町内にある寺の山号や字名に「鳥籠山」として残っており、古文書などから推察しても鳥籠山に間違いないとされている。したがって、歌碑などからみてもこの山の傍を流れている大堀川（芹川）を不知哉《いさや》川とする説がもっとも有力である。

不知哉川は芹川の別名で、かつては松原内湖に注いでいたが、彦根城築城の際、北上していた芹川をせき止め、城の西側に堀としてつけかえさせた。その芹川の土手の補強として植えられたのがケヤキである。

万葉人に読まれた鞍掛山（鳥籠山）山頂

400年を経た今では、これらが大きく成長し、美しいケヤキ並木になった。

芹川ダムからの水を加えた本流は、旧中山道に

東部

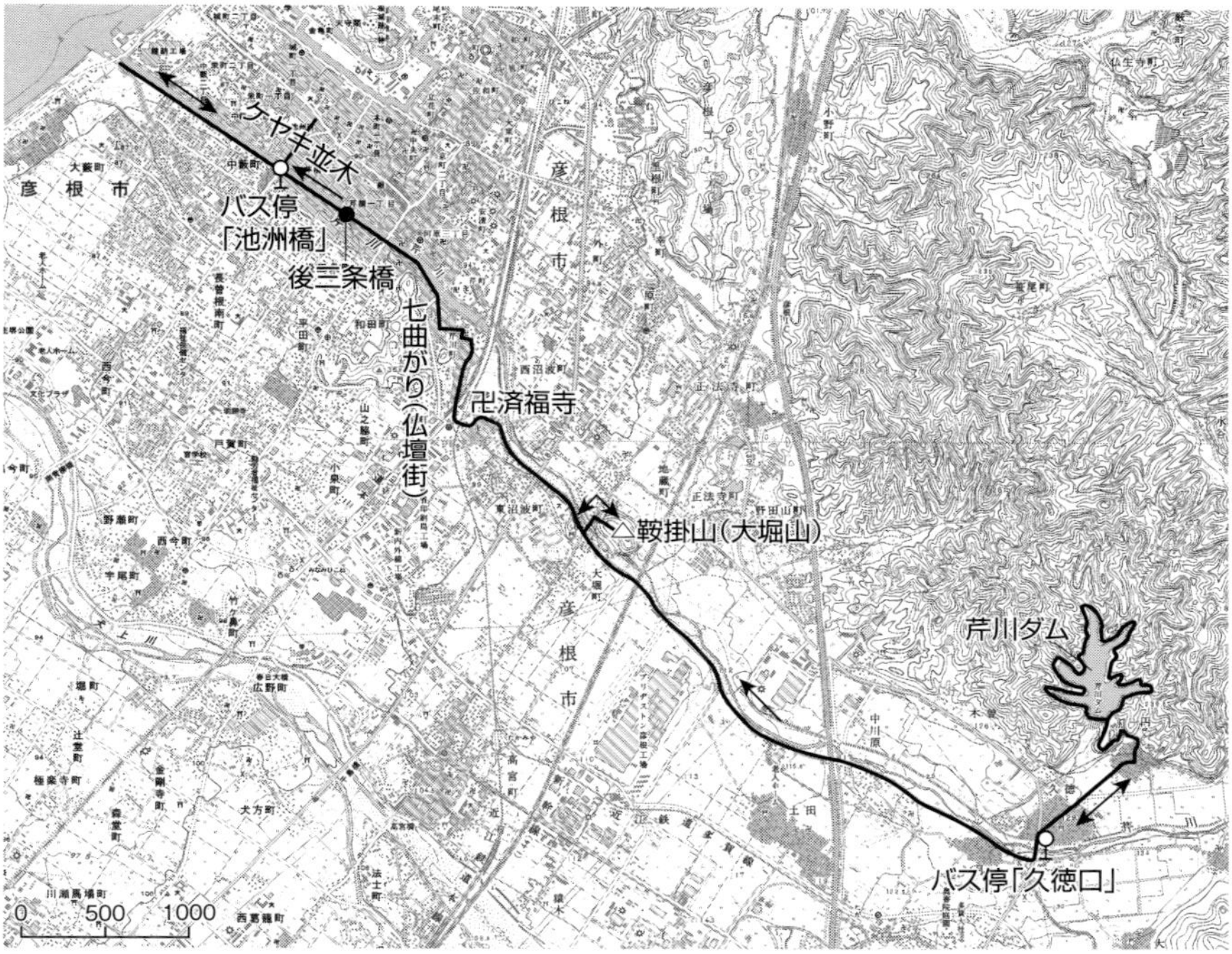

《コースタイム》

JR彦根駅（バス10分）久徳口（15分）滋賀県立野鳥の森ビジターセンター・芹川ダム湖探鳥路一周（1時間）久徳（10分）月ノ木（10分）中川原（10分）大堀橋（10分）鞍掛山（30分）近江鉄道彦根口駅（20分）済福寺（10分）七曲がり〔仏壇店街〕（10分）後三条橋〔ケヤキ並木〕（40分）琵琶湖岸（20分）池州橋（バス15分）彦根駅

〈地形図〉25000＝高宮・彦根東部

架かる大堀橋までは田園地帯を流れている。

鞍掛山はこの大堀橋の右岸に見える小高い山で、山上には大正天皇が立ち寄られた記念碑が建つ。山上からの眺めは想像したよりも美しく、万葉人が身近で美しい姿の里山を歌に詠んだ思いが伝わってくる。

（平成12年11月6日歩く）
（平成13年5月5日歩く）
（平成14年2月24日歩く）

〝自然いっぱい〟公園の森

47 高取《たかとり》山（たかぴーの森）

多賀町犬上川流域にある高取山（611・6メートル）を訪れてみる。

高取山へは、JR琵琶湖線河瀬駅から萱原《かいはら》行きのバスに乗り、「大瀧神社前」で下車。ここから南へ2キロ余り山手に入った所に、多賀町が平成4年に建設した「高取山ふれあい公園」（愛称たかぴーの森）内の「どんぐりの道・たかとりの道」のコースを利用して、パノラマハイキングを楽しむ。

大瀧神社の祭神は、高龗神《たかおおかみ》・闇龗神《くらおおかみ》・分水神《みずをわけるかみ》である。駒札には、「京都鞍馬の貴船神社にもまつられている水神で、旧大瀧村の総鎮守として、また犬上川流域の水利を司る神として広く崇敬されている。現在の本殿は、標木および高欄擬宝珠、寛永15年（1638）の銘があり、多賀大社、胡宮神社と共に徳川家の運営によるものである」と記してある。大瀧神社境内の御神木杉あたりから見下ろす岩瀬あたりは、「大蛇ヶ淵」と呼ばれている。上流に犬上ダムが建設されるまでは大滝の名に恥じない堂々たる瀑布であった。

滝を見て神社をあとに、一度車道に戻り、川上の橋を渡る。案内板や標識に従い歩くうち、明るい谷筋の道に入る。小川の流れに沿って公園内の交流センターに向かう。管理協力金一人200円を支払い、「パノラマハイキング」の矢印看板が立つ遊歩道入口から「どんぐり道」に入る。はじめはアカマツの明るい林内をぬうように歩く。やがて、尾根筋に出て最初の休憩所でひと息つく。

大瀧神社「大蛇ヶ淵」

風が通り心地がよく、展望には絶好の場所だ。晴れ具合によっては琵琶湖も望める。左の谷を見下ろすように道は右に左に起伏を繰り返す。「とりの道」との分岐点からは登りは急になるが、幅の広い道は歩きやすい。「たかとりの道」の途中の展望台から50《メートル》ほど急登して頂上に着く。

このあたりに来ると、もう公園の雰囲気はなく、自然に満ちあふれた山の気配が十分満喫できる。樹間から下に交流センターやキャンプ場が一望できる。

帰路は、引き返すか、さらにこの道の延長をたどれば「とりの道」の別の分岐点と合流し、「きのみの道」「くすりの道」とつないでもとの交流センターに戻れる。

さらに足をのばしてみたいベテランには、高取山から尾根を直進して八ツ尾山アタックをおすすめする。

下山は、そのまま東進して地図に残る林道跡をさぐり、これを下れば藤瀬の集落に出て川向こうのバス停に出る。健脚で、探索好みの人は、尾根か

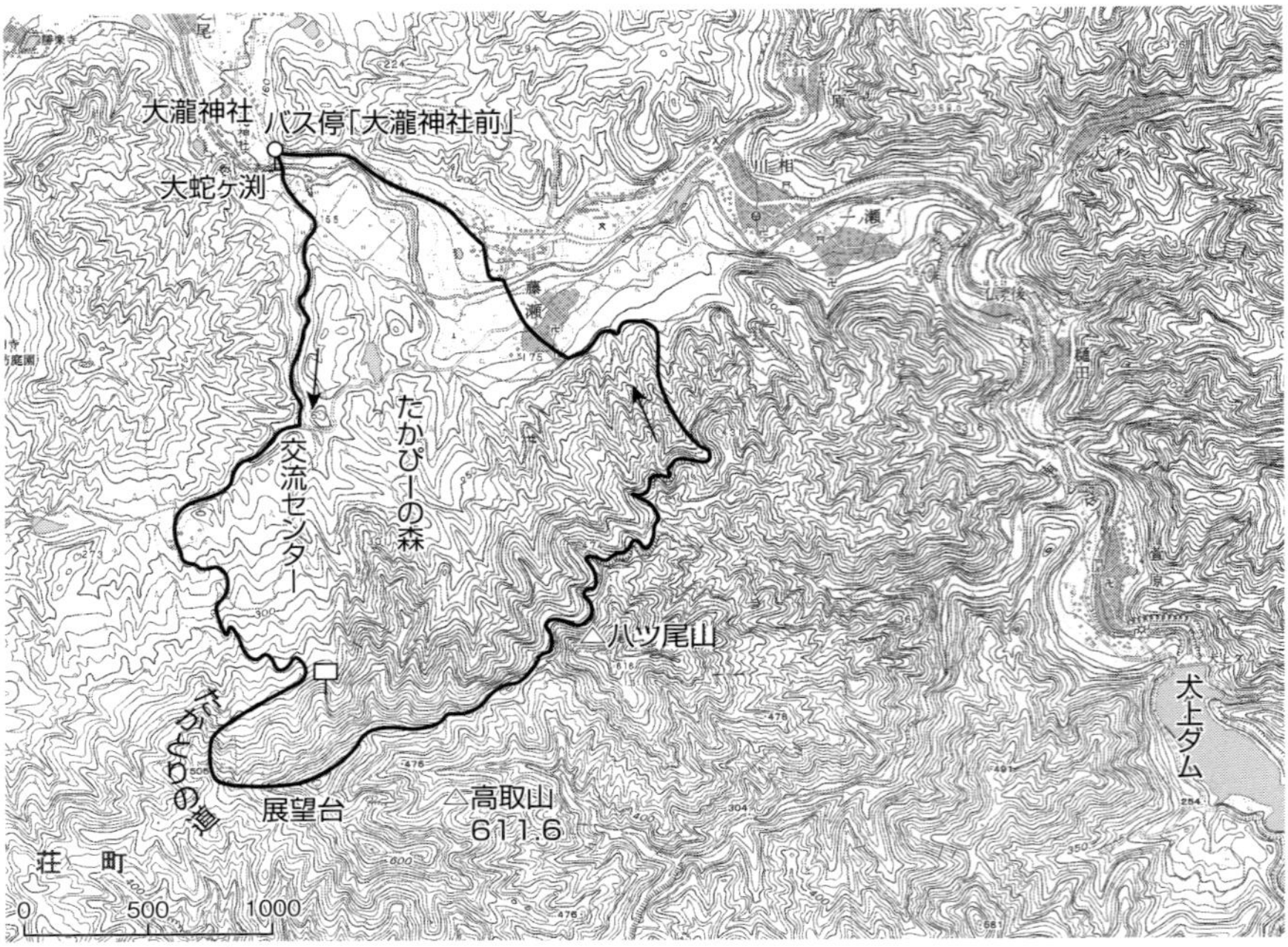

《コースタイム》

JR河瀬駅（バス20分）大瀧神社前バス停（30分）交流センター（１時間）休憩所（45分）展望台（10分）高取山（１時間）交流センター

〈地形図〉25000＝高宮・百済寺

ら右の谷に降り、萱原集落と上流にある犬上ダムを訪れるのも一興だろう。

　ダムの周辺は花や木々が多く、春秋には釣りや行楽客も訪れる。萱原集落に分校があった時代に、児童が餌付けしたおかげで、このあたりは現在「おしどりの里」として有名で、ほかに60種もの野鳥が確認されているほどに、野鳥観察にはもってこいの場所となっている。ただバスの便数が少ないので事前に調べて出かけること。

（平成14年8月3日歩く）

48 兵乱の舞台、歴史と伝説の 長光寺山《ちょうこうじ》（瓶割山《かめわり》）巌蔵山《いわくら》ほか

倉橋部町東の西田井橋から西山を望む（左から厳蔵山、瓶割山）

ＪＲ琵琶湖線近江八幡駅で近江鉄道に乗り換え、次の武佐《むさ》駅で下車する。武佐は、中山道の宿場町で、伊勢に向かう八風《はっぷう》街道や八幡町内へ分岐する交通の要所である。

武佐駅から見える北側の踏切を渡り、西へさらに南へ、東海カーボンの横の道を南行すると、正面に見えるのが瓶割山である。

北からの登山口は、墓地の脇にあり幅２$\overset{メー}{トル}$余りの山道を登る。長光寺山（瓶割山）は、山頂部を中心に築かれた山城の遺構が残り、古く応仁の頃、佐々木一族によって築かれた。

猛将として世に知られた柴田勝家が守護した長光寺城だが、元亀元年（１５７０）、六角氏が攻撃の際、攻めあぐねた六角軍の水源を断つ作戦に対

妙感寺の庭園

して、水が乏しいにも拘らず、わざと水瓶《みずがめ》を壊して味方の士気を奮い立たせ、ついに六角軍を破ったことから以後、瓶割山というようになった。

鉄塔から尾根には踏み跡があり、城跡の見張郭や本丸の位置を示す標木のある広場、土橋などを経て三等三角点（234・5㍍）に着く。

ここから巌蔵山との鞍部までは急下降。踏み跡は途絶え、かなりの傾斜地である。倒木・雑木・イバラを避けながら下るとアスファルト道に出る。小峠から少し北へ下った所で、左のシノダケが生い茂るなか、三つあるタンクの場所に出る。

巌蔵山は名の通り岩の宝庫。昔、安土城や大坂城にまで石垣用に地元の石工が切り出して運んだ山で、灌木帯のなかに岩がゴロゴロ。小さく砕いた石は丸く、無造作に四角に割った石も残っている。

頂上をきわめて西へ下る。西麓には貴重な文化財を今に伝える、冷泉寺・西来寺・福寿寺・真光寺・馬見岡神社などの寺院や神社があり、想像もできないほど多くの歴史が刻まれた地域といえる。江戸時代中期造成の名園で有名な福寿寺の境内には、カエデとモッコクの見事な古木にであった。

妙感寺の庭園を拝観して、上部にある諏訪神社内の古墳（石室）を見学後、白鳥川を渡り、雪野山域の倉橋部山に向かう。集落の西耀寺の裏山から尾根に登る。秋はマツタケ山である。鞍部から南の安吉山《あぎ》へは、尾根通しでなく、一度西田井橋の所から直登。四等三角点（191・2メートル）の標石は訪ねる人もなくきれいだった。

昔、和泉式部が竜王寺にしばしば通った歌坂の峠道を浄土寺町の集落に下る。再び岩倉のバス停に向かって倉橋部町へ。矢鏑馬《やぶさめ》の里、正一位安吉大明神（安吉神社）に立ち寄る。安吉山は、『日本書記』にも出てくる山である。

（平成11年12月5日歩く）

＊歌坂から尾根伝いに雪野山への道があるので、時間と脚力のある方は足をのばされるのも一興である。

＊コースの山中は藪漕ぎを覚悟。

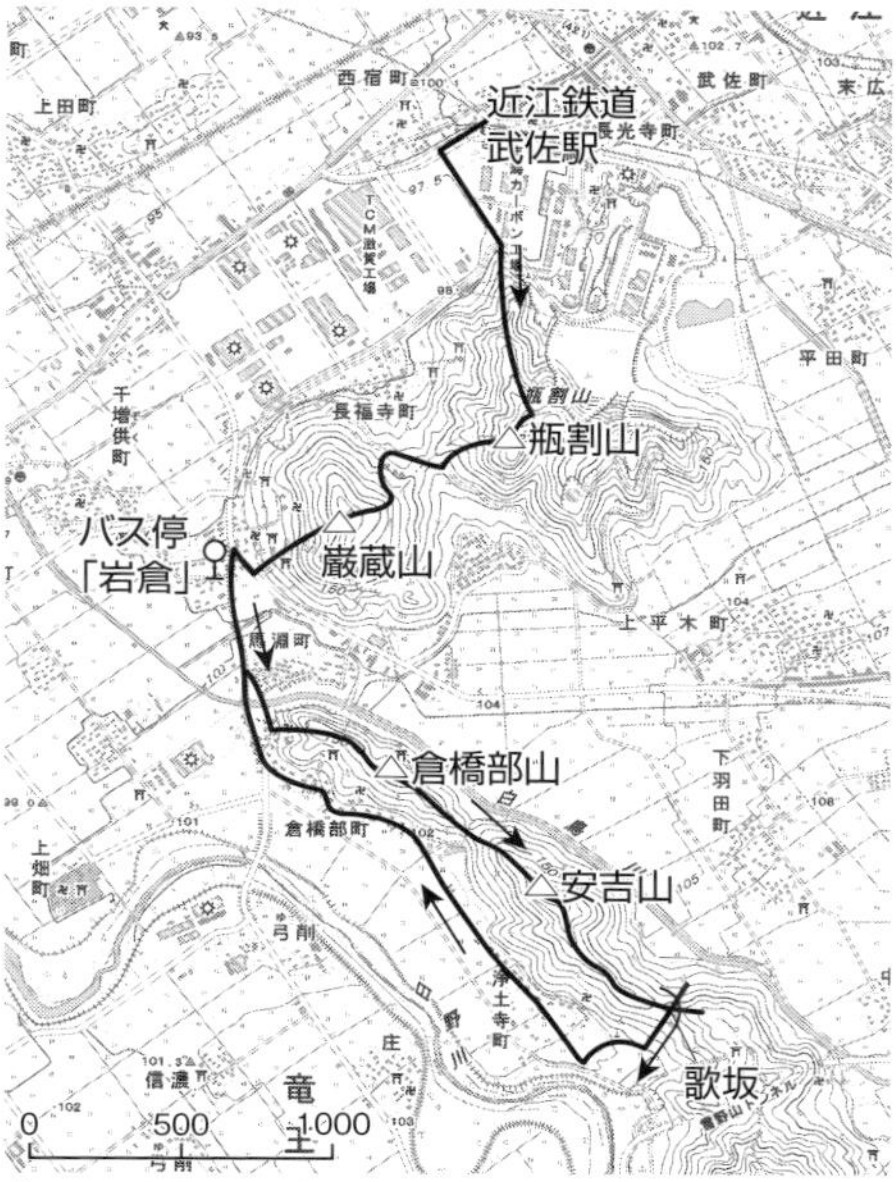

《コースタイム》
JR近江八幡駅（電車５分）近江鉄道武佐駅（20分）登山口（30分）瓶割山（30分）三つのタンク（15分）巖蔵山（30分）福寿寺（10分）妙感寺・馬見岡神社（５分）諏訪神社（50分）西耀寺（30分）安吉山三角点（40分）歌坂（30分）安吉神社（45分）岩倉バス停（バス10分）JR近江八幡駅
〈地形図〉25000＝近江八幡・八日市・日野西部

絶妙、景観の縦走路

49 繖山《きぬがさ》から猪子山《いのこ》

JR近江八幡駅で近江鉄道に乗り換え、八日市経由で五箇荘《ごかしょう》駅に降り立つ。東近江市五個荘《ごかしょう》町は近江商人発祥の地、白壁と舟板張りの土蔵が続く風情豊かな町並である。小幡《おばた》で左折し地蔵堂を右折して、東近江市役所五個荘支所前から竜田の交差点に出る。右の観峰館《かんぽうかん》は割愛し、広いグランドのある五個荘小学校の外れにある「景清の道」を偶然発見してこれを歩く。

大石垣で囲った大城《おおしろ》神社の正面入口を通過、この先の弘誓寺《ぐぜいじ》の広い境内で一服する。寺伝には、那須与一《なすのよいち》の孫の開基といわれ、表門の瓦《かわら》には那須与一由来の扇の紋が入っている。

西へ川並バス停からさらに西進すると結《むすび》(武須比)神社に着く。境内の左斜面にはつづら折れに観音正寺への参道がある。勾配のある山道は木段が連続していて、何度も休みながら高みへと向かう。途中、切り開いた展望地から冠雪の伊吹山や近江平野の田園風景が展開している。

広い参詣道に出て間もなく、西国三十二番札所観音正寺《かんのんしょうじ》の境内に入る。平成5年に消失した本堂は、11年の歳月をかけて再興された。観音正寺の本尊は総白檀《びゃくだん》の彫像で、本堂と共に復興された。

白檀の原産国はインドだが輸出禁止品。住職が渡印しての3年間に及ぶインド政府とのねばり強い交渉の結果、特例で白檀原木輸出の許可を得た。六千手千眼十一面観世音菩薩は身の丈3・5メートル、光背・台座を含めると約6・3メートルの大きさで

色艶は見事、落慶後2年以上経過してもその独特
の香りを放っている。
　後ろ髪を引かれる思いで近江源氏の一族佐々木

北向岩屋十一面観音堂から湖東平野を望む

六角氏の居城観音寺城跡に向かった。山上から山麓
まで曲輪《くるわ》が段状に連なる城は、山上で東西1キロ、
山麓では約3キロ以上に及ぶ日本最大級の中世山城
といわれている。
　道を少し引き返し、途中から藪の中の急登道を
登り、繖山三角点に向かう。狭い頂上からは、北
方に木立を通して伊吹山の雄姿が望めた。
　いよいよ、明神《みょうじん》山から猪子山への尾根通しの縦
走路に入る。何年か前の大火事で山の様相は一変
している。土はボロボロで立木がすっかり焼失し
ている。今の季節はラクダ色の産毛状の草で山肌
一面が覆われていて360度展望がきく。以前は
うっそうとした樹間を時にはトラバースもしたは
ずが、眼下の尾根には一筋の道がくっきりと続い
ている。土留めと土壌崩壊防止の木段の連続には
閉口《へいこう》し、特に地獄越の鞍部への上り下りはきつ
かったが、時々立ち止まって大パノラマの台地を
歩く展望コースは疲れもふっ飛ぶ。

やっと次のピークに登り切ると、山名由来の明神を祀る社があった。

勾配が無くなった尾根道は、やがて猪子山山頂へ。三角点の標識からすぐ北に、神が降臨したと伝わる「神の磐座」があり、裏に廻り込む西側には、坂上《さかのうえの》田村麻呂《たむらまろ》が鈴鹿の鬼賊討伐の際に安置し祈願したと伝えられる「北向岩屋十一面観音」のお堂があった。

ここは展望台にもなっていて、昔の大中の湖の広さが一望できる。遠く琵琶湖の湖面がにぶく銀色に輝くのが望めた。

石段を下って猪子山公園に出る。整備された公園内には古墳が点在している。街中に入るとJR能登川駅はすぐ先である。

（平成19年3月18日歩く）

《コースタイム》
近江鉄道五箇荘駅（30分）弘誓寺（15分）結神社（45分）観音正寺（10分）観音寺城跡（20分）繖山三角点（30分）地獄越鞍部（20分）明神社（25分）猪子山北向岩屋十一面観音堂（45分）JR能登川駅
〈地形図〉25000＝八日市・能登川

50 安土山北尾根

昔は大中湖に突出

北に派生した安土山の突端

雨が来るまでに藪尾根を踏破しようと、当初予定の伊庭内湖（カヌーランド）行きをカットして、猪子から北能登川、城東と田園の中道を安土山から北に派生した岬状の山なみに向かって歩く。元々はヨシの群生した内湖を埋めたてた農地の意図的に残した溜池の傍を通って、山裾を突端まで行ったが、大岩が屹立していて取りつけず、手前の民家の裏山へ住民の許可を得て、市境尾根に向かう。

落葉樹の雑木林は、枯葉がうずたかく積もって足に負担がなく、幹だけ残る雑木林の尾根は明るく見通しがきく。二つの小ピークを越えて、くっきり残る峠道を横切って次のピークに向かう。四等三角点は裏白の茂る中に見つかる。雨の気配はなく快適に進む。

杉の高木が何本も根こそぎに倒れて、乾いた地表にタラの木が群生していた。

穴太衆《あのうしゅう》積みの石垣が現われ、やがて石段があり、高さ5㍍《メートル》以上の石垣の傍を登るうち、城の石垣の間をめぐり、最後は石垣をよじ登って天場に出る。伝菅屋九右衛邸跡の石標を過ぎて、天主閣跡に出た。

山中の穴太衆積みの石垣

登りはじめて1時間20分。あっけない藪抜けだった。時間が早いので昼食後、本丸、二の丸跡(信長廟)黒金門跡から、右へ捴見寺《そうけんじ》本堂跡に出る。名残りの紅葉を背景に三重の塔、眼下には西の湖が箱庭の池のように美しい。

昔、安土の城は三方を水に囲まれていた。小中の湖、大中の湖、西の湖の水をたたえた中に岬状に尾根が北に伸びている。

観光客は、真南から幅広の石段を登って本丸や二の丸をめぐって標識に従って東南へ下り百々橋に出る。

北側の森は、菅野九右衛門屋敷跡が尾根筋に見られる程度で、湖岸に屋敷をもった家臣たちが、城に登城する以外にはこの尾根を利用しなかったに違いない。

八角平から、小中、大中の湖が望める城内でいちばん眺めの良いところだが、太平洋戦争前後、食糧増産を目的として小中の湖と西の湖の一部を干拓し、昭和32年（１９５７）からは大中の湖も国の手で干拓された。これらの湖は、今は美田が広がっている。

ポツリ、ポツリ、予報ぴったり雨滴が頬にあたる。傘をさして石段を下る。安土駅まで１・５キロ歩き、駅前で新設の観光案内所でコーヒーをすすりながら、雑談。13時59分発のＪＲで帰る。

（平成14年12月7日歩く）

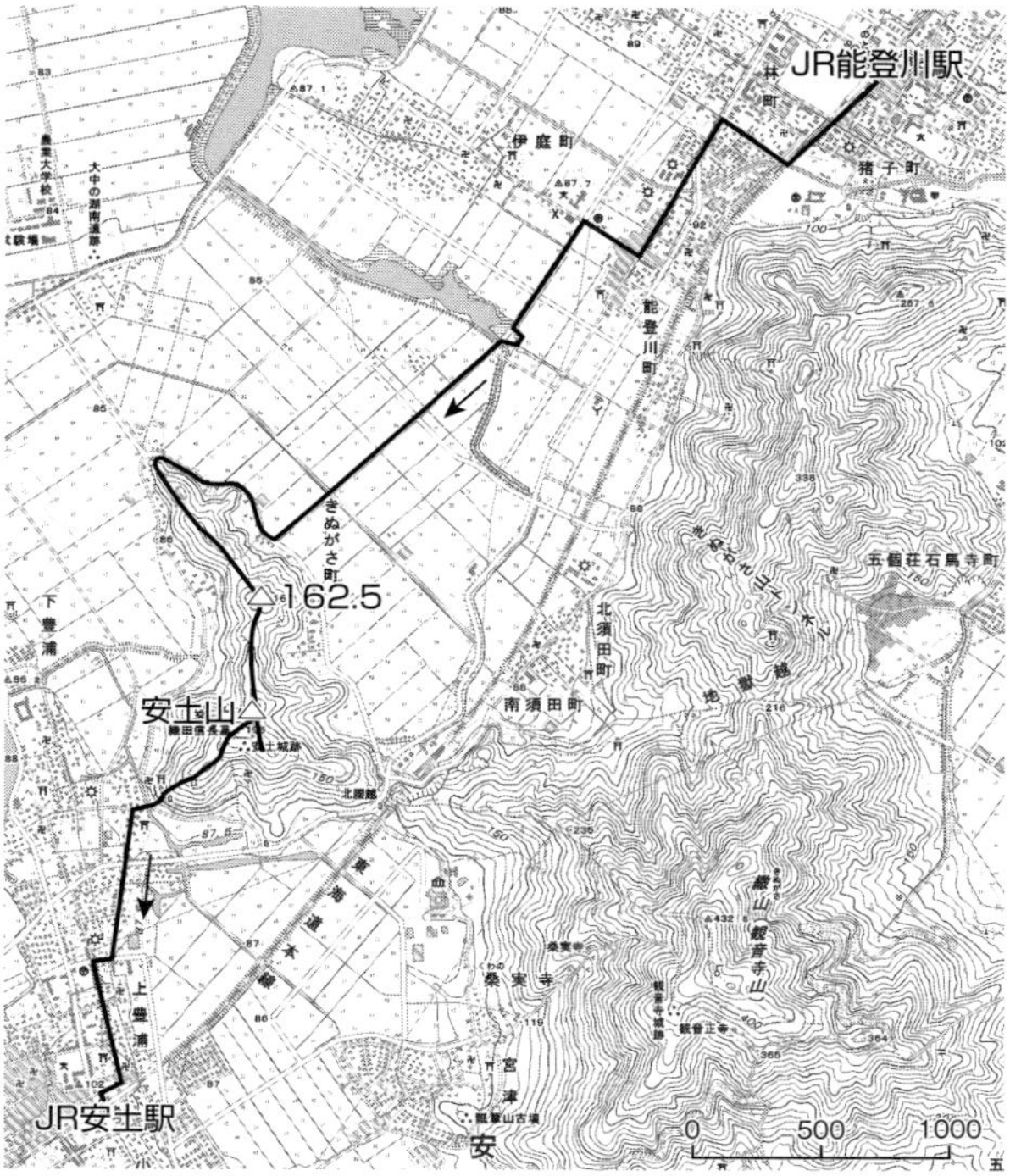

《コースタイム》
JR能登川駅（30分）伊庭内湖南（20分）びわ湖よし笛ロード（10分）安土山北端（10分）町境尾根（45分）ピーク（45分）安土山（20分）總見寺跡（30分）JR安土駅
〈地形図〉25000＝能登川・八日市

自然のままのかくれ道

51 白王山《しらおう》からの笠縫《かさぬい》山縦走

若宮神社から白王山

ＪＲ琵琶湖線の、上り電車が近江八幡駅から安土駅にかかるあたり、琵琶湖側（左）の車窓から眺めると八幡山から北へ、途切れ途切れに琵琶湖岸までの低山群が目に入る。後方の山は、長命寺山・姨綺耶《いきや》山（通称津田山）・御所山と続き、北側には国民休暇村と湖上に沖島が望め、ハイキングコースも整備されて登山者でにぎわう。だが、同じ山塊なのに今回紹介する縦走路はほとんど人が入らず、自然に近い環境なので、山の雰囲気を十分に楽しめる区域である。

ＪＲ近江八幡駅から長命寺行きのバスに乗り、円山バス停で下車。目の前の小山を試し越えする。円山神社の石段（２５４段）を一気に登って、境内からさらに円山頂上へは小道を登る。展望良

島町から東の縦走コースを望む

好の広場からは「西の湖」周辺の景観が美しく望める。踏み跡程度の道を北へ急下降すると、やがて擁壁の上部に出て、右へ移動していったん平地に降り立つ。

長命寺川に架かる橋を渡ると、次の山裾に竹藪を抜ける小道が見つかる。ここ旧王之浜《おおのはま》村の名は、天武天皇（一説には唯喬親王）が漂着したことに由来するが、神や天皇に献上する食物を意味する「おもの」が変化した地名ともされている。

登り切った所は、小松と岩を配した自然の庭園。さらに尾根をたどると雑木林のなか、白王山（165・6メートル）のピークに着くが、展望無し。再び北へ急下降して道路に降り立つ。湖岸道路は車が多く、ハイスピードの車に注意して、道路を向かい側に渡る。ここは旧白部《しらべ》村。特産の石灰や白部石が出たことから名付けられた。

これから登る白部山（243メートル）の南山麓に鎮座する若宮神社の祭神は大国主命である。隣の国清寺の境内でであった地元の人の話だと、この山は通称長峰《ながみね》山とのこと。

地図上の、この尾根を横断する破線の峠までは藪漕ぎで難儀した。下り道、立て看板の「伊崎山・国民休暇村」の標識に従って足を踏み入れたが、ここは土と落ち葉に埋まり、雨で流された道らしき所は自然に還っている。

以前歩いた記憶のある地点にやっとたどり着いた（余裕がなければここで左へ下山すると、奥津島神社経由で、渡合のバス停に行ける）。

元気組は、さらに笠縫山（177・3メートル）に向かう谷に下るが、ウラジロが胸の高さまでに生い繁って道か谷川か判別し難い。やがて南からのびる山道に出る。

四等三角点は、山道から少し外れるが、読図で容易に探れる。確認後、右の山道に引き返し、やがて堀切港の船溜り地点に降り立つ。

バス停は、これからさらに2キロ先の国民休暇村にある。

運が良ければ、近江八幡駅行きのバスの車窓から、琵琶湖の美しい夕景が見られる。

（平成13年12月8日歩く）

《コースタイム》
JR近江八幡駅（バス20分）円山バス停（30分）円山（45分）白王山（30分）若宮神社（30分）白部山（20分）小峠（50分）T字地点（1時間）笠縫山三角点（20分）堀切港（25分）国民休暇村バス停（40分）近江八幡駅
〈地形図〉25000＝近江八幡・沖島

城跡から琵琶湖展望

52 鶴翼《かくよく》山（八幡《はちまん》山）北尾根

戦国時代、羽柴秀吉の甥の秀次が山上に八幡山城を築いた八幡山は、ロープウェイのほかハイキングコースがあり、容易に山頂へ登れる。今回は、この尾根を北側から八幡山に向かって縦走する。

ＪＲ近江八幡駅前から西国三十三所札所の長命《ちょうめい》寺《じ》に向かうバスに乗り「渡会《わたらい》」で下車。

長命寺川に架かる橋を渡ると、橋のたもとに「老津《おいつ》島　守《も》る神やいさむらむ　浪も騒がぬ　童《わら》べの浦」と、沖島を詠んだ紫式部の歌碑がある。目の前の山裾にある百々神社の小さな拝殿脇から裏山のピークに向かう。尾根に出ると周囲は常緑樹が多く、琵琶湖から吹きつける西風はない。落ち葉の積もる里山歩きは、足にやさしくあたたかい。

葉が落ちて見通しのよくなった灌木帯をかき分けながら進むと、杉の植林帯に入る。地割確認の標石をたどりながら、次の丸い山塊を右へ移動しながら登る。このまま標石を追いすぎず、西側が見えるあたりで地図とコンパスで南を確認して移行する。このコース内でいちばん不明瞭な地点なので十分注意する。里近い藪山は、山仕事以外の人は入らないだけに、地図とコンパスと勘が頼りになる。

２７８メートルのピークからは、びっしり茂るウラジロのなかに道が一筋はっきりついている。南斜面を急下降する途中で、正面の鞍部越しに八幡山山上に建つ村雲《むらくも》御所の屋根が、紅葉のなかに浮かん

鶴翼山（八幡山）からの眺望

で見える。

次の「北の庄山」は、マツタケ山である。毎年下草が刈り込まれるので真夏以外は歩きよい。

この山域には小花が少なく、小鳥のさえずりも聞こえない。それだけ静寂の世界にひたれる。木の実がないのか小動物の糞も見当たらなかったが、自然と対峙できる里山の醍醐味が味わえる。

午後は、やや登り気味の尾根道を忠実にたどる。やがて、鶴翼山（八幡山）の三角点標直下、城跡の石垣に行き当たる。石垣をよじ登って八幡山の展望台地に立つ。

眺めはすばらしい。西北に琵琶湖が広がり、目の前には長命寺と津田《つだ》山連山。足下には先程まで歩いてきた山塊がどっしりとある。右肩にはポツンと小さく、湖岸に荒神《こうじん》山が望める。視線を右に移すと、安土《あづち》・観音寺《かんのんじ》山が、さらにその奥には箕《み》作《つくり》山・太郎坊《たろうぼう》山がワイドに広がる。

山頂には、城跡に悲運の武将、豊臣秀次の菩提を弔う瑞竜寺《ずいりゅうじ》（村雲御所）がある。城を築き、近江八幡の街並をつくった秀次の偉業は、ここから眺める碁盤目状の美しい近江八幡の市街地が証明している。

下山は、西の丸から廃道化したウラジロの生い茂る斜面を一気に南下した。直径20センチはあるモウソウチクの林を突き切って船木町の集落に出る。

街道を20分ばかり歩くと、右の高みに八幡公園があり、豊臣秀次の銅像がある。山裾のケーブル乗り場を通過して、日牟礼《ひむれ》八幡宮・瓦ミュージアム・八幡堀をめぐり、新町通りに出ると古い街なみが楽しめる。バスは、小幡町から乗る。

（平成11年11月28日歩く）
（平成12年4月2日歩く）

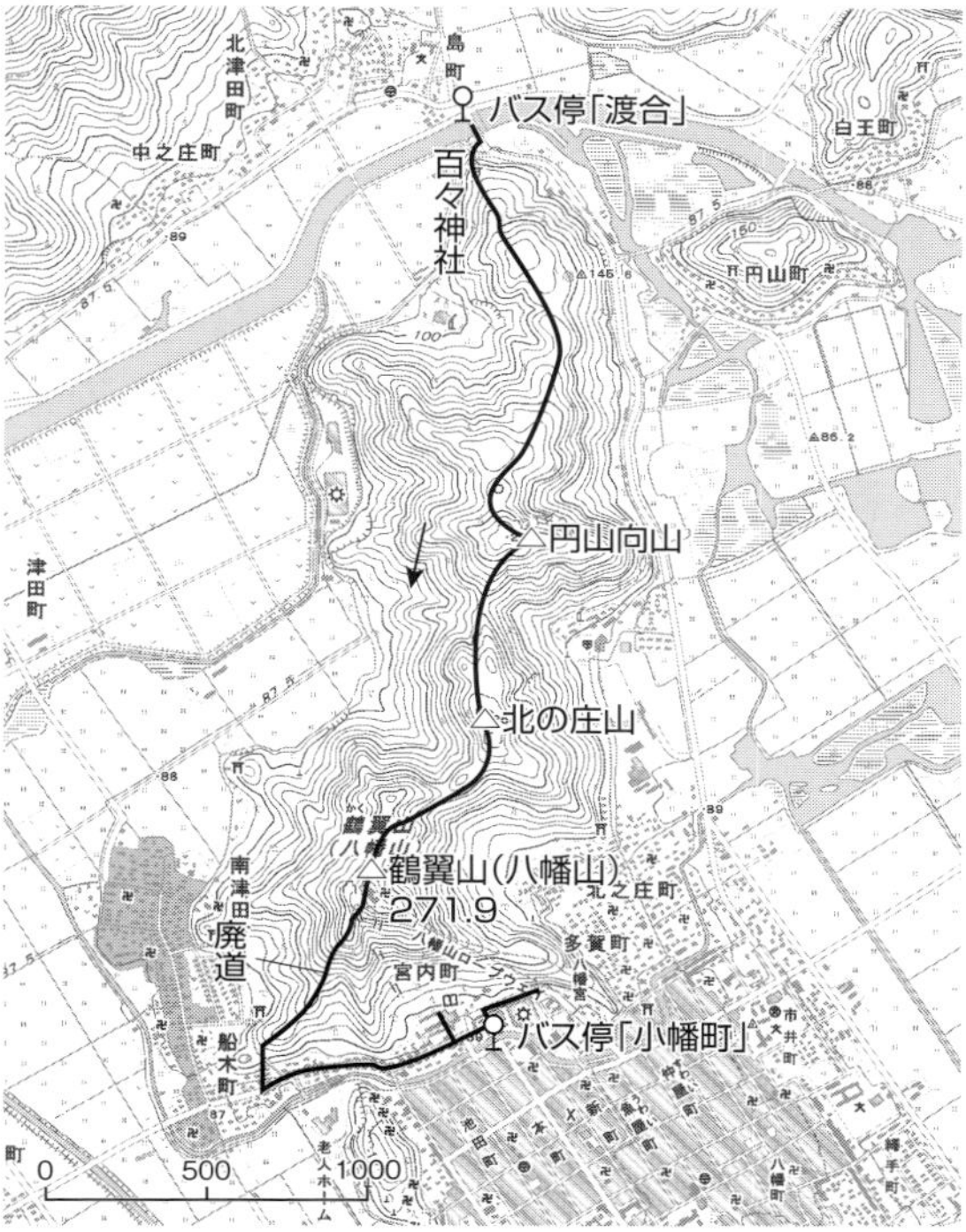

《コースタイム》
JR近江八幡駅（バス20分）渡合バス停（百々神社）（15分）丸山向山（45分）278メートル（40分）北の庄山（１時間）鶴翼山（八幡山）三角点展望台（15分）西の丸跡（30分）船木町（20分）八幡公園（15分）日牟礼八幡宮（10分）資料館（５分）小幡町バス停（バス８分）JR近江八幡駅
〈地形図〉25000＝近江八幡

藪が私を育ててくれた

雪が来るまえの季節。落葉《らくよう》で見通しのよくなった雑木林のなか、山の稜線にむかってブッシュをかき分けて進む「藪漕ぎ」。

里に近い低い藪山は、その日だけ自分達が借りきった山である。地元の人でもあまり入らない山に、地図とコンパスと勘だけを頼りに歩く楽しさは、実際体験したものにしか味わえない珠玉の山歩きである。本気でそう思えるのは、読図をマスターしたものの強みで、いつまでも幼稚園児のように人にくっついて歩くだけでは、とうてい味わえない醍醐味といえるだろう。

地図上に表された微妙な尾根と谷を見つけ出して現地と比べる。山の方角や勾配。尾根や谷の大小、広狭。周りの植生分布や樹木の枝振り。谷の瀬音。展望のきく山脈など、地形で捉えられる事柄を駆使して、現在位置と目的地を確認する工程に妙味がある。

時には木に登り、周囲の状況を見きわめ、あるときは幾手にも分かれて偵察をくり出し、正しいルートを探る緊張感がまた楽しい。間違えば戻り、後退を考えて木に赤布を結び歩く作業は、整備された登山道を歩く普通の山歩きにはない「藪漕ぎ」の真髄である。

気候に恵まれた日本では植生の回復が早く、使わなくなった登山道や杣道は、どんどんブッシュ化してゆく。道というのは、人の活動と密接な関係があり、歩かなくなった道は山に還ってゆく。地図上に記入してある破線路でも、ほんの形を残す踏み跡程度が多く、気を抜くと日当たりなどで踏み跡を見失う。だが、行く手を見通すと一筋、立木の切れ目が直線状にあったり、灌木の茂みや草の種類が微妙に違うので行き先を知ることが出来る。

私が藪漕ぎをするのは、やみくもに道なき道を突き進んでいるわけではない。せっかく昔杣道だったユリ道とか、峠、廃道を、縦走路とみられる尾根道を探って、復活できるものは、再紹介して利用してもらう。興味をもった人に情報を提供するのがねらいである。

たどるべき道がない山中を自力でルートを開拓してゆく「藪漕ぎ」は、地図を武器に自然と対峙しながら、自然のなかに融け込み自然と一体化するタイプの活動といえる。

自分たちのパーティー以外誰もいない山中では本当に自然を取り込んだような感覚をもたらしてくれる。

南部

53 旗山・烏山（小平山）

採石場が産んだ展望台

採石場からの眺望、エメラルド色の池が美しい

JR草津線・関西本線拓植《つげ》駅から30分。線路沿いの国道でガイドマップの波線路の谷への入口は、雑草に覆われた細道。もちろん標識などない。線路を越えて、杉林に入ると谷奥に向かって山道があった。はじめは左の谷。次いで二股で踏み跡消滅。やむなく交点のヤセ尾根をはうように登る。上りつめた尾根と両斜面はアセビの森だ。花の頃は見事だろう。

左からの尾根と合流して、予定のコースを確認。再び急斜面のスギ林。やがて、採石場の最高部に出た。展望がすばらしい。眼下の二つの池がエメラルド色の美しい水をたたえていた。対岸の霊山山域が堂々と見える。

いよいよ旗山山頂。標石がなく掘り取られた形

片側が伐開された明るい山道

跡あり。木もれ陽の下、谷から吹く冷風をうけて頂近くの道際で昼食をとる。肌に感じる25度前後の気温に、帰りたくない気分がしきりにする。

烏山への巡視路は、左（北側）が伐開されて甲賀平野が一望できる大パノラマにルンルン気分。烏山は、見通しのない木立のなかの貧弱なピーク。

南下すれば国道。私たちは真東の不動滝へ道なき枝尾根を行く。717から高度差320を一気に下る。本格的藪なかの獣道もあった。歩きやすいところを探る先頭と、リーダーが求める方向が違い、最後は深い谷を足下に、落石を気遣いながらのトラバース。結果、ほぼ予定通りの東海自然歩道コースの谷道に出る。

不動の滝には、以前なかった人工滝が架けられ、せっかくの「かくれ滝」の風情が失なわれた。

加太《かぶと》不動滝は、伝説の舞台・加太峠に近い椿谷

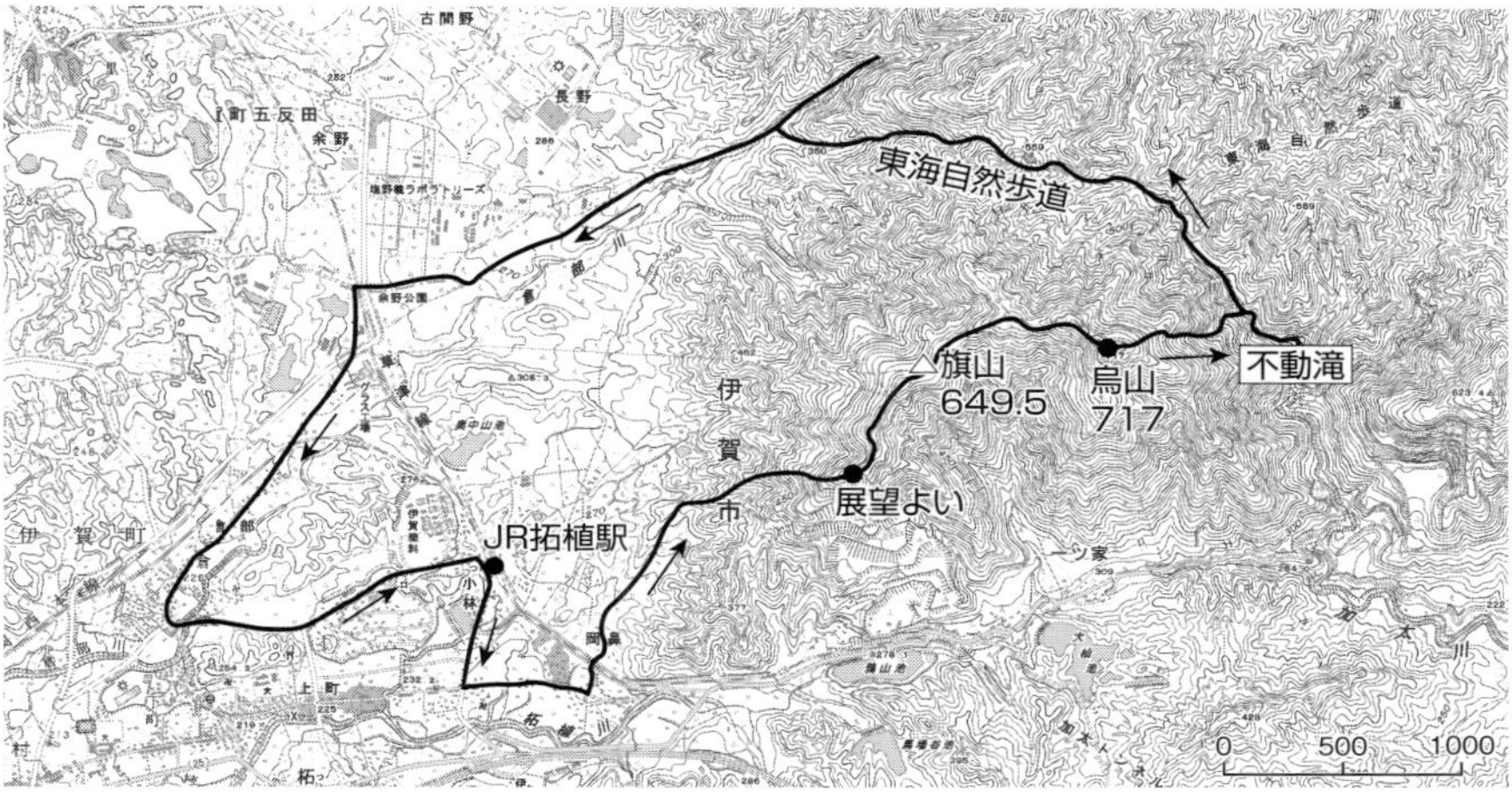

《コースタイム》
JR柘植駅（20分）岡鼻（30分）砕石場跡展望地（20分）旗山（15分）烏山（15分）不動滝（30分）東海自然歩道（30分）油日岳分岐点（50分）倉部（30分）JR柘植駅
〈地形図〉25000＝甲賀・鈴鹿峠

にある。三方向を10メートル級のそそり立つ岩に囲まれているため、大きな滝壷のなかに迷い込んだ気分になる。マイナスイオンたっぷりの霧水が広がり夏でもすずしい。

滝の左側には、岩に不動明王像が彫られている。長年修験者たちに手厚く祀られてきた。

地理的に甲賀と伊賀の里を結ぶ地点であり、おそらく忍者たちも出入りしたに違いない。

亀山市と伊賀市を結ぶ加太峠は、かつて大友皇子と大海人皇子の間で争われた壬申の乱で重要な役割を果たした場でもある。

最寄りのJR西日本、関西本線加太駅は終日完全無人駅で、亀山市加太地区の中心から随分離れており、1日平均62人（2010年）と関西本線で最も利用者が少ない。

（平成13年7月22日歩く）

54 小川城山

城跡と鶏鳴《けいめい》の滝

小川城跡

滋賀県の最南端、甲賀市信楽《しがらき》町はその大部分が高原状の山地で占められ、三重県側は急崖となって木津川の断層に臨む。町内を貫流する大戸川・信楽川とその支流に沿って集落が形成されている。京都との府県境に近い小川村（現在、甲賀市信楽町小川）の南東にある城山（470・4メートル）の山頂は城跡である。

県指定史跡の小川城山は、昭和53年（1978）から2年にわたって踏査・測量、部分的な発掘調査が実施された。山頂とその周辺で9ヶ所の郭跡と、それを囲む土塁《どるい》・石塁《せきるい》・空堀・城戸口・堀切・井戸跡・城内道などの遺構が確認された。また本丸とみられる中央郭跡などで建物礎石が検出された。

小川城は、嘉元3年（1305）鶴見長実によって築かれたが、長享元年（1487）成俊のとき多羅尾光俊に敗れ、以後同氏の居城となったと伝えられる。天正年間（1573~92）多羅尾氏によって再築されたが、文禄4年（1595）豊臣秀次に連座して没落し、廃城となったといわれている。

鶏鳴の滝

　さほど高くない小川城跡だが、山頂からの眺めはすばらしい。多羅尾を包む連山を背にして立つと、東に笹ヶ岳（738・8メートル）、北に飯道山（664・2メートル）が望める。

　この城山から直線距離で2・5キロ真東に滝がある。地図にも記載のあるこの滝は、東方にそびえる笹ヶ岳の山頂にあった寺跡の「閼伽《あか》池」から、黄金の鶏が現われて、元日の朝になると新年の幸を告げたという伝説にちなんで「鶏鳴の滝」と呼ばれている。

　小川城山から滝への4キロコースは、いったん平道に下り、隣の山裾を歩いて宮の元にある神山神社に至る。信楽庄8ヶ村の氏神が祀られていると伝える。

　この社の境内脇を流れるのが大戸川で、上流に向かう途中で支流の神有川にであう。鶏鳴の滝はこの神有川の上流にある。

　滋賀県下でも冷え込みの厳しいといわれる信楽の里。標高360メートルあたりの山間にある滝は、冬場凍結して氷瀑となり、カメラマンや愛好家の穴場となる。

信楽高原鐵道の信楽駅から小川城山までは6キロ弱。心癒《いや》される田園風景をのんびりと眺めながら、多羅尾方面に向かって南下する。信楽小学校の前を通り小さな峠を越えて、国道422号に出る。信号を渡り、旧道を歩くころ正面に形のよい小高い山が見える。小川城山へは、次の小川出の集落を通過して西出集落の外れの本通りに出ると、道の反対側に大きな案内板があり、標識に従って2ヶ所右折する勾配のゆるやかな道を登るとよい。

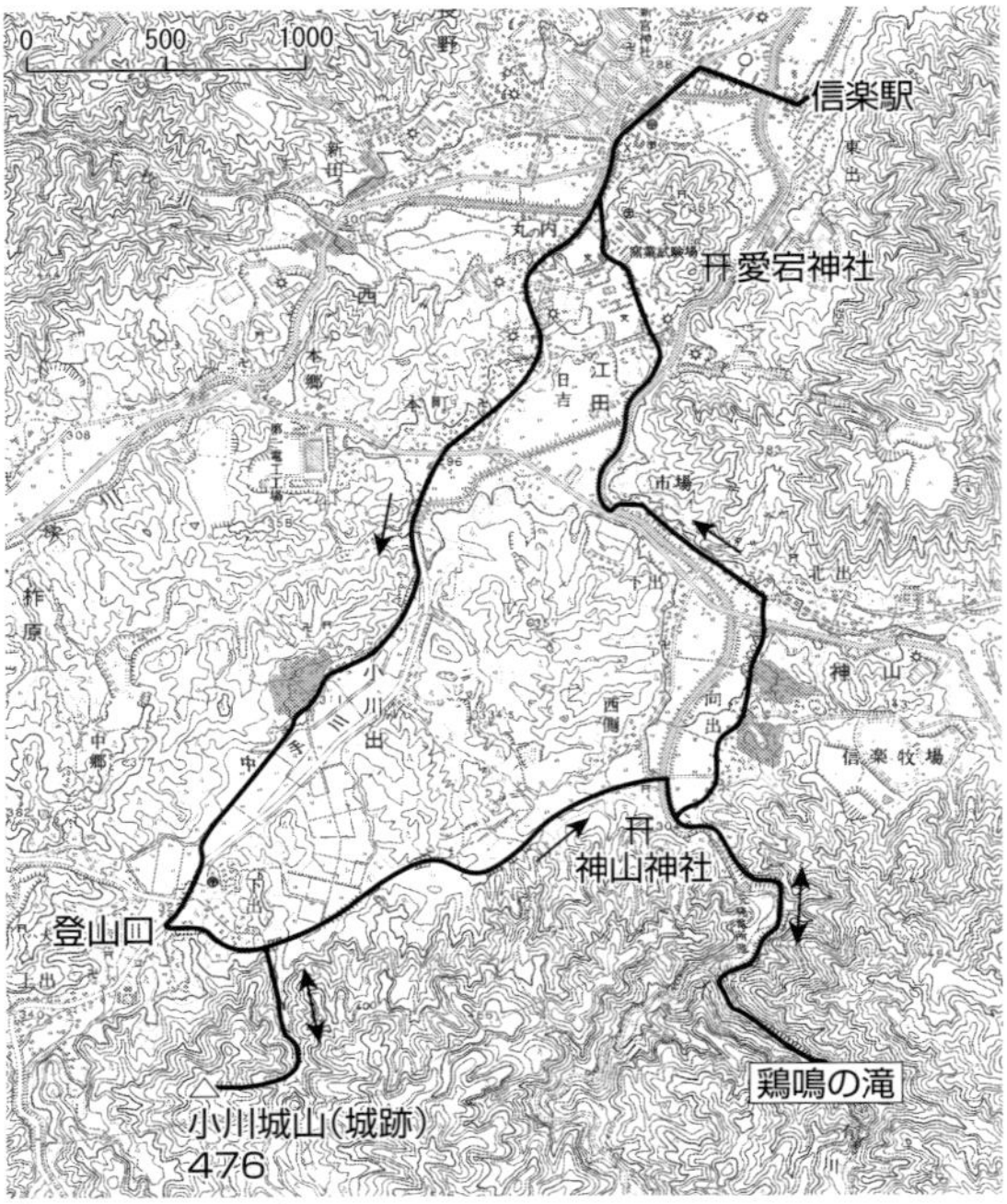

《コースタイム》

信楽高原鐵道信楽駅（30分）丸の内（30分）国道422号（50分）小川（20分）小川城山（40分）神山神社（20分）大戸川分岐（20分）鶏鳴の滝（40分）向出（30分）市場（40分）丸の内（30分）信楽駅（約15キロ）

〈地形図〉25000＝信楽

滝からの帰路は、大戸川沿いに神山《こうやま》の集落に出て、しばらく旧道をぬって再び信楽小学校横に着く。

時間があれば、窯元《かまもと》散策路や愛宕山の神社に立ち寄ったり、道幅の陶器店で信楽焼のタヌキなどを見比べながら信楽高原鐵道信楽駅に向かうとよい。

（平成12年2月27日歩く）

松葉が積もる山道

55 堀切谷の山（突谷の頭）

名もない山だけでは人にも話せない。そこで、はじめは紫香楽宮《しがらきのみや》跡に立ち寄った。のち、大戸川に架かる内裏野橋を渡って山添集落を抜ける。

変化に富む起伏ある山道

県道が次の橋を渡る手前、大きな陶器店脇から左の山裾へ入る。

かすかに残る山道。ササを分けて小谷をつめる。三つばかりの谷がV字に分岐するが、すべて谷幅の広い左の方を選ぶ。地図上では直上に三角点のある鉄塔まで破線路は伸びているが、現地ではあてにならない。

やがて、谷が終わり尾根をめざす。下草はなく膝丈《ひざたけ》までのササ原の中、灌木をすりぬける程度で、厳しくない。どんどん高度をかせぐ。

本尾根はりっぱな関電の巡視路だった。松葉の積もるふわふわ道をたどる。途中、もう一本右からの巡視路にであう。赤白の鉄塔からは、伊吹周辺の山々が白く輝いて見え、鈴鹿山脈の特徴ある稜線が、くっきりと空を分けていた。三等三角点の標石は、少し高みにあった。こんな山、誰も来ないだろうと思っていたが、平成5年に一人来られた標が残っていた。

午前11時30分。昼にはまだ早いので天候を気に

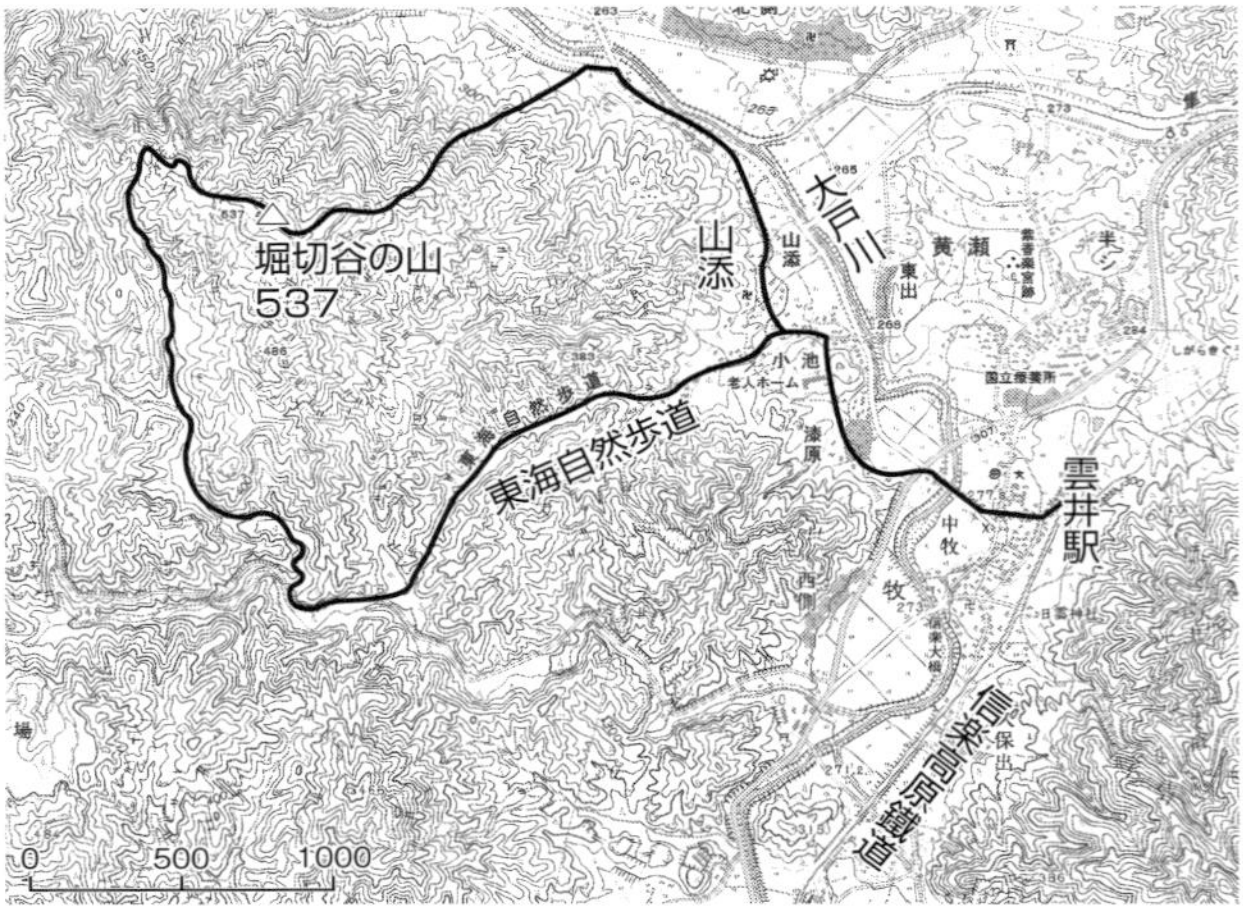

《コースタイム》
信楽高原鐵道紫香楽宮跡駅（15分）宮跡（50分）突谷登山口（55分）堀切谷、三等三角点（30分）林道口ー（東海自然歩道）（20分）内裏野橋、すぐ『たぬき村』（12分）雲井駅〈地形図〉25000＝三雲・信楽

しながらも、さらに西へ尾根上の巡視路をたどることにした。起伏のある尾根は変化があり、人や鳥、獣にも出くわさない。巡視路がいったん谷に降りたので、空模様も気になって、このまま林道に向かって、小谷沿いの道を下ることにした。

田代から黄瀬にかかる東海自然歩道のコースに出て、そのまま朝通過した山添集落に向かう。途中、脇の小道に入り昼食。40分たらずの休憩で、寒い道を雲井駅方面へ歩く。

県道が大きくカーブする地点で、高さ5～6メートルのタヌキを発見。『たぬき村』に立ち寄る。

滋賀県下、一番寒いといわれる陶芸の里「信楽」。もっと散策したかったが、降水確率80％では、あとが思いやられるので、この辺で打ち切り。それでも1万7300余歩、歩いたのはごりっぱ。

（平成13年1月7日歩く）

56 大石山
万葉ゆかりの静かな山

大石山山頂

『新古今和歌集』のなかで「とやかへる鷹尾山の玉つばき　霜をば経《ふ》とも色はかはらじ」と詠まれた山かどうか。訪ねた大石山（407・4メートル）は、開発を途中でやめてしまった荒々しい風貌の気の毒な山である。

ＪＲ琵琶湖線石山駅前から大石小学校前行きのバスに乗る。石山寺、南郷《なんごう》洗堰《あらいぜき》、鹿跳《ししとび》橋を通り、終点でバスを降りて南の龍門町へ歩く。稲田の広がる田園地帯を抜け、林道に入る手前の八幡神社で一服。山城谷の川沿いをしばらく歩くと右手にコンクリートの橋があり、背高い草におおわれた幅の広い脇林道がある。それをまっすぐ登る。地図に記載のないこの林道は大石山の山頂まで続いているが、整備されないまま放置されている。雨

西部劇に出てきそうな切土

水流が未舗装の赤土道を横切り、道が溝状に掘られて河原の様相を呈している。小さな尾根を切り通しにされた所は、両側の土砂が崩れ落ちてUがV状に変化していた。風の通る、下界を見通せる所からは、大津市街や琵琶湖の南湖あたりが望める。

一度T点に突き当たるが、左の高みへ向かう。大石山の頂上は、直径20メートルほどのドーナツ状に赤土の台地が広がり、三角点のある部分だけモヒカン刈り状に残され、円錐形の小山になっている。勢いをつけて走り上がらないと標石に届かない。この3メートル角の天場からは360度の展望。金勝《こんぜ》アルプスの山なみ越しに、三上《みかみ》山の頭だけがのぞいていた。

自生の若松を分けて東に進むとコナラの林がある。今まで歩いてきた林道とは雰囲気が違うので、このあたりを少し散策すると山の気分が味わえる。

帰路は、同じ道を引き返す。龍門町では往路と道を変え、大石川沿いに歩くのも一興である。バス停に戻り、時間と脚力に余裕があれば、近くの桜で有名な佐久奈度神社や、大石東町の浄土寺に立ち寄るとよい。この寺は大石家の菩提寺で、忠臣蔵でお馴染みの大石内蔵助良雄の先祖、5代前の久右衛門良信の住んでいた屋敷跡や墓が裏山にある。

瀬田川に架かる鹿跳橋上からは、先ほど登った宇治田原町大石山への道が赤くあらわに斜面を見せている。橋下の流れには、ゴツゴツした岩間をぬってカヌーを楽しむ人がいて、小渓谷の風情を残す川中の岩の上には、水と戯れる家族連れの姿があちこちに見られた。

距離が短く、そんなに難しいコースではないので個人で出かけられてもよい低山である。

（平成12年1月8日、9月17日歩く）

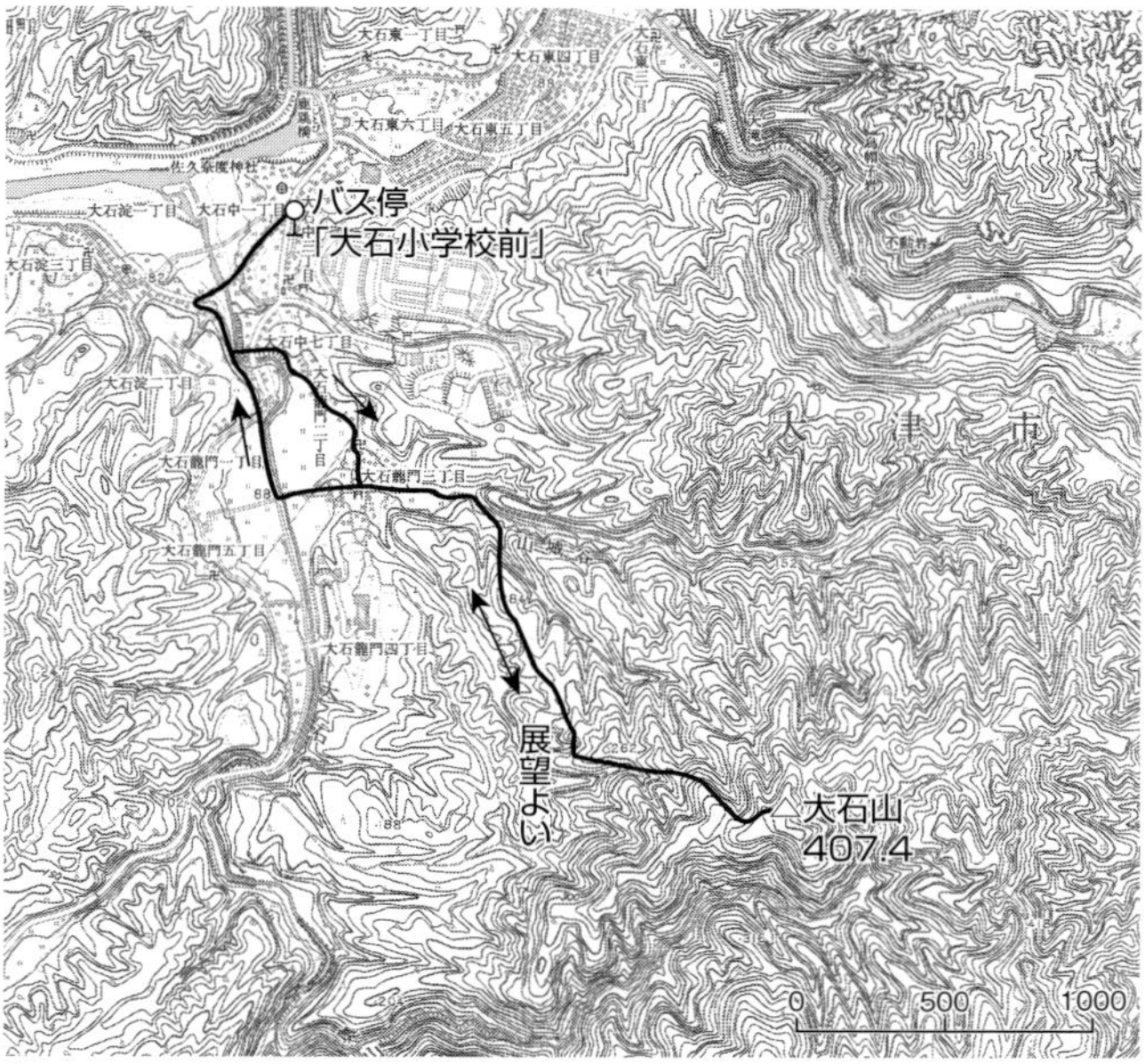

《コースタイム》
JR石山駅（バス23分）大石小学校前バス停（30分）大石龍門町（20分）山城谷（10分）林道入口（1時間）大石山（45分）林道入口（1時間）佐久奈度神社（20分）浄土寺・屋敷跡（10分）鹿跳橋（10分）大石小学校前バス停（バス23分）JR石山駅
〈地形図〉25000＝朝宮

源流、山村痕跡を探る

私がいま一番関心をもっているのは、湖西・高島市今津町の百瀬川上流地域から北の同市マキノ町「大谷山」に至る山域である。

福井県との県境を分水界に、現在は百瀬川の源流として「神奈川」が流れている。このあたり、河川争奪前はまだ平底谷が残存していて、明治時代まで水田があったという。すぐ上流のスモモノキのある場所には集落も存在していたらしいし、マキノ町村西にある「大處神社」の奥の院「金峯神社」までが「宮の谷」の尾根にあったという。

標高500メートルあたりより下流は、日本海側斜面の粟柄谷によって川幅が短縮され、水量と運搬力が激減した。その結果、「萱谷」あたりが押し出す砂礫を下流へ運び切れなくなって、先の台地付近に湖沼をつくった（だとすれば、カキツバタで有名な「平池」はこの名残かと大胆に推理してみたくなる）。

あふれた水は低い鞍部を越えて、この川筋の直下までのびてきている百瀬川の源流に落ち込み、河川争奪を完了した。その後は、百瀬川が比高500メートルの間に滝や早瀬を生み、下流に向かって岩を刻み始め、現在の平地部まで徐々に刻まれていった。こうして流れ着いた大量の砂礫が山麓扇状地をいっそう大型につくりかえ、日本最高ともいわれる百瀬川下流の「天井川」が出現した。

京都の山仲間と百瀬川上流を探索した。川沿いを歩ける限界点まで行き、左の尾根にかすかにある獣道を追って這い登り、家族旅行村「ビラデスト今津」のオートキャンプ場にたどり着いた。ここは「近江坂」の途中にある台地。今は酒波《さなみ》林道が整備されているが、昔の尾根道は一部残っている。車道が最後、酒波谷に下るヘアピンカーブのあたりで、山道が山麓の「酒波寺」へと続いている。

百瀬川の左岸、町境の尾根上に笹ヶ峰があり、ここをさらに北に入ると右の尾根「田屋城跡」から合流する地点の「花地」に着く。この山域は「大谷山」から南にのびた山なみの「原山」である。

昔このあたりは人が行き交った峠道で、山麓の「森西」「辻」「石庭《いしば》」あたりから入会山（炭焼き、薪を取る共同管理の山）の原山へ出入りした。その関係で、百瀬川源流（今の神奈川）あたりまで人が出入りした名残が、古文書などの文献に地名や遺跡として記されている。ジャキメキ・面影馬場・イモジャ谷・足蹴馬の滝といった奇妙な地名が残っている。

いつごろまで人が住んでいたのか、これからの調査にゆだねたい。

若狭・嶺南

新疋田駅から岩籠山への新ルート

57 点標：追分からインディアン平原へ

追分からインディアン平原を望む

私が長年温めてきた夢のルートを、地元つるが山楽会の会長を中心に、会員の皆さんが何回も探索・作業していただいたおかげで、ようやく道が開かれた。

今回、この尾根道を縦走して、点標：追分を越え、インディアン平原から奥の岩籠山山頂に登り、南の708のブナ林を抜けて新設なった駄口コースを下って、再び新疋田駅に戻るブーメラン風に山を巡ることにした。

JR北陸本線新疋田駅前を鉄道と平行に走る国道161号に出て、すぐ右の山手に見える造成地に3本見える鉄塔の一番高いものを目指して舗装路を歩く。突き当たりを右折、次を左折して山に向かう。やがて左側に水道施設があり、その筋向

怪獣のような樹木

かいに大岩大権現への参詣道があり、赤い欄干橋を渡って、注連縄のかかった大岩前で休憩する。出発して100メートルほどで舗装路が尽きて、いよいよ山にかかる。踏み跡を頼りに、はじめは小谷をつめる。すぐに枝尾根に取り付く。持山の地割を示す石標を追いながら高みへ向かう左側はヒノキの植林帯で、右は自然の雑木林。尾根の流れがよくわかる。

　やがて、花崗岩の大岩が点在するヤセ尾根に出くわし岩の脇などをすり抜けて高度を上げる。うまい具合に下草が刈られていて立木のないところは格好の展望台になる。休憩する目の前には深坂峠からなだらかな尾根が続く。一番高い松ヶ谷山だけがひょこんと頭を出していた。その奥には幾重にも山なみが連なり、横山岳や金糞岳も望める。あいにく明日から寒波の襲来とかで遠景はかすんでいる。天気がよければ白山もうかがえるのだが、今日は見えない。

　点標：追分までは急登が3回、ツツジやツゲ、ススキの灌木帯を分け入ったり、高木の下では少し気分を和らげたり交互に場面が変わる。ひたすら高度を上げて変化のある尾根をぬう。途中には、足元が不安定な灌木の中に獣道程度の踏み跡の脇に、地にはうように可憐なリンドウが咲いていた。窪地には雪解けの水が溜まってできた小池もあり、頭上にはサワフタギの銀青色の実が鈴なりだった。

点標：追分四等三角点６２９・５メートルからは四方に視界が開け、振り返る位置では敦賀湾を囲むように、気比の松原から西方ヶ岳のある敦賀半島の山々がかすんで見える。

これから通り抜けようとする鞍部の灌木帯が波打って、風に揺れるススキの穂が日を浴びて美しい。行手にはインディアン平原・岩籠山山頂そして夕暮山の反射板が肉眼でもはっきり確認できる。

インディアン平原は、色々な形の巨岩が吹きざらしのササ原の中に点在し、３６０度展望の利く、昼食には絶好の場所である。岩籠山山頂へはここから空身で往復40分もあれば十分。ただし、展望はほぼ変わりなし。

帰路は、すでに開発された「駄口コース」から下山を試みる。灌木帯を急下降した鞍部や次の標高７０８メートルのピーク付近か、その先の右斜面一帯は純生の見事なブナ林である。

地図にも記されている大ガレを左に見て、一度上下して次の鞍部、６６７の手前から本尾根を外れて、左の枝尾根を下る。以前は胸高のササが生い茂って視野を妨げていたが、今回はササの上部が、すっかり茶色の世界に変わって見通しもよくなっている。２ヶ所、直角に曲がる地点も山道がクッキリと確認できた。大岩を抱くように脇をすり抜けたり、１ヶ所トラロープを頼るところもあり急下降の連続だが、歩幅を小さく一歩一歩、山の雰囲気を楽しみながら下れば危険はない。

杉の植林で囲まれた、点標：奥野３６１・８メートル四等三角点を過ぎ、やがて30平方メートルほどの空き地に出る。以前の関電鉄塔跡である。今回は駅への近道として右下へ昔の巡視路を利用する。下りきったところは、水分をたっぷり含んだ野球のグランドほどの広場。崩壊した土砂が、大雨や台風のたびに押し流されて沼状となったらしく、長年放置されている様子の、ススキの原っぱである。小道はないが山際の水路沿いに国道に向かって下り、三笠電機の南側に出る。

国道を、３００メートル敦賀寄りに歩いて、猛スピードで行き交う大型トラックに注意して横断し、右に流れる谷川沿いの道を深坂集落に向かう。この道は、昔山中峠へ向かう名残りの道か、やがて深坂古道への分岐点に出る。あとは、集落を抜けいったん国道に出るとすぐ左手にログハウス調のＪＲ新疋田の駅舎が目に入る。

（平成21年10月31日歩く）

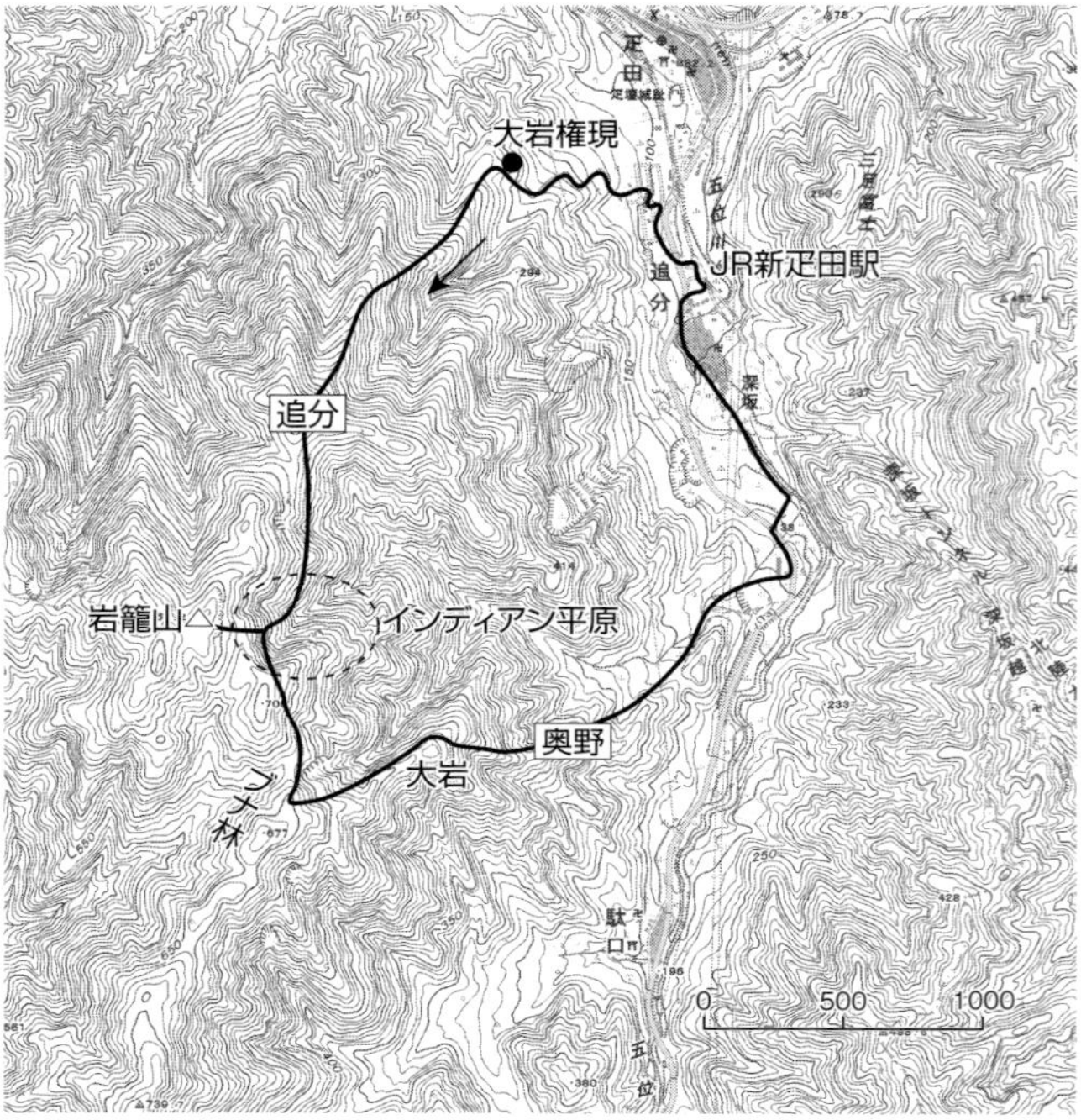

《コースタイム》
JR新疋田駅（10分）大岩大権現（10分）枝尾根（20分）見晴らし台（20分）岩の点在地（５分）涼風の尾根（35分）展望台（５分）点標：追分（75分）インデアン平原（往復40分岩籠山）インディアン平原（10分）鞍部のブナ林（25分）667手前の鞍部分岐点（20分）二枚大岩（10分）点標：奥野（15分）鉄塔跡（15分）三笠電機前（20分）JR新疋田駅
〈地形図〉25000＝敦賀・駄口

野鳥さえずる静かな尾根道

58 小《お》河《ご》口《ぐち》から夕暮山

敦賀市街から、国道8号を南下してJR小浜線をくぐり、約5キロの所にある集落「小河口」バス停が、今回の出発点である。

第二鉄塔から第三鉄塔を見る

登山口は、これより約900メートル林道を入った関電の巡視路からだが、そこまでは軽自動車が入れる程度の林道（離合不可）。

小河口バス停から、国道と直角の林道に入り、養鯉場を右に見ながら笙《しょう》の川に架かる橋を渡る。JR北陸本線の下り線のガードをくぐり、さらに上り線の踏切を通過すると、農家の横に出る。

林道はここで二分するが、今日のコースは右の道をとる。やがて、金網で囲った施設を過ぎると、青い屋根の小屋がある。この先で関電の巡視路に入る三叉路に着き、左折。

巡視路は、はじめ約500メートル程幅広い林道を歩くが、やがて杣道となり谷筋に入る。

このあたり、道はやや不明瞭になるが、踏み跡や先人の付けた赤テープを確かめながら、左の小さな流れを渡り、左の支尾根に取り付く。あとは鉄塔への急登をジグザグに登る。

やがて、頂上に最初の鉄塔が見え、容易にたどり着く。二番目の鉄塔へは荒地を直登する。ここからは第三鉄塔の位置がわかる。ゆるやかな尾根道に入り、展望がきく所からは、小河口集落や国

登山道沿いの巨樹

道対岸の山々が見え、天気が良ければ、その奥に稲村ヶ岳が望める。

尾根道はさらに歩きやすくなり、３番目の鉄塔が立つ地点は、ヤセ尾根の小さな鞍部で、左右の景観も展《ひら》け、風の通る心地よい地点である。右には、敦賀の市街地西部が眼下に望め、野坂《のさか》岳の雄姿も視界の端に入る。

標石「岩籠」の三角点標３７３・５メートルはここから約１００メートル先の草むらにあったが、見落とすところだった。

関電の巡視路は、この先約１５０メートルほどで右に下るが（標は無い）、今日のコースはこのまま尾根を直進する。

水平だった尾根道が急登になり、花崗岩塊がゴロゴロと点在する地点に差しかかるが、決して危険ではなく登り難くもない。登り切った所は、小さな岩の上の展望台である。左前方には岩《いわ》籠《ごもり》山の雄姿が眺められる絶好の休憩場所だった。

５６０を過ぎて次の小ピーク二つと６１３はピークを避けて腹巻き道を行く。夕暮山の反射板がちらほら望めるあたりからブナの木が目立ちだした。若葉や紅葉の季節には周囲の色に染まりそうな樹林風景である。

終わりは、胸高のササのなかを突き抜けて、岩籠山と夕暮山を結ぶ縦走路にポンと出た。夕暮山の反射板下へは、ここから右へ、上り５分で着く。三角点は少し先にある。

帰路は、往路を引き返すのが無難で、今一度、見落とした所を再確認しながら下山するのがよいだろう。

健脚の人は、市橋へと下る従来の谷を巡る道をとるか、夕暮山からさらに西に下って、「山」集落からＪＲ小浜線の西敦賀駅か粟野駅に出るのもよい。

（平成18年6月3日歩く）

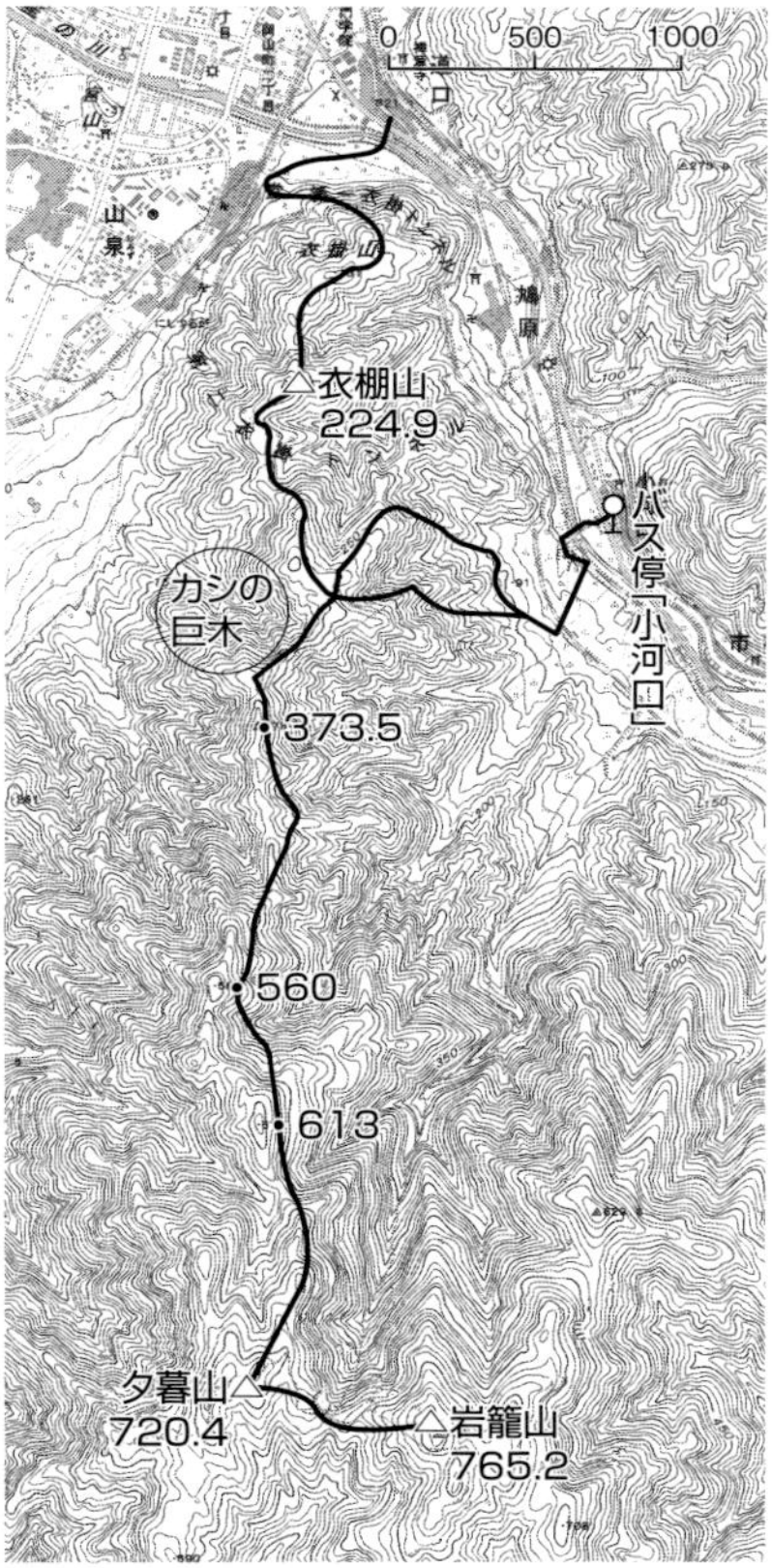

《コースタイム》
JR敦賀駅（タクシー10分）小河口バス停（15分）登山口（20分）第一鉄塔（25分）第二鉄塔（10分）第三鉄塔（５分）岩籠三角点標（８分）巡視路との分岐点（20分）岩上展望台（20分）560（30分）反射板確認地点（30分）岩籠山と夕暮山縦走路（５分）夕暮山反射板下（２時間）小河口バス停
〈地形図〉25000＝敦賀・駄口

未踏のブナ林と人気の平原

59 新疋田《しんひきだ》から岩籠《いわごもり》山

今回は、ＪＲ新疋田駅から出発し、紫式部父子や著名人も歩いたという深坂越の道から歩き出す。やがて、峠への道とは分かれ、五位川沿いにしばらく上流へ、さらに道なりに国道１６１号に出て、車に注意しながら、駄口の集落手前まで国道の端を歩く。

　今回の登山口には目印が無い。頭上に２本の高圧線が国道を横切る地点の右、小谷から入る。谷筋に入ってすぐ、左の支尾根に取り付き、高みに向かって登る。杣道《そまみち》はないが登りやすい。やがて支尾根の突端に出て、鉄塔下から踏み跡をたどると、足下に四等三角点（点名奥野３６１・８メートル）の標石が見つかる。

　三角点からは急な登りの灌木帯となる。大きな二つの岩の間を抜けたり、巨岩を抱くように回り込んだりするヤセ尾根が続く。時々は岩の上によじ登って周囲の景色が見られるが、そのうちに東側が谷で、国道をはさんだ向かい側の山なみが、総見山を中心に深坂から国境あたりまで大展望が広がり、ちょっとした高山にいる気分に浸れる場所に出る。Ｔ形地点に突き当たるが右へ移行する。このあたりの灌木は密度が濃い。

　やがて、右前方に地図にもはっきり示されたガレ場が確認できる。ここまで来ると勾配はゆるくなり主尾根が近いことを感じる。再び登りの急な所を少し我慢して６７７地点の主尾根に出る。

　ひと息いれて尾根を右へ移動すると少し下ったあたりから一面、見事なブナ林となる。

次いで、谷の源頭から708のピークの北側に移ると、なおいっそう太い幹のブナの群生地となり、思わず頭上を見上げる。

最後は、灌木が密生する急斜面を強引に突き上げると、パッと視界が開けて、ササ原の向こうに岩籠山の頂と、インディアン平原の特徴のある巨岩群が目に飛び込んでくる。あとは、これらを目標に腰から胸まで生い繁るササを分けて進む。

頂上付近のササ原

記念写真にもってこいの巨岩からは登山道があり、快適に岩籠山三角点に向かう。

山頂からの360度の展望を楽しんだあと、下山は通常のハイキングコースを利用する。夕暮山との分岐点からジグザグに急下降して、源頭から沢沿いに徒渉を繰り返す。季節によっては小花を見つけて小休止できよう。荒れた川原を注意して下る。

岩籠林道に出て、道なりにJRの上下線二つのガードをくぐり、あとは市橋からバスで帰るのが本筋らしいが、今日は再び新疋田駅に戻ることにする。

疋田の集落には、昔、小屋川に通じる川幅9尺（約2・8メートル）の舟川があった。文化13年（1816）3月起工、同年7月に竣工したが、天保5年（1834）には、馬借屋の訴願で廃止された。

現在、疋田集落内を流れる疏水《そすい》は、舟川遺跡「水と歴史の回廊」として整備改修されたものである。

　琵琶湖の北より深坂山を開削して、敦賀へ疏水を通す企画は古くからあり、平清盛の命で重盛が着工した跡が、深坂峠に残ると伝えられている。大谷吉継、河村端軒、京都の商人田中四郎左衛門らが奉行所に企画書を提出したが、いずれも郡内の庄屋衆に反対されて中止した。

　その後、日本海沿岸への異国船の出没に対し、都への糧道確保のため、文化12年（1815）に琵琶湖疏水計画書が幕府・藩の手によって具体化して、翌年3月、まず小屋川と疋田間の舟川工事を開始、4ヶ月後に完成した。

　なお、一度廃止された舟川は、安政4年（1857）再び掘り起こされ、12月に開通。土橋より下は笙の川筋に出て、河口の今橋の下には荷物取扱所も置かれた。しかし、この舟川も慶応2年（1866）5月の大洪水で破壊され、その後の復活はなかった。

（平成17年6月19日、10月30日歩く）

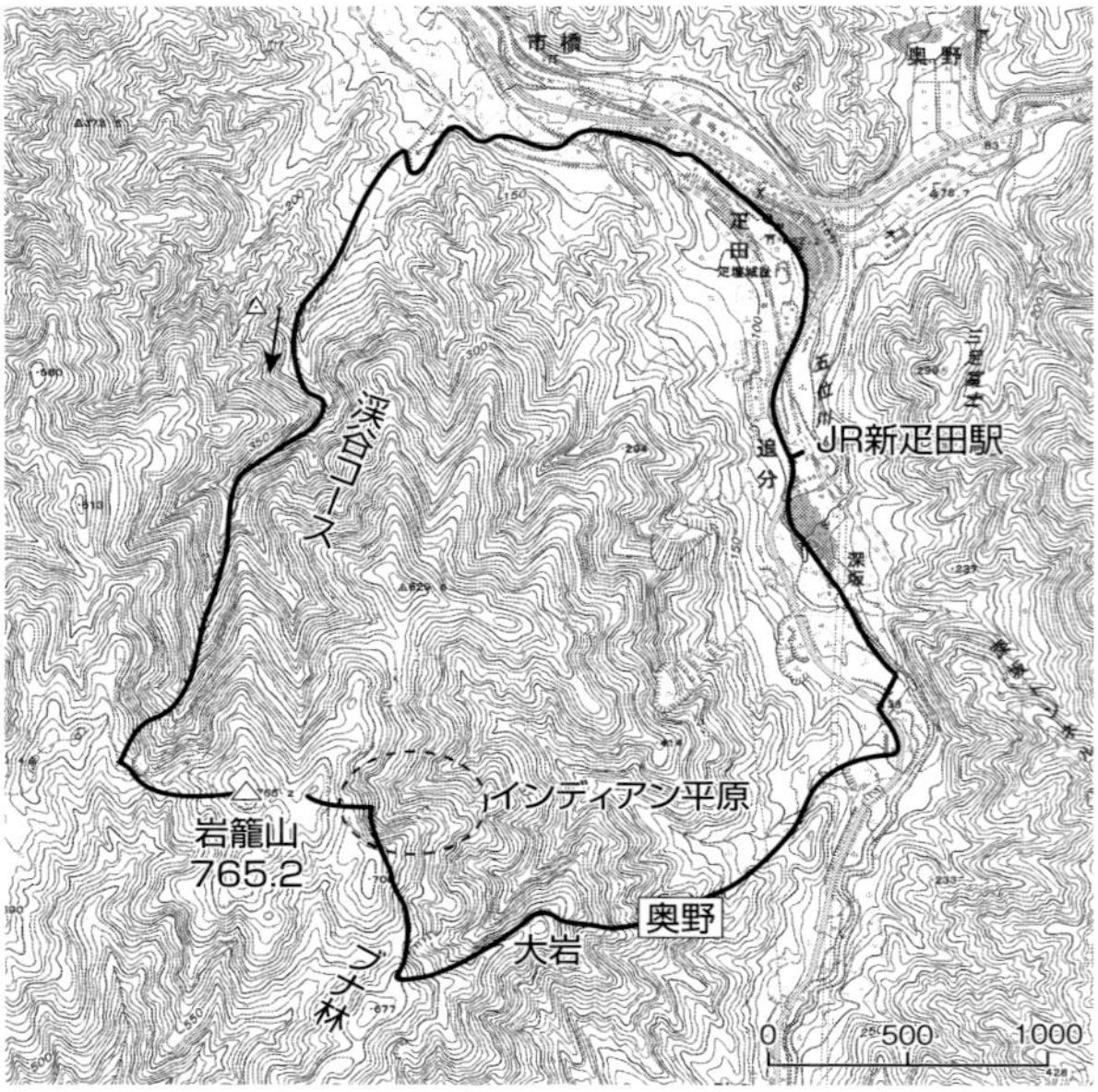

《コースタイム》
JR新疋田駅（10分）深坂分れ（10分）国道（20分）登山口（40分）奥野三角点（30分）展望地（40分）・766（30分）源頭ブナ林（20分）奥のブナ林（30分）インディアン平原（20分）岩籠山（25分）夕暮山との分岐点（1時間10分）岩籠林道口（30分）疋田集落北口（30分）JR新疋田駅
〈地形図〉25000＝敦賀・駄口

湾を懐に対峙する二つの山

60 三内《みうち》山・天筒《てづつ》山

天筒山頂上より敦賀湾を望む

三内山へ

ＪＲ敦賀駅からバスに乗り松葉町で下車、永大町の清掃センターまで歩く。センター裏の取り付きやすい所から尾根にのる。このあたりから西への1《キロ》四方は、平成10年以前にレジャー施設をつくる予定だったとかで道が残っていた。だが今では、マツの多い林床はすでに自然に戻り、灌木が生い繁っている。

１８１・６《メートル》四等三角点の標石は、鉄骨材と化した廃屋の裏手の小高い所にある。２３６あたりに来ると、まるで白砂青松の庭園である。花崗岩の粗砂が広がる中に、盆栽さながらに枝振りのよい背の低いマツが点在する。

ここからは激しい藪となる。道は無く、尾根から外れないように進むが、イバラの襲撃にタジタジ。隊列を乱さないようにそろりそろりと進む。

冬、雪が少なかったために、灌木の繁りが激しく、獣たちは条件の良い所を歩くのだが人間様は大変。それでもその足跡をたどって尾根をぬうと、やがて電波反射板への広い巡視路に出た。周りにはオーレンが多く自生していた。

振り返ると、歩いてきた尾根筋や、気比の松原が望める。やがて、巡視路を歩く道すがら、敦賀の市街や大黒山、鉢伏山、ホノケ山まで、敦賀湾を挟んで大パノラマが広がる。

再び巡視路から外れて、今度はブナの林に入った。こんなにも海に近い低山でブナにであえて感

三内山から敦賀湾を望む手前は気比の松原

激する。イノシシやニホンカモシカがブナの幹に体を擦《す》りつけた痕《あと》が随所にあり、ここは動物の楽園で、我々が彼らのテリトリーにお邪魔していることに改めて気づかされる。

30分ほどで三内山５２１・６メートルに着いた。眼下、左右振り分けて若狭湾と敦賀湾を眺めながら昼食をとる。

帰路は、巡視路まで戻って、分岐点から南下。原区への道ははっきりしているが、傾斜がきつく階段が付いている。

途中の鉄塔下からは敦賀市街全景が一望でき、正面には野坂《のさか》岳・芦原《あしはら》岳・乗鞍《のりくら》岳・岩籠《いわごもり》山などが雪をまとって連なっている。

今まで気づかなかったが、マンサクの花があちらこちらに咲いていて、春の訪れを告げていた。

平地になってしばらくして梅林に出た。馥郁《ふくいく》たる香りに包まれ、朝から藪漕ぎをした身も心も癒された。あとは松葉町バス停から駅へ。

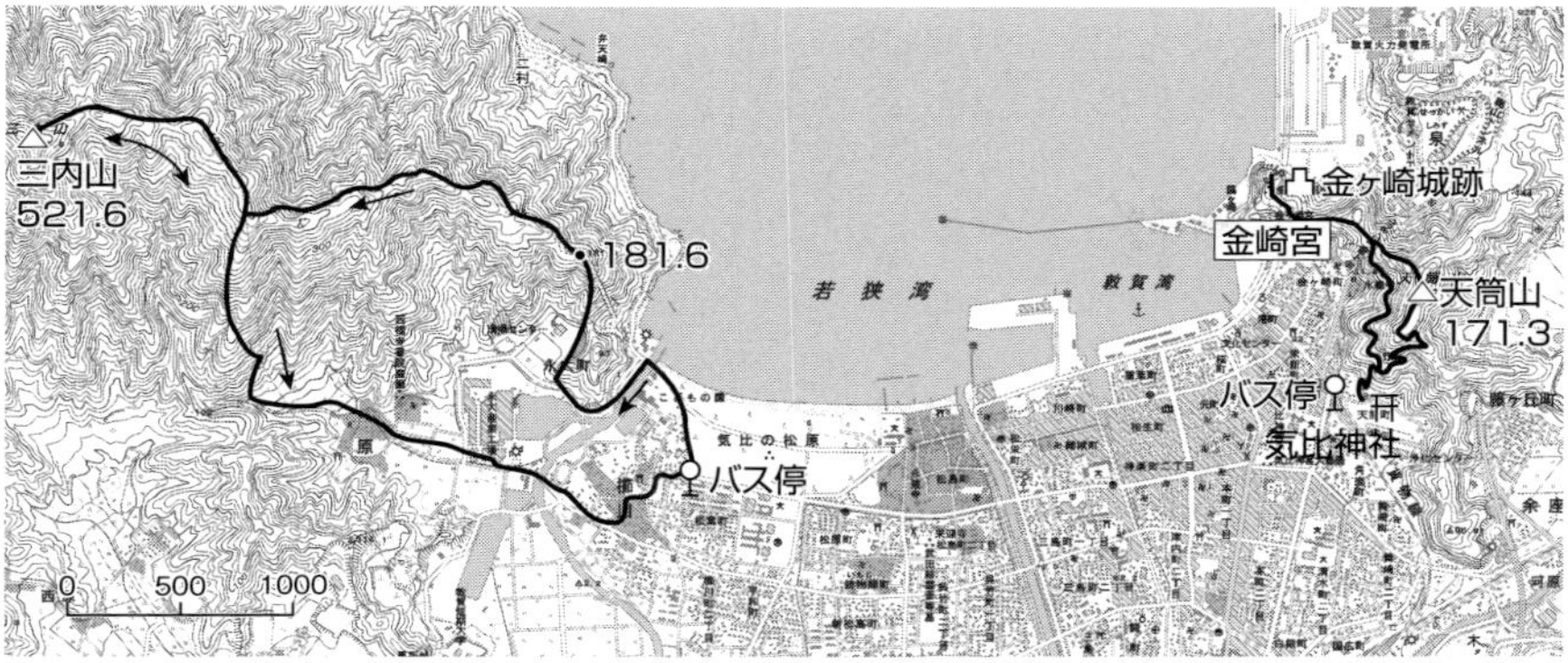

《コースタイム》

〔三内山〕JR敦賀駅（バス13分）松葉町バス停（15分）清掃センター裏（20分）四等三角点（10分）三内の白砂庭園（20分）巡視路（15分）反射板下（15分）分岐点（30分）三内山山頂（20分）分岐点（30分）登山口（15分）西福寺前（20分）松葉町バス停（バス13分）JR敦賀駅

〔天筒山〕JR敦賀駅（バス６分）金崎宮口（10分）金崎宮（15分）月見御殿（40分）天筒山展望塔（25分）登山口（25分）JR敦賀駅

〈地形図〉25000＝敦賀

天筒山へ

ＪＲの待ち時間に、バスで気比神宮と金崎宮に詣で、その裏山の金ヶ崎城跡から天筒山城跡へと足をのばした。

金ヶ崎は、戦国時代、信長・秀吉・家康が勢揃いして戦ったためずらしい場所である。

金崎宮の左脇口には、城跡を示す碑がある。このあたり一帯の平地が本丸跡といわれ、少し登った所が最高地（標高86メートル）で「月見御殿」という。ここからの見晴らしがまた実にすばらしく、敦賀湾は無論のこと、対岸の蠑螺《さざえ》ヶ岳、西方ヶ岳の美しい山なみがまるで島のように浮かんで見える。

月見御殿からは尾根伝いに天筒山へのやさしい遊歩道がある。山頂１７１・３メートル近くには展望塔が建ち、東に近江の山々が波のように美しい。

三内山（平成15年2月23日歩く）

天筒山（平成14年10月12日歩く）

敦賀から中河内《なかのかわち》

61 池河内湿原《いけのこうち》と長野尾峠

古来、敦賀は畿内と北国を結ぶ重要な土地柄で、近江から敦賀を経て越前の南条《なんじょう》へ至る道が拓かれた。利用度の高かったのは、西近江路で大津から海津《かいづ》を経て山中越（現在の国境）を越えて越前に入り、山中、駄口、追分、疋田の各宿を通過し、道口から谷口を通り、葉原、新保宿を経て、木ノ芽峠を越えて今庄宿で北陸道と合流する。

近江と敦賀を結ぶ道は、「西近江路」のほか、「深坂越」「新道野越」があった。また麻生口手前から東に向かい、刃根を経て久々坂峠を越えて柳ヶ瀬で北陸道と合流する「刃根越」や「長野尾越」などもあるが、今回は、これらのうち、いちばん利用度の少ない長野尾越を歩いてみた。

ＪＲ敦賀駅から谷口集落までの約4キロは歩いてもよいが、時間稼ぎにタクシーを利用する。印願寺の立看板のある所から西谷川上流に向かって、轍の二本線だけ土が見える林道に入る。

少し行くと道は二分する。右へ手摺りのないコンクリート橋を渡り、川の左岸を進む。やがて川沿いに静地蔵とダム堰堤《えんてい》を確認して、右からの流れと本流に架かる橋を渡り、再び右岸を歩く。

関電の高圧線が通るあたりで林道は終わり、あとは、川に沿って突き進む。積雪期は雪の上だが、無雪期は藪の谷筋である。コンパスを駆使して東北東の方向へ足下の流れを確認しながら藪を分ける。左右の谷を気にせず、真向こうの峠「坂《さか》の頭《あたま》」に向かって西谷川の源頭を登りつめる。

背丈を超すササ藪の平地「坂の頭」間近で、

〒のマークと旧逓信省の標石を二つ確認する。敦賀と、これから訪れる中河内集落を結ぶ、重要な郵便配達の正式ルートだったと知る。

池河内湿原入口

峠を越えると、しっかりした山道になる。平地に下り、杉林の先でススキの原に出くわすが、これを避けて右際を進む。普段水のない小川の対岸に渡るとススキの向こうに建物が見えた。池河内湿原である。

　敦賀市の東部、標高３００メートルの山間にある池河内湿原は、北方、南方系の植物が見られる貴重な湿原で、福井県の自然環境保全地域に指定されている。

　敦賀市で一番長い笙《しょう》の川の源流で、地盤沈下でできた湿原には、湧水のほか周囲の山から水が流れ込んでいる。約１１０ヘクタールのうち約５ヘクタールの阿原《あはら》ヶ池を中心に広がっている。現在、ハンノキ林が広がり、池を次第に狭めている。散策できる遊歩道が池を横断している。

　池河内集落には数軒の家が小さく囲まってある。湿原の水が流れ出る所には小さな水門があり、そのそばには石の薬師如来が祀ってある。最

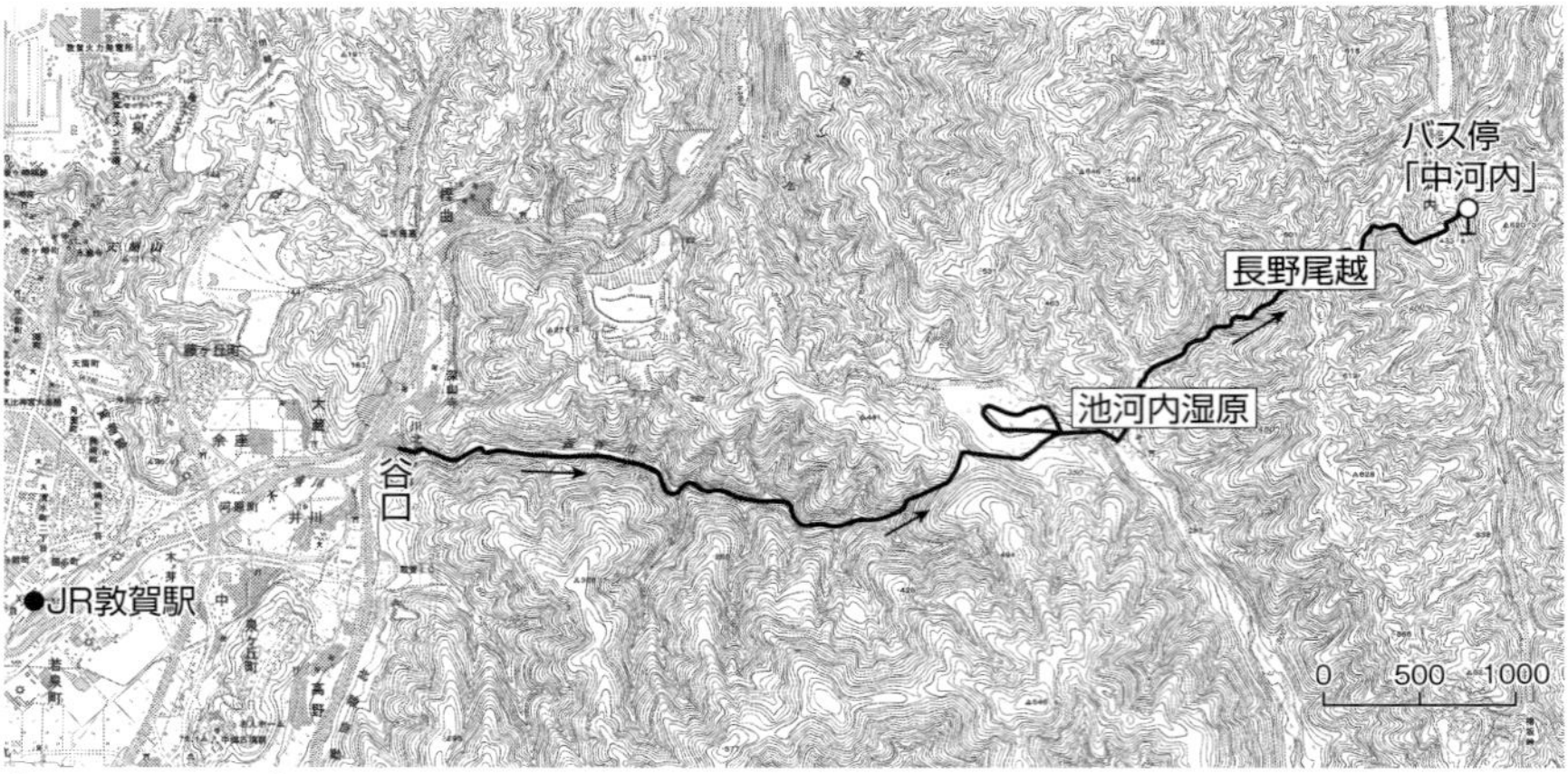

《コースタイム》

JR敦賀駅（タクシー７分）谷口（20分）静地蔵（５分）堰堤（10分）林道終点（１時間50分）坂の頭（15分）池河内湿原〈周遊30分〉（１時間30分）長野尾峠（30分）中河内バス停（バス35分）JR余呉駅

〈地形図〉25000＝敦賀・中河内

初の家の脇を通り、道路から離れ、正面の竹藪に向かう道に入る。やがて道は二分するが、左へ棚田跡に出る。林の際を、さらに小川左岸の踏み跡程度を道なりに行くと、やがてしっかりしたU字形の山道になる。

　うんざりするほどに蛇行を繰り返し、標高５９０メートルの長野尾峠まで標高差３１０メートルを登りつめる。峠には、三角形の屋根の旧逓信省の連絡場所が残っている。下り道30分ほどで中河内の集落に下り立った。

（平成19年5月10日歩く）

（平成20年9月21日歩く）

かくれた古刹と花の群生地

62 橋立《はしだて》山から文殊《もんじゅ》山

ＪＲ北陸本線北鯖江《さばえ》駅に降り立った。まずは、駅から東に見える橋立山から登ろうと、標高90メートルあたりに横一線に並ぶ四つの鉄塔を見ながら、そのうちのいずれかに登ってみようと決め出発。北陸自動車道をくぐり、浅水川に架かる徳尾橋を渡って山裾を物色する。

道路脇に建つ記念碑近くに、かすかに残る杣道《そまみち》を見つけて急登。「ＳＡＢＡＥ」の電光大看板の下に出て、真上にある鉄塔下で休憩する。

ここからは、大村町にある楞厳寺《りょうごんじ》まで尾根を縦走する。はじめの橋立山は、一般人が歩く山ではなく、有志が付けた踏み跡と布印が山頂に向かっている。四等三角点の標石は、ＮＨＫの施設近くにポツンとあった。

ショウジョウバカマが咲き、キンキマメザクラも咲いている。足元のカタクリはすでに二分咲きというところか。予期していなかった光景に出くわして、一同思わず感激する。

奥の院のお社は小さな1メートル角ほどの祠《ほこら》。その真後ろに二等三角点の標石が鎮座していた。この少し先に胎内《たいない》めぐりの大きな厳岩があり、くぐった向かい側には注連縄が張ってあった。さらに進む

可憐なカタクリの花

小文殊堂と天狗杉

と、越前五山中心の展望台地に立つ。東の白《はく》山、南の日野《ひの》山、西の越知《おち》山、北東の吉野ヶ岳に護られている。この山頂も青龍・朱雀・白虎・玄武の四神に護られている聖地である。雪から守るために石仏は布袋に包まれていた。神聖霊峰の白山が白い帯状にはるか向こうに望め、下界には鯖江市街が箱庭のように美しい。

大文殊堂は修復中で、ブルーシートで覆われていて台無しだった。ここからは、参詣道なので一般でも歩ける幅の広い道になる。「小文殊」には、青い屋根の小文殊堂、その前に天狗杉が堂々とそびえている。

いくつかの分かれ道をやり過ごし、道端の四等三角点を、偶然見つける。

文殊山と楞厳寺《りょうがんじ》は、「越の大徳」といわれた泰澄大師が養老元年（７１７）に開き、文殊菩薩を本尊としている。楞厳寺は足利尊氏《あしかがたかうじ》や朝倉家の祈願所となった室町時代、戦国時代に最も繁栄し、配下17坊、末寺36ヶ寺１２０坊を擁する大寺で、平安時代後期（藤原期）の文殊菩薩、北条時頼が寄進した十一面観音菩薩・阿弥陀如来・薬師如来はじめ、県指定文化財の弘法大師座像などの諸仏が安置さ

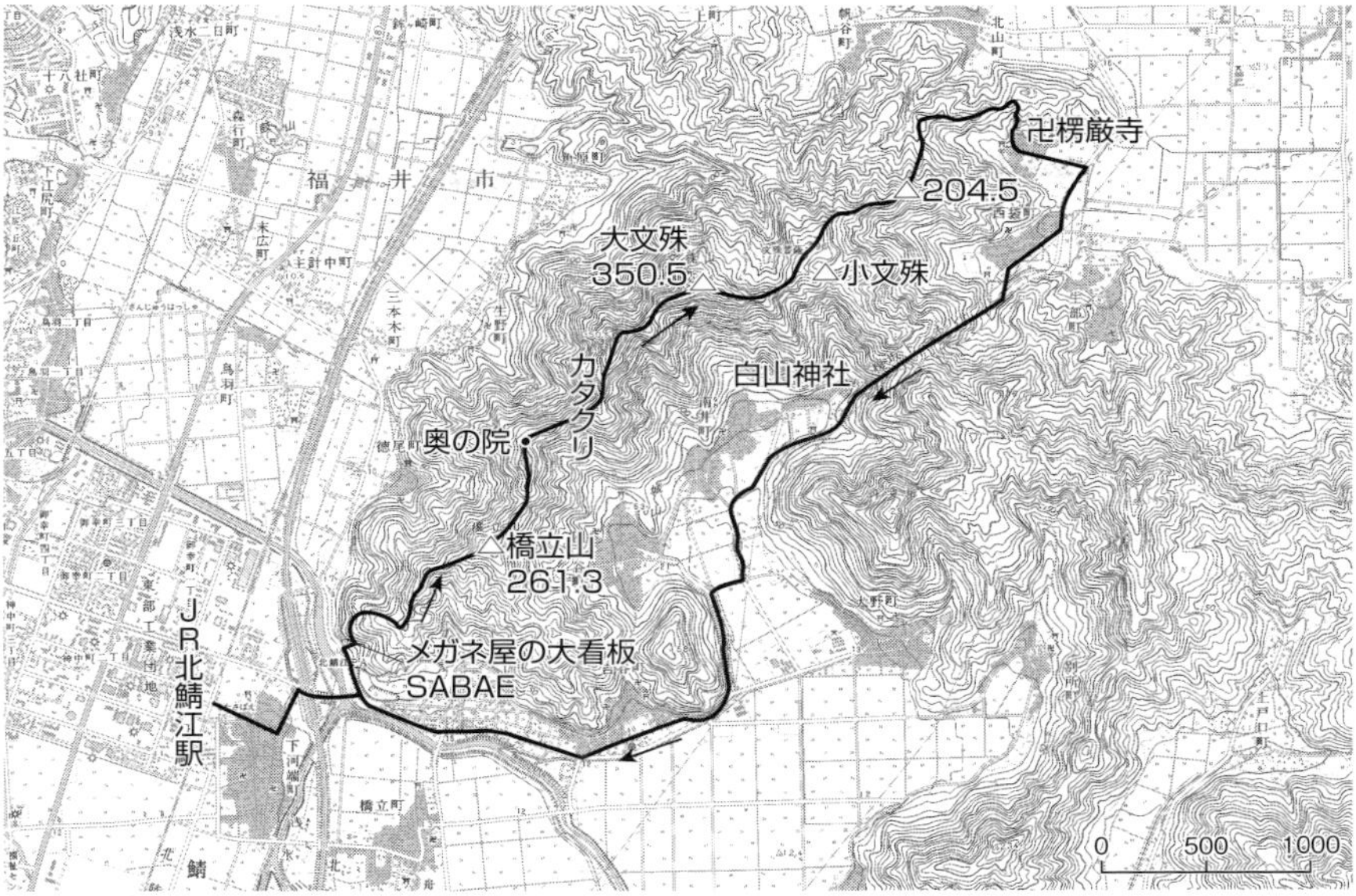

《コースタイム》
JR北鯖江駅（15分）徳尾橋（10分）電光大看板下（20分）橋立山三角点（45分）奥の院（20分）大文殊（30分）小文殊（30分）楞厳寺（30分）白山神社（1時間10分）JR北鯖江駅
〈地形図〉25000＝鯖江

れている。

文珠山は、泰澄大師が文殊菩薩の聖地である五台山（中国・唐）を文珠山に移し国家鎮護に備えた。古来から山岳宗教の中心的存在で越前五山の中心に位置する、文殊山一帯には大規模なカタクリ群生地が散在し、早春最大の見所になっている。

楞厳寺は俳句会でも有名で、境内にも投句箱があり、登山・参詣者が投句している。

帰路は、ここ大村町からＪＲの北鯖江駅まで6キロ余りある。途中に白山神社もあり、田園風景を楽しんで歩くのもよい。

（平成18年4月4日歩く）

菅湖取水口から見た三方湖

63 梅林と湖が美しい 三《み》方《かた》五《ご》湖《こ》周辺の三角点巡り

京阪神からＪＲ湖西線経由敦賀行き新快速は、青春18きっぷが使用できる期間中、人気の金沢方面に行く中高年の旅行客でいっぱいだ。敦賀駅で小浜線に乗り換え、三方駅に11時13分着いた。

三方駅東側に、鉄道と並行する国道27号の手前に、古い街道が三方集落を東北に抜けている。右の山際には三方石観音があるが、路線際の道をさらに北上して踏切を渡る。三方湖に向かう途中で右折し、生倉集落を北上すれば新しく建て替えられた山脇神社の前に出る。

正面には、これから登る小山が見える。道なりに左へ進み、舞鶴若狭自動車道新設の工事現場下を通って、湖岸に通じる道に出る。

もうすぐ水際という所で、正面の１３４・６メートル

岬の尾根道

の山頂に繋がる尾根を直登する。登山道でなく厳しい登りだがすこし辛抱すれば、やがて明るい尾根上に出て歩きやすくなる。低山でも、水際の小山からは眼下に美しい湖が眺められる。

やがてここぞとおぼしき小石の多い高みに到達し、探るまでもなく簡単に四方を小石で囲った古城山四等三角点の標石を見つけ、12時15分昼食となる。

短い休憩後、次の双耳形のピークを探り、ここから三方湖と菅湖を両側に、さらに水月湖を見る格好の突き出た岬の付け根に向かい、湖岸への急峻の支尾根を一気に下る。谷のゆるやかな梅林に下るのは楽だが、地主のことを考えて畑に下るのは控えたほうがよい。

地形図にも記されている三方湖と菅湖を結ぶ細い水路の小橋を渡る。獣除けの金網の立派な仕切り扉が開かれていた。水路際の金柵に沿って登り、上部に出ると、両側が湖の中道は幅3メートルほどのかまぼこ型の尾根にしっかりした道がある。標高点52メートルを過ぎて、まず左の岬にある100・7メートルを目指す。

14時、標石を確認。折り返して交差点に戻り、次いで右の岬の先端で化織のネット内に70・9メートルの標石を45分後に偶然見つける。いずれも四等である。日当たりのいい南斜面には梅林が広がり、下には点々とフキノトウがすでに花を付けている。

再び水路口から両側に梅林の広がる菅湖の東畔に出て北上する。

敦賀駅発の小浜線の早い電車に乗れば、久々子湖と水月湖とを開削して結ぶ人工河川浦見川にまで足をのばすこともできるが、今回は最寄りの気山《きやま》駅に向かう。16時に駅に到着し、4分後の敦賀行きに乗る。

（平成22年8月29日歩く）

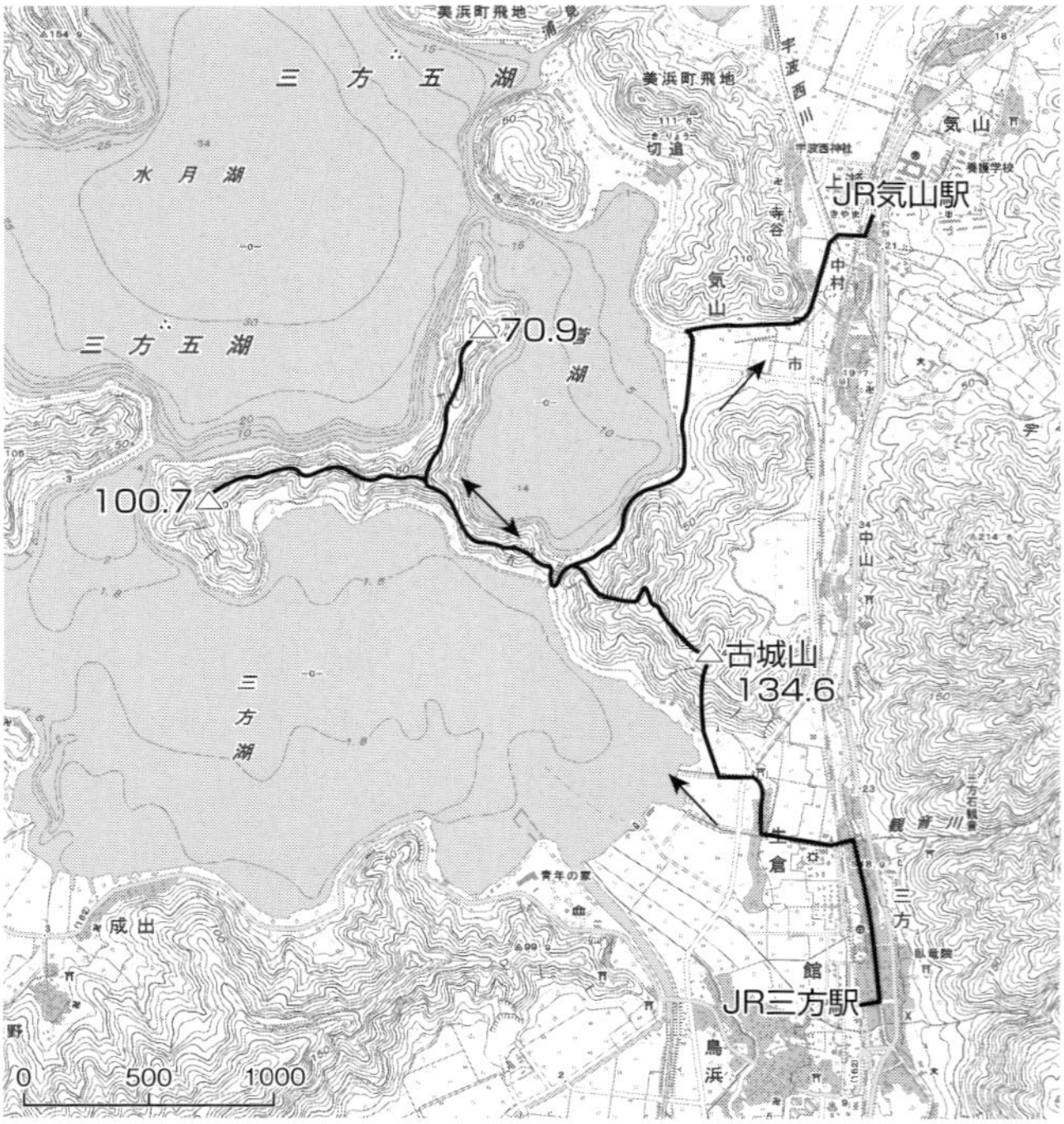

《コースタイム》
JR三方駅（30分）山脇神社（45分）古城山（25分）Y型突岬口（1時間）△100.7メートル（45分）△70.9メートル（15分）Y型突岬口（1時間5分）JR気山駅〈地形図〉25000＝三方・早瀬

滋賀県内の観光協会

びわこ高島観光協会	TEL.0740-22-6108
奥びわ湖観光協会	TEL.0749-82-5909
長浜観光協会	TEL.0749-62-4111㈹
米原観光協会	TEL.0749-58-2227
彦根観光協会	TEL.0749-23-0001
多賀観光協会	TEL.0749-48-1553
愛荘町秦荘観光協会	TEL.0749-37-8057
愛荘町愛知川観光協会	TEL.0749-42-7683
甲良町観光協会	TEL.0749-38-5069
豊郷町観光協会	TEL.0749-35-3737
東近江市観光協会	TEL.0748-48-2100
安土町観光協会	TEL.0748-46-7049
近江八幡観光物産協会	TEL.0748-32-7003
竜王町観光協会	TEL.0748-58-3715
日野町観光協会	TEL.0748-52-6577
野洲市観光物産協会	TEL.077-587-3710
守山市観光物産協会	TEL.077-582-1266
草津市観光物産協会	TEL.077-566-3219
栗東市観光物産協会	TEL.077-551-0126
湖南市観光協会	TEL.0748-71-2157
甲賀市観光協会	TEL.0748-60-2690
信楽町観光協会	TEL.0748-82-2345
びわ湖大津観光協会	TEL.077-528-2772
志賀観光協会	TEL.077-592-0378

おわりに

記憶と記録で書き綴ったコースは、表現に限界がある。やはり、山に分け入って、里山・藪山のなりわいを知り、自分の肌で感じて、経験を積み重ねてこそ、里山・藪山の魅力を見出し、楽しさが倍加して面白くなる。

40年ちかい歳月を楽しませてくれた数々の里山・藪山に、今は感謝している。

ところで、私が選んで歩いた地域の多くは、今問題になっている。敦賀と大飯の原発から半径30キロ以内にあり、放射能に汚染されてしまえばこれまで築き上げてきた努力が水の泡と消えかねない。

この素晴らしい自然の山を現状のままに残し、次の世代の人たちに是非訪ね歩いてほしいと願うあまり、急遽、出版に踏み切った。

この本は、京都趣味登山会の会員諸氏や湖周山遊会の仲間たちと、近隣山岳会の知人、それに家族のご協力がなければ、決して「生まれなかった」と、確信している。心から感謝申し上げる。

さらに、この度の出版に際し、全面的にご指導いただいたサンライズ出版の岩根社長はじめご担当社員の皆様には心から厚く御礼申し上げる。

山を愛するすべての人々へ。

永年、変わらぬご厚情を賜りました方々へ。

この夏、初盆で送った山の仲間や恩人・親友。それと、常に陰で応援してくれた妻と、今は亡き母の御霊に、愛と感謝の心を込めて、この本を捧げる。

長宗　清司

平成24年　喜寿の歳の初秋に

◎著者略歴
長宗　清司（ながむね　きよし）

1935年（昭和10年１月）　京都市下京区に生まれる。
1974年（昭和49年７月）　はじめての山（富士山）に登る。
1974年（昭和49年９月）　京都趣味登山会　入会。
1981年（昭和56年10月）　びわ湖シリーズ　スタート。
1985年（昭和60年４月）　執筆活動　開始。
1994年（平成６年４月）　湖周山遊会　創設。
1995年（平成７年４月）　びわ湖里山シリーズ　スタート。
2001年（平成13年３月）～2011年（平成23年１月）
新ハイキング関西にガイド記事60回掲載。

著書　『私たちの部屋』（共著）日本随筆家協会刊
『琵琶湖周辺の山』ナカニシヤ出版刊
『京都滋賀近郊の山を歩く』（共著）京都新聞社刊
『うり坊の足音１～４』（自費出版）
『京都滋賀ふるさとの山103』（共著）京都趣味登山会刊
『筑波山と私』（公募共著）STEP刊

所属　京都趣味登山会　委員
湖周山遊会　主宰代表
びわ湖の水と環境を守る会　会員
淡海文化を育てる会　会員
財団法人小倉百人一首文化財団　友の会会員
（元）日本山岳会（京都支部）会員（在籍10年間）

現住所　〒612-8141
京都府京都市伏見区向島二の丸町336-25

琵琶湖《びわこ》周辺の山を歩く

2013年４月15日　初版第１刷発行

著　者　長宗 清司

発　行　サンライズ出版株式会社
〒522-0004　滋賀県彦根市鳥居本町 655-1
TEL 0749-22-0627　FAX 0749-23-7720

印刷・製本　㈱シナノパブリッシングプレス

©Nagamune Kiyoshi 2013
ISBN 978-4-88325-508-5 C0075
定価はカバーに表示しております。
禁無断転載・複写